上海商学院
酒店管理专业
教学案例集

姜 红 李思志◎主编

经济管理出版社
ECONOMY & MANAGEMENT PUBLISHING HOUSE

图书在版编目（CIP）数据

上海商学院酒店管理专业教学案例集/姜红，李思志主编 . —北京：经济管理出版社，2023.9
ISBN 978-7-5096-9111-3

Ⅰ.①上…　Ⅱ.①姜…　②李…　Ⅲ.①饭店—商业企业管理—教案（教育）—汇编—高等学校
Ⅳ.①F719.2

中国国家版本馆 CIP 数据核字（2023）第 121274 号

组稿编辑：申桂萍
责任编辑：申桂萍
助理编辑：张　艺
责任印制：许　艳
责任校对：蔡晓臻

出版发行：经济管理出版社
　　　　　（北京市海淀区北蜂窝 8 号中雅大厦 A 座 11 层　　100038）
网　　　址：www. E-mp. com. cn
电　　　话：（010）51915602
印　　　刷：唐山昊达印刷有限公司
经　　　销：新华书店
开　　　本：787mm×1092mm/16
印　　　张：13
字　　　数：294 千字
版　　　次：2023 年 9 月第 1 版　　2023 年 9 月第 1 次印刷
书　　　号：ISBN 978-7-5096-9111-3
定　　　价：68.00 元

目 录
Contents

案例正文篇

"数"启"锦"程——
锦江国际开启全方位酒店业
数字化改革之路*

摘　要：新冠肺炎疫情防控期间，酒店业受到严重影响。凭借对数字化转型战略的前瞻性布局，锦江国际在疫情常态化后迅速恢复，基于"一中心三平台"的战略，帮助酒店产业链进一步整合，提升了酒店智能化管理能力，增强了公司的竞争优势。除了享受政策倾斜帮助旅游、酒店等行业的恢复，锦江国际"因疫思变"，在雄厚资本的助力下，全方位开启了数字化转型之路，各项业务在迅速发展，构建出一整套独具匠心的商业模式。

关键词：酒店业；数字化转型；模式创新

引　言

2020年受新冠肺炎疫情影响，整个酒店行业受到严重的冲击。许多酒店集团的各项业务，例如，旅游、餐饮、酒店等都处于停摆的状态。恢复的过程除了享受政府暂时的政策支持，更多需要酒店集团自身制定出应对的策略。锦江国际（集团）有限公司（以下简称"锦江国际"）在经历这一切变动过程当中"因疫思变"，在雄厚资本的助力下，全方位开启了数字化转型之路，构建出一整套独具匠心的商业模式。然而，酒店业进行数字化转型并非一蹴而就，而是一个持续变革的过程。首先，作为酒店行业本身原先数字化程度不高，从上到下制定数字化战略、培养数字化文化成为一家酒店启动数字化转型的首要难点。加之酒店缺乏相关的技术人员，

＊ 1. 本案例由贾植涵撰写，作者拥有著作权中的署名权、修改权、改编权。

2. 本案例同意授权在《上海商学院酒店管理专业教学案例集》中公开出版。

3. 本案例只供课堂讨论之用，并无意暗示或说明某种管理行为是否有效。

没有相应的人才协助设计平台，又为酒店开展数字化转型带来阻碍。面对日益增长的人力成本以及亟待满足的客户需求，锦江国际是如何利用数字化转型解决这些痛点的？在数字经济领域实施了哪些策略寻求数字经济新的增长点？锦江国际是如何稳步完成酒店业的数字转型的？

一、企业简介

"锦江"品牌的历史，最早可以追溯至20世纪30年代的锦江川菜馆和锦江茶室。中华人民共和国成立后，出于对内对外交往的需要，上海市政府决定设立一个宾馆接待场所。1951年6月9日，锦江饭店正式挂牌成立。随后，一些历史更久的酒店纷纷加入"锦江"，如上海最早、最豪华的现代酒店之一——汇中饭店（和平饭店南楼）、曾享誉远东第一高楼30年的国际饭店等，汇聚成为锦江品牌源远流长的文化内涵。

锦江国际是上海市国资委控股的中国规模较大的综合性酒店旅游企业集团之一，注册资本20亿元。拥有酒店、旅游、客运三大核心主业和地产、实业、金融等相关产业及基础产业；控股（或间接控股）"锦江资本"（2006HK）、"锦江酒店"（600754，900934）、"锦江在线"（600650，900914）和"锦江旅游"（900929）四家上市公司。"锦江"是具有80多年历史的中国民族品牌、中国驰名商标、上海市著名商标，获中国商标金奖。

锦江国际围绕"深耕国内、全球布局、跨国经营"战略，加快传统业态创新转型，着力提升品牌、质量、效益，经济总量、产业规模都取得重大突破。先后收购法国卢浮酒店集团、铂涛集团、维也纳酒店集团并战略投资法国雅高酒店集团，2018年集团又成功收购丽笙酒店管理集团。截至2022年3月31日，已经签约的酒店规模合计达到15627家，已经签约的酒店客房规模合计达到1508258间；公司旗下签约有限服务型连锁酒店广泛分布于国内外，拥有"J""岩花园""锦江""昆仑""丽笙Radisson""郁锦香Golden Tulip""锦江都城""康铂Campanile""麗枫""维也纳"等中高端及经济型品牌40余个，会员超过1.8亿，跻身全球酒店集团300强第2位。"锦江旅游"作为中国旅行社行业的龙头企业之一，列中国旅行社品牌20强。"锦江汽车"拥有超过10000辆中高档客车，综合接待能力位居国内领先。集团还拥有中瑞合作锦江国际理诺士酒店管理学院，从事中、高级酒店管理专业人才培训；合资经营"肯德基""吉野家"等著名餐饮品牌。①

---

① 锦江国际（集团）有限公司官网（www.jinjiang.com）。

二、全面开启数字化战略

酒店业数字化转型的步伐加快。锦江国际意识到目前中国的酒店业还处于数字化的红利期，而大多数的酒店想要进行数字化，不仅没有能力并且也没有实力。很多酒店无法进行常规业务向数字化业务方向转化，进而无法运用专业技能开展数字化的运用和管理。锦江国际深谙要紧紧抓住此次数字化转型的红利，不仅更新迭代线下实体酒店场景的智能设备，还要逐步打通组织从财务、销售、客服到采购等各个环节，在酒店集团的各个场景内开展数字化转型，按照锦江国际制定的"基因不变、后台整合、优势互补、共同发展"16字方针，引入"互联网+""平台经济""共享经济"等数字化手段，迅速打造"一中心三平台"（"一中心"即锦江酒店全球创新中心；"三平台"即 WeHotel 全球旅行产业共享平台、全球统一采购共享平台和全球酒店财务共享平台），此外还相继与华为等科技公司合作，实现从客户端到人力资源、财务乃至行业全方位数字化转型，助力推进全球酒店资源整合，力争对标国际一流，努力建设成为世界知名酒店管理集团。

1. 携手华为云，"上云"赋能锦江 WeHotel

云计算、大数据、移动互联网等 ICT 新技术的快速发展，正在推动各行各业发生翻天覆地的变化。智能酒店在酒店业越来越受欢迎，因为便捷的社交媒体访问和丰富的多媒体应用程序为客人提供了更好的住宿体验。锦江国际还积极推进信息化和 O2O 转型战略，提升客房预订体验。

锦江国际正在努力发展成为全球酒店业的标杆。随着节点数量的增加，承载上层服务和数据的网络管道正在增长。传统的部署和管理方案存在着诸多缺陷，已经无法支持不断增长的网络需求：

（1）网络部署效率低，无法满足新建或改造门店网络快速部署的要求。

（2）会员人数多，分布地区广，会员管理问题亟待解决。

（3）本地化、专业化的运维有时会导致效率低、人工成本高。

（4）网管系统、策略控制服务器、计费系统、数据分析平台独立部署，运维难度大，专业管理成本高。

面对这一系列的问题，锦江国际成立锦江 WeHotel，并选择华为的"上云"解决方案赋能酒店的云化转型，帮助锦江国际实现：

（1）即插即用允许快速交付。锦江国际在网络改造过程中需要正常运营，为了满足这一需求，网络交付团队必须尽快部署 Wi-Fi 网络，以减少对客户和日常业务的影响。

华为 CloudCampus 解决方案利用华为公有云平台，可以在云端进行 WLAN 规划、设备配置等多种操作。AP、交换机等网络设备送到酒店后，由当地施工团队根据设计图纸进行安装，然后上电。一旦工程师扫描设备的条形码，他们就会自动发现云平台并下载相应的配置文件。这种即插即用的网络实现方式极大提高了酒店网络的部署效率。

（2）简化的管理降低运营成本（OPEX）。华为 CloudCampus 解决方案基于传统网络管理和维护解决方案的优势，利用网络云化功能，提供远程运维和异地故障诊断能力。这些能力都可以在一个 APP 上实现，提高网络运维效率，降低 OPEX。华为 CloudCampus 解决方案将每家酒店的运维人员从 1 人/天减少到 0.5 人/天。该方案将故障定位时间从 0.5 人/天降低到 0.1 人/天。除了先进的运维效率外，该解决方案还极大地提升了酒店的整体客户体验。

（3）网络集中运维，缩短故障排除时间。锦江国际网络改造升级云管理网络，显著提升工作效率。室内外地图基于地理信息系统（GIS）和室内布局进行可视化，便于网络设备的快速定位和状态查询。新网络开通后，锦江国际的运维效率显著提升。

2. 联手沃丰科技，AI 驱动 IT 服务台数字化转型

酒店行业供需双方对智能服务的需求增强。消费者需求的变化是数字化转型的根本驱动力。在当前场景下，客户对数字平台和智能技术支持的非接触式服务产生了新的偏好。与此同时，随着锦江国际规模越来越大，需要管理的酒店与日俱增。员工的管理、资金的分配、各项业务的协调产生大量的工作需要处理。常规的人工客户服务需要雇用很多人工客服，不仅工作效率不高，而且服务客户的数量有限，同时运营成本很高。5G 技术时代的到来，寻求技术上的支持来解决这一难题成为酒店首要任务。锦江国际为了更好地服务客户，提高服务效率，与沃丰科技联手共同打造提供高品质服务的云客服平台，基于 AI 技术通过 IT 手段，实现线上服务的数字化、智能化的完美转型。

沃丰科技拥有 Udesk 系统，这是一个支持电话、微信、邮箱和网址等多个渠道沟通的客服系统。Udesk 客服系统不受时间和空间的限制，可以随时随地地帮助客户解决问题，过程都是自动化，通过 GaussMind 智能机器人，能够完成与客户的沟通和互动；Insight 插件可以自动协助管理者整理和分析数据，定期形成报表，方便管理者提取到有用的信息，更好地做出决策。借助 AI 技术，在为客户提供更加智能便捷的相关业务咨询服务，为酒店节约运营成本的同时，最大可能地提高服务水平。

目前该云客服平台实施情况很稳定，智能化云客服平台帮助锦江国际将原本重复的人工工作数字化、标准化、自动化，提高酒店的服务效率，实现了客服平台的数字化转型，提高了酒店线上客户服务的质量，成功应用数字化赋能酒店业务。

3. 牵手"销售易"，赋能锦江业务数字化

在当前场景下，客户对数字平台和智能技术支持的非接触式服务产生了新的偏好，这些服务在新冠肺炎疫情过后仍会继续。为加速数字化转型，保持竞争力，锦江国际携手销售易，在数字化客户关系管理上展开投入，赋予客户服务可配置性和可追溯性；销售易帮助酒店预测客户项目的偏好，提供定制项目服务，提高客户的复购率，并通过各种参与计划提高客户忠诚度，进行精准产品和项目的营销。

销售易利用数字和智能技术的实施可以提高酒店的运营效率并显著降低成本，例如，视频会议、云协作和远程办公的临时实施。如果酒店继续实施数字化和智能解决

方案，将更加灵活和有效地吸引 Y 世代和 Z 世代的客户和员工（Valle，2020）。销售易利用数字化和智能化的工具帮助锦江国际管理想要加盟的商户，在项目合作过程中帮助整理追踪，协助筛选出最合适的合作者，确保随时随地地实现酒店业务的不间断运营。销售易为锦江国际构建了一体化的"管理—营销—服务"数字化计划，促进酒店业绩的提升，助力酒店营销的电子化转型。

4. 踏上"易路"，赴"锦"绣前程

数字人力资源管理在酒店业和所有其他领域发挥着非常重要的作用。随着数字时代的来临，先进的信息和技术工具开始发挥作用，企业所有职能发生革命性转变，服务生产流程的这些重大转变自然而然地改变了人力资源管理。为了在竞争激烈的市场中取得成功，锦江国际与易路合作，采用最新的数字业务方法，通过调整组织架构，整理人事事务的相关数据，优化人事相关事务的流程，为其设立了一套标准化的"锦玉人才体系"和"锦程人才管理系统"。

易路搭建的双"锦"人事系统帮助锦江国际向数字化人力资源管理过渡：为酒店跟上快速发展的信息技术，应对全球化增加的网络组织，轻松处理酒店行业快速变化带来了工作流程设计的变化，有效地协助酒店人员做好新晋员工的选拔和招聘、培训、绩效衡量、工资支付和劳资关系等方面的繁杂工作。

锦江国际意识到数字化人力资源管理系统在酒店业中的重要性，率先应用双"锦"人事系统，建立创新的人事管理过程，尽可能实现人事管理的标准化操作流程，有效地控制了成本，有助于提升盈利，在竞争激烈的酒店业市场中获得竞争优势，帮助锦江国际提升其生产力、盈利能力和实现可持续性发展目标。

5. 整合资源，打造全球采购平台

通过整合线下实体资源，锦江国际成立了全球采购平台，力求打造一站式酒店物资采购平台。该平台将引入物联网（IOT）和大数据技术，为锦江国际旗下的四家酒店管理公司提供服务。此外，还设立了全球酒店创新中心、全球金融共享平台和 WeHotel 会员服务平台。全球采购平台拥有 2000 多家供应商，将为全球 60 多个国家、30 多个品牌、7700 多家酒店、80 万间客房搭建可靠的供需平台，保障 1 亿多会员的物质需求。锦江国际是中国最大的综合性酒店旅游集团，旗下拥有 3 家 A 股上市公司和 1 家香港上市，于 2015 年收购法国卢浮酒店集团 SAS 100% 股权，并于 2020 年控股中国铂涛集团及维也纳酒店集团有限公司，形成四大酒店品牌。

6. 埃森哲助力锦江，开启酒店财务共享平台

随着锦江国际通过收购纳入更多的酒店，会计业务和相应的人工成本不断地增加，成为财务部门面临的最大问题。最有效的解决方案是采取会计自动化的方法，这种方法不仅使会计团队减少了复杂、手动和重复的流程，而且提高对账的速度和准确性。

埃森哲作为财务共享领域的佼佼者，有着丰富的智能化财务管理和运营经验，为锦江国际提供了专业的财务共享平台，数字化转型后的财务对账流程实现自动化和标准化，可以在数小时或数天内识别和解决所有交易问题，最大限度地减少了人工会计工作流程和时间，消除了增长的重大障碍，同时也降低了错误和欺诈的风险。并且埃森哲提供的自动化财务共享为酒店提供了会计团队所需的实时可见性，以确保在这个

合规性规则和执法加强的时代实现最佳监管合规性。共享财务平台为锦江国际提供了最大程度的数据完整性，优化了现金流管理，提高了收入预测所需的性能可见性水平，助力锦江国际全面实现数字化转型，显著地帮助酒店减少成本，提高效率，为酒店带来更多的收益。

7. 锦江在线，打造一站式生活服务平台

2021 年 2 月 26 日，锦江国际备受瞩目的"锦江在线"服务上线，开启了数字化转型发展之路。锦江在线依靠智能、数字和互联网技术来促进数字经济与现实世界的融合。服务信息是最基本的生活服务形式，包括锦江大部分的出行、餐饮、酒店、旅游、社交生活，以及吃、住、游、购、娱五种常见的生活方式活动。锦江在线将陆续推进锦江品牌进入到"新模式、新地点、新团队、新产品"中去，拓展酒店的增值服务，新环境下更好地满足客户需求。

锦江国际积极适应数字时代带来的新方式和新机遇。酒店业务重组之后，建立锦江在线是进一步整合业务相关资源，加快转型提升的重要一步。锦江在线是一种提高服务效率和客户满意度的新型业务。对美好生活的追求现在延伸到上海建设热门旅游目的地的最大战略规划。未来，锦江在线将坚持以需求为导向、以问题为导向、以影响为导向，不断改进酒店条件、产品、服务和管理，更好地在行业内企业间分配和转移设备，探索出一条连接国内外合作伙伴的网络，增强用户体验，创造新的数字化生活方式。

三、未来之路，继续探索数字经济新增长点

锦江国际加速开展酒店全方位的数字化转型举措。锦江国际在酒店数字化转型的过程中，降低了经营的成本，提高了服务的质量，实现了人事办事流程的标准化，打通了上下游采购的通道，为更多的客户和合作者提供了完善的服务。未来锦江国际会继续整合各项业务，为酒店业探索出全新的数字化发展之路，促进酒店业长足发展。

思考题

1. 什么是数字化转型？

2. 为什么酒店业要数字化转型？锦江国际展开数字化转型的驱动因素是什么？

3. 酒店业开展数字化转型需要哪些支持？锦江国际的数字化转型有什么特征？

4. 酒店业如何开展数字化转型？锦江国际是如何制定战略支持酒店进行数字化转型的？

5. 在酒店业开展数字化转型后期的实施过程中会遇到哪些问题？锦江国际通过数字化转型获取了哪些竞争优势？

Jin Jiang International Opening a Way of a Comprehensive Digital Transformation in Hospitality Industry

Abstract: During the epidemic, the hotel industry was severely affected. With the forward-looking layout of the digital transformation strategy, Jin Jiang International recovered quickly after the epidemic. And based on the strategy of "one centre and three platforms", Jin Jiang International further integrate the hotel industry chain and enhance the intelligent management capability of hotels, increasing the company's competitive advantage. In addition to enjoying policy leaning to help the tourism and hotel industries recover, Jin Jiang International's thought of "change due to the epidemic", based on the help of strong capital, opened the road of digital transformation in all aspects, the rapid development of various businesses to build a set of unique business model.

Key Words: Hospitality Industry; Digital Transformation; Model Innovation

"碳中和"酒店的绿色变革：
从建筑到内核*

摘 要：本案例以中国首家实现"零碳"价值观的酒店——Urbn Hotel 为分析对象，描述酒店绿色产品的开发与消费者态度现状，剖析绿色营销策略对改变消费者态度的作用与影响，试图解析企业营销行为与消费者态度之间的联系，加深学生对消费者态度理论的理解。

关键词：碳中和；绿色酒店；Urbn Hotel

引 言

在酒店行业中，酒店的房间是一周七天、一天 24 小时被不同客人分别单独使用，它们通常以异常高的速率消耗掉自然资源。消费者在酒店入住期间的水电消耗和一次性易耗品的使用频率比平时居家要高得多。此外，酒店还运营厨房和洗衣房，这使它在能源和水的利用方面更加难以控制。有很多行业研究报告探讨酒店业是如何在不断发展的过程中既更好地解决这些问题，同时兼顾维护乃至改善客户体验的。这些管理措施当中，绿色营销是当前酒店行业关注的一个重点。绿色营销之所以重要，是因为在全球经济发展的背景下，如何保持经济的快速增长与低碳环保之间的平衡是非常重要的。酒店作为一个服务性的企业，在经营管理过程中既推进低碳管理，又提高消费者的低碳环保意识是非常重要的。这些都来自于绿色营销的作用。

一、小酒店带来的"大变革"

1. 从旧建筑到精品酒店，以"怀旧"引领生态环保

绿色酒店、生态环保酒店，这些名词已经在酒店行业当中得到了足够的关注。在上海静安区就有这样一家小而精的酒店，以低碳环保而受到了广泛关注。

Urbn Hotel 前身是混凝土柱梁框架结构的三层人工假肢厂，20世纪70年代改作邮局后加建了第4层，历经了时间的变迁，终因一场大火被荒废。烧毁后，白瓷砖大部分剥落，建筑渗水严重。如此破败的旧建筑经过设计师的回春妙手，起死回生，成为一处精品酒店。改造工程于2007年底完成，改造后的 Urbn Hotel 共4层，约19米高。一层是一家名叫"ROOM TWENTY EIGHT"的餐厅，为方便旅客使用，在顶层设置了一个早餐餐厅，其余时间用作沙龙。2~4层布置客房，总建筑面积1890平方米（不含花园和餐厅），花园总面积620平方米，餐厅总面积236平方米。酒店现有26套客房，包括14个花园景观房、4个休闲居、6个中厅和2个空中花园。

Urbn Hotel 位置非常优越，位于上海市的胶州路，靠近静安寺地铁站，从地铁站走出来7~8分钟可以抵达酒店；虽然定位在市区中心，但同时保持了优雅的环境与老上海风情，从地铁站到胶州路的这段路程，街道两侧是满满的绿植，酒店大门设计非常巧妙地融合在周围环境中，很难让人察觉到这是一家酒店。

这家精品酒店虽然仅有26个房间，却具有鲜明的特色，客房共有5种不同房型，每个房间都有生活气息浓厚的砖墙、木盆等。酒店大堂在 Check In 柜台的后面，用176个从中国各地收集而来的老皮箱堆积而成，不仅复古，而且与前身的邮局有所呼应。虽然客房体量不大，但是设施和服务却是一应俱全，除了生态绿色餐厅，楼上还有露天酒吧与花房酒吧，酒店提供的服务也是从厨艺、书法、脚踏车到太极、瑜伽、SPA等无所不包。在总经理尼古拉斯口中，Urbn Hotel 是一家生态保护设计方面的先锋者。

2. 打造"绿色酒店"，收益与社会责任齐收

众所周知，上海静安区是洋房林立的市区，不乏精品酒店和高端商务酒店。相比周边众多竞争酒店而言，Urbn Hotel 的价格并不友好。Urbn Hotel 的普通标准间1400元一晚，最贵的客房4000多元一晚。但总经理尼古拉斯认为这个价格不算很贵："如果你去纽约，400美元以下的住宿几乎没有。上海是个奢侈的城市，到处都是奢侈品专卖店。来这里住一晚，很划算。"事实上，酒店的客人全都是外国人。26个房间，经常能维持90%的入住率。尼古拉斯透露，目前 Urbn Hotel 的月营业额在100万元人民币左右。

尼古拉斯说："你能看到，我们是个小酒店，只有26个房间，我们不像银行或者其他行业那样，可以不停地做大。做大不是我们的目标，而是把服务做好，赢得一个好名声，能让顾客满意。"虽然营业额不高，但尼古拉斯表示，因为电、燃气和水是很贵的，减少对能源的依赖、节约成本，也是酒店倡导的一种盈利方式。

既没有明确的商业模式，亦非独特的营销策略，"绿色酒店"的成功似乎离商业教科书很远，尼古拉斯并不在乎种种质疑："总有些人对你所做的事情评头论足，我不介意。我们想通过这种住宿体验教育客人，使他们在平常的生活中也遵循低碳的生活方式。另外，我觉得任何一家公司，任何一个行业，都要遵循低碳原则。我们想在这方面树立榜样。"

二、从"绿色"到"零排放"，酒店升级之路遇阻

1. 达到标准，就是"零排放"

LEED（Leadership in Energy and Environmental Design）是一个绿色建筑评价体系，宗旨是在设计中有效地减少企业对环境和周边社区的负面影响。这个评价体系是从2000年开始推行的，在美国和很多国家已经被认可，但在中国仍是一个相对陌生的名词。Urbn Hotel 并非从建设之初就是 LEED 成员，2008 年 6 月开业的 Urbn Hotel 只是众多追求低碳环保精品酒店中的一个。作为一家实验性的低碳绿色酒店，Urbn Hotel 从硬件设计到绿色产品开发，一直以"零排放"作为酒店的差异竞争力。

从 2008 年 6 月开始，Urbn Hotel 开始与美国 ICF 国际咨询公司合作，项目隶属于美国国际开发署（USAID）中美可持续建筑项目（SBP）之下。ICF 建议实施一系列运营节能措施，来提高酒店的能源利用效率。ICF 高级咨询师 Carolyn Szum 表示："很多东西是我们平时经营过程中从来不注意的，如定期清理过滤网和制冷、采暖设备盘管上的灰尘和污渍，这样可以极大提高设备的运行效率。"ICF 给酒店的建议是：根据 Urbn Hotel 的地理条件和采光条件，在下午 5 点之前，都不需要开启照明设备。下午 5 点到凌晨 2 点再开启走廊照明，凌晨 2 点至次日 6 点开启一半的照明。同时，他们建议酒店智能化管理地板采暖，调整地暖在客房温度低于 22 度时再开始工作，而夏天则完全关闭。Scott Barrack 说："目前通过这些减排手段，每年减少 25%～30% 的经营成本。"

Carolyn Szum 表示，2009 年 6～12 月，通过对运营维护的调整，节约了用电开支 141620 元，节水 4920 元。ICF 预计，如果在今后 5 年继续保持 27% 节能率，可减少排放 695.51 吨二氧化碳当量，相当于种植 18000 棵树的减排量。每一个财务年度末期，合作方 South 和 Pole 会对 Urbn Hotel 一年的碳足迹进行盘查，并将会代表 Urbn Hotel 使用自发的能源减排方式来抵消酒店产生的温室气体排放。

2010 年 11 月起，Urbn Hotel 正式成为中国第一座 LEED 酒店，标准是 90% 的建筑材料是从上海各个拆迁建筑收集而来的。空调系统使用的是水冷式空调系统，即利用水的自然温度循环进入空调系统，以达到室温下降的目的。现在的用水来自上海市的市政供水系统，在完成降温的"使命"后，这些水将被重新输回到公共供水系统。同时关注减耗，管理人员通过对历史能耗数据进行分析，确定过渡季节时间，制定了每天运行制暖和制冷设备的具体时间表。作为低碳绿色酒店的践行者，该酒店具备绿色

产品和低碳设计开发的典型性和代表性。

2. 消费者感知不到的"零排放"，谁来买单

但从顾客访谈中可以发现，酒店引以为豪的低碳、零排放，并没有成为消费者满意的理由。甚至很多消费者对酒店的"零排放"不熟悉，在入住过程中并没有体验到低碳设计带来的不同体验，当然也就不能接受这种因零排放而设置的"不友好"价格。

亚历山大表示："除了酒店餐厅中的绿色食物比较多以外，我不知道酒店生态管理的其他表现。可能真的有，但是作为客人，我不知道那些与我有什么关系。"

从酒店营销团队的消费者问卷调研结果中，酒店也得到了不好的反馈。对于"您是否愿意支付高 5% 的房费，用于支付降低碳排放的环保事业？"的问题，过半的客人给出了否定的答案，不同意的理由同样也是感受不到酒店为降低碳排放的努力。

客人们看到的或许只是老上海情调，但 CEO 关注更多的是整个建造过程中的环保贡献。有了生态效益，丢了顾客价值，这家追求"零排放"的酒店应何去何从？

三、从"低碳酒店"到"碳中和"，开启绿色营销之路

要使消费者接受市场转型策略，非常重要的一点就是理解什么因素可以推动市场的改变。酒店的设计和成果要经过媒体的宣传才能最终成为大众的观点（Public Opinion）。只有当人们感觉到各种酒店低碳设计的成果与其日常生活息息相关，并且不同媒体也在研究成果的报道方面推波助澜时，这些设计才可以真正地对市场产生影响和改变。

1. 上海城市发展需要低碳生活方式的到来

上海作为一座国际性大都市，2008 年成为中国首批由建设部和世界自然基金会确定的低碳试点城市，这一趋势在 2007 年完成的 Urbn Hotel 改造中得到了回应，显示出该项目定位的前瞻性和独特性。

2020 年，中国提出 2030 年前要争取实现碳达峰，住宿业在实现碳达峰方面具有重要的实验基础。我国居民的度假旅游已经转向住宿与度假的有机结合。分析与评估住宿业中的低碳绿色产品开发现状，改变与引导消费者、从业人员等利益相关者的绿色低碳产品态度及行为偏好，对于落实《2030 年可持续发展议程》有重要的现实意义。

2. 酒店的"碳中和"成为内核产品

亚历山大表示："想酒店的低碳设计与顾客生活息息相关，就必须将低碳设计与碳排放相结合，打造真正的低碳生活方式。低碳生活引导包括'碳中和'与低碳设计策略两部分内容：前者通过补偿，消除或减少碳足迹；后者关注于低碳的整体设计理念和方法在具体项目中的落实、实施。它们力图通过减少碳排放，或尽可能减弱碳排放足迹的方式形成低碳生活环境，两者互为补充、相得益彰。"

亚历山大强调，Urbn Hotel 以低碳为设计理念，成为中国首家"碳中和"精品酒店，酒店尽量减少酒店物业的二氧化碳排放量，而对于无法减少的排放量，与一家倡

导通过市场行为减少温室气体排放的机构"环保桥"（Climate Bridge）签署协议。根据酒店的能源消耗，其中包括员工交通、饮食输送以及每位客人使用的能源来计算碳排放量，Urbn Hotel 会购买同等数量的碳配额以消除"碳足迹"。环保桥所得收入将投资于中国的洁净能源项目，包括风力发电厂、水力发电站、能源效益项目及农作物气体收集项目等。

3. 引导消费者进入低碳生活

目前，Urbn Hotel 依然属于奢侈型消费的设计酒店，设计酒店的目的是通过独具匠心的设计理念和设计手段，满足甚至引导消费者的个性需求。应该看到，购买碳配额，消除碳足迹，为环境保护做出贡献仅是方式之一。但更值得推广的依然是从源头做起的低碳生活，它代表着返璞归真，更自然的生活，同时也是一种低成本、低代价的生活方式，低碳生活本身也是非常时尚和前卫的。目前中国的生活方式有从物质消费向心理消费转变的趋势，对名牌、奢侈品的推崇即是一例，低碳运营和奢侈消费之间存在矛盾。

亚历山大表示："作为中国首家'碳中和'设计酒店在低碳生活方式引导方面仍有较大空间，建筑师的低碳设计策略在洗浴空间设计、引导旧建筑自主呼吸、减少被动能源等方面，依然有进一步优化的可能。碳中和作为先锋性的概念不仅应试图被消费者接受，而且可以通过低碳设计语言增强低碳型消费的引导，从而提高系统的低碳模式运行效率，促使对历史空间资源的尊重和再生的创意调动人们的参与意识。"

Urbn Hotel 为了让消费者理解"零排放"的概念，在酒店网站进行了设计理念的故事展演，从建筑材料、空调系统到供水系统的设计，通过 VCR 的方式传递给入住的每一位客人。不仅如此，酒店还为客人提供购买碳积分的活动，每位酒店的客人都可以在前台算出自己旅行所产生的碳足迹。例如，客人从北京飞到上海单程共产生 166 千克的二氧化碳。根据 Urbn Hotel 合作方 Roots & Shoots 提供的公式计算，买两棵树即可中和这些碳排放量。

每一个财务年度末期，合作方 South Pole 会对 Urbn Hotel 一年的碳足迹进行盘查，并将会代表 Urbn Hotel 使用自发的能源减排方式（VERs）来抵消酒店产生的温室气体排放。目前他们通过四川省一个径流式水力发电站来抵消酒店产生的温室气体排放，它向区域性电网输送可再生电能。

访谈的客人说："在酒店住一晚，就好像在绿色环保博物馆体验了一天。这个酒店是有社会责任感的，自己的入住也变得更有意义了，自己也是一个'环保卫士'。"

四、"碳中和"精品酒店模式可否复制

在赢得了客人和市场的认可后，Urbn Hotel 将会继续实施包括"绿色屋顶计划"等一系列措施，他们还会通过整个建筑的设计和建造，帮助周边地区净化空气，提供绿色空间，甚至会种植有机蔬菜。但没人知道"亲环境"是否能赢得更多人的青睐，他们的举措被媒体描述为"冒险"。

世界上应用最广泛的绿色建筑评价系统 LEED 在酒店业有着不断增长的态势，预计该行业的 LEED 认证建筑数量将继续实现较大幅度增长。2014 年，总面积约为 1.04 亿平方米的 2070 多家酒店正在参与 LEED。其中，总面积近 1200 万平方米的约 400 家酒店已经获得 LEED 认证。根据麦格劳-希尔建筑信息公司（McGraw Hill Construction）的一份调研报告，绿色建筑在酒店领域在 2011~2013 年增长了 50%，而现在已在其新建建筑中占比 25%。2016 年 3 月 25 日，美国绿色建筑委员会（USGBC）发布了《LEED 在行动：酒店》报告，报告显示酒店业正在加速采用绿色建筑和 LEED，全球已有近 1200 万平方米的 LEED 认证酒店空间。报告中指出中国有 32 家 LEED 认证酒店，其中多家集中坐落于上海金融、贸易和娱乐的全球热点中心浦东新区，这使得中国成为在酒店业领域除北美外推行 LEED 认证的第二大市场。

在这些 LEED 酒店项目中最显而易见的是获得 LEED 铂金级认证的上海中心。128 层的上海中心不仅是中国最高的建筑，还是世界最高的永续性建成结构。它的租赁用户中包括 J 酒店，这是一个位于上海中心 84 层与 110 层之间，有着 258 个房间的五星级奢华酒店。

USGBC 首席运营官兼绿色事业认证公司（GBCI）总裁马晗先生谈道："酒店业领域正在迅速采用绿色建筑，因为业主和开发商想要增强他们的三重底线——社会责任、环境责任和经济责任。中国反复不断地在提升全球市场的标准，积极地影响着我们建成空间的品质和健康。"

《LEED 在行动：酒店》报告突出了 LEED 实践和策略是如何灵活、易于实施，产生令人印象深刻的成果，以及如何融入到酒店业的建筑生命周期，从而引导该行业在人类健康和环保方面的高效表现。综合性的 LEED 包含永续场址开发、节水、能源效率、材料挑选和室内环境质量。

Urbn Hotel 的所有者 Space Development 准备将"碳中和"精品酒店模式推广到中国其他城市，目前正处在筹备阶段。"如果 10 年以后，中国仍只有这样一家碳中和酒店，对我们来说是好事，对中国的环境来说，却是灾难。"尼古拉斯说。

Green Transformation of "Carbon Neutrality" Hotels：
from Architecture to Core

Abstract：This case takes Urbn Hotel, the first hotel in China to realize the "zero carbon" value, as the analysis object, describes the development of green products in hotels and the status quo of consumer attitudes, analyzes the role and impact of green marketing strategies on changing consumer attitudes, tries to analyze the relationship between enterprise marketing behavior and consumer attitudes, and deepen the students' understanding of the theory of consumer attitudes.

Key Words：Carbon Neutrality；Green Hotel；Urbn Hotel

团队聚会，值得麻烦吗？*

摘　要：本案例讲述了上海世茂皇家艾美酒店突然接到了 400 人的大型印度旅行团，酒店为了增加客户忠诚度积极地采取了应对措施。然而事与愿违，由于人数众多对酒店管理提出了诸多的挑战，并且对酒店的日常运营产生了不利的影响。因此，本案例基于上述内容讨论了酒店市场接洽团队客户的管理要点，进一步探讨了酒店在大团队客户入住期间的管理措施，包括准备工作、需求应对、投诉处理以及客户价值最大化。

关键词：酒店运营；客户价值；客户接待周期；上海世茂皇家艾美酒店

引 言

近年来，随着各大集团和单体酒店的陆续扩张，酒店行业竞争越来越激烈。在诸多的竞争行为中，酒店团队入住一直以来都是各大酒店的兵家必争之地。如此重视团队客户，一方面是因为其可以迅速提升酒店的出租率，并且服务时间相对集中。酒店只需要服务好一个团队，不需要对接许多散客，相对来说管理上更容易，也可以保障酒店淡季的利润。另一方面是由于团队人多事杂的特性，也会给酒店管理带来比较大的困扰，容易引起投诉，甚至是失去一些重要的合作客户。2016 年 7 月，在上海的一家五星级酒店内，类似的事件就在悄然发生着，管理者将如何面对呢？

一、上海世茂皇家艾美酒店

2006年，国内首个Royal抬头酒店——上海世茂皇家艾美酒店（以下简称"艾美酒店"）开业，直至今日，它也是全国唯一的带有Royal抬头的酒店。"无以替之"的老上海中心选址，以及位居浦西333米第一高楼的云端居停，艾美酒店很快就打响了名气，"会挑地方"成了大众对其的初识印象。

除了选址之外，艾美酒店的管理优势也值得一提。喜达屋酒店作为管理方，在其领导下艾美酒店不仅入选2009年《康德纳斯旅行者》亚洲最佳酒店金牌榜，还在2010年入选亚洲百佳酒店，并荣获2009年度和2010年度Expedia最佳酒店权威精选。此外，2010年《私家地理》、2011年《旅行者》、2011年 That's Shanghai、2011年《诠释TRENDS》等评选大奖上艾美酒店皆有斩获。

气势宏伟的艾美酒店从上海中央商务区拔地而起，66层的超高建筑堪称上海最令人瞩目的现代化地标建筑之一。艾美酒店地处上海市中心著名的南京路步行街一侧，毗邻人民广场1号、2号、8号线地铁出口，地理位置极其便利，步行10分钟即可抵达上海外滩。艾美酒店的现代设计风格令酒店外观醒目，并可饱览迷人壮观的城市全景。先锋的建筑造型设计，至今仍被圈内注以"天线宝宝"的可爱乳名。

艾美酒店拥有700间装修精致的客房，均配42英寸的液晶电视、DVD/VCD播放器，透过落地玻璃窗，浦江美景、人民公园、上海天景线皆可尽收眼底。在人数容纳量上，可谓是沪上酒店翘楚。

艾美酒店配有各具特色的中、法、意、自助餐等四个餐厅，789南京路吧及悦廊两家酒吧，酒店休闲设施包括室内恒温游泳池、按摩浴池、桑拿和健身中心，其时尚的LE SPA水疗中心可以让住户尽享身心舒畅的健康之旅。

艾美酒店拥有近2000平方米的会议设施，包括2个享受自然日光的大宴会厅和6个会议室。会议中心设施齐全，包括同声传译设备，先进的影音视听设备、音响系统、投影仪和屏幕，专业的灯光设备，高速宽带互联网接入和电脑租借服务等。

艾美酒店以其不可替代的便利位置，获得了大量来沪旅游或来沪出差的商务型精英人士的青睐。酒店的客源结构主要以高端型商务客人和休闲度假的散客或小团队为主，另外会议客人也占有一部分比例，常年平均出租率达到75%左右。

不过到2016年，2006年开业的艾美已经度过了10年的岁月，难免会存在一些硬件上的不足。

总体而言，艾美酒店在地理位置上有独特的优势，作为老牌的五星级酒店其服务质量和环境卫生上依然保障有力，但是从色彩到布局，再到细节装饰等，还有换乘电梯的设置（大堂在11层，需从8层换乘电梯后到达，再换乘电梯至客房），引起了很多人的抱怨，这也在一定程度上影响了酒店的口碑和声誉。

二、团队客户

（1）大团将至。2016 年 7 月，位于南京路步行街上的艾美酒店销售部接到一个来自印度团队的咨询邮件，因为几年前这个旅行社带小团入住过该酒店，当时酒店优质的服务质量和得天独厚的地理位置优势给该旅行社留下了深刻的印象，旅行社负责人和该酒店销售部负责人互留了联系方式，并且旅行社每年都收到该酒店发送的促销邮件。这次旅行社组织了一个 400 余人的大团将于 8 月来上海旅游。由于艾美酒店靠近地铁 1、2 号线，到上海中心城区各景点都非常方便，考虑到在上海市场上能接待大团又有如此便利条件的酒店真的为数不多，还是将艾美酒店作为首选，该旅行社发来邮件进行商洽，对酒店之前的服务大加赞赏，并想要预订 8 月 19~21 日的客房 200 间。

当时市场上星级酒店的平均房价是 650 元/间夜，考虑到最近酒店的网络评价不够好，想借此机会把握一些团队老客户，最后销售部负责人与预订部经理在查询商讨，确保有房的情况下以 450 元/间的价格接下了该团（该旅行社必须保证 200 个标准间 3 天 2 夜），双方传真签订合约并支付了一定的押金，并约定届时如果不满 200 个房间，也按照 200 个房间支付费用，而 8 月该酒店的普通标间售价大约是 650 元/间夜。之后预订部将 200 间客房进行 Block 预留房控房操作。

（2）入住前一天。8 月 18 日当天，预订部通知前厅部明日出租率达到 90%，接近满房，因此工作繁忙，需要提前为这 200 间客房进行人员信息登记和分房，并且通知客房部做好准备。但是由于时值暑假，酒店还有一些来度假的客人，用掉了一些双标间，因此房务部门给出了可以用的 200 间房间的清单列表，前厅部工作人员组织实习生在后区完成了数据录入和分房的工作，并提前准备好了房卡。

但是客房部之前没有详细考虑到双标间需要将一部分大床房进行拆分的情况，导致客房部工作人员任务重压力大，时间安排紧张，在完成当日的客房清扫以外，还需要进行大床改造，酒店紧急调用了在其他岗位的实习生和客房部所有文员。当天加班到后半夜，才完成所有布草的铺设工作。

（3）入住当日。大约 400 名印度游客抵达酒店。酒店提前做好了预案，房卡早已根据旅行社提供的信息分配好了，客户只需在前台登记即可取得分配的房卡。即使如此，前台仍然非常忙碌，还是导致了大厅的拥堵和吵闹，也引发了酒店前台的拥挤和其他客人的抱怨。由于团队过于庞大以及个人需求的不统一，为了快速办理入住酒店只能重新调整房间，导致房间比较分散，团队成员被安排在不同的楼层中。

餐饮部收到通知，根据印度人的习惯，印度教奉牛为神，其教徒严禁吃牛肉，同时也忌讳众人在同一食盘内取食。少数印度人信奉伊斯兰教，他们遵照教规，严禁吃猪肉。所以餐饮部准备调整后面两天的部分食谱，做一些羊肉、鱼肉、鸡肉和鸭肉类的菜，以满足印度客人的口味。

（4）入住期间。夜里两三点时，印度客人的房间内不断有电话打到前台。根据时差，此时是印度客人的晚上时间，但好多客人还处于比较兴奋的状态，开始打电话提出各种需求，如需要咖喱、泡面、插线板、充电器等，大量的需求加上语言不通，导致对话经常没有办法很顺利地进行下去，接线员一整夜都处在忙碌接线中，而客房文员也在加班帮客人送东西。酒店还收到了不少散客关于楼层吵闹的投诉。如半夜11：30，酒店一位商务客人张先生打电话到前台，非常生气地投诉隔壁客人非常吵闹，可能是在搞派对。他第二天早上还有非常重要的汇报，必须要得到充足的休息。现在已经很晚了，他绝对无法接受酒店连最基本的安静的休息环境都没有办法保证。

在第二天酒店用餐时，印度客人占到了1/3客人的量，导致其他客人的用餐体验也不是非常好，而且觉得餐饮部的食物口味部分调整不符合国人的习惯，而且造成了取餐拥堵情况。另外一部分印度客人选择在房间点餐，导致其他散客的送餐时间受到了干扰，中午酒店客人王先生打电话到前台，投诉自己的客房送餐已经严重延时，而下午他还有一个重要的会议需要出席。类似此种投诉层出不穷，令总台头疼不已，但是好在没有出现特别致命的问题。

三、印度客人离店及后续发展

两天后，印度客人集体退房，这次艾美酒店吸取了教训，没有让客人在前台等待，而是提前做好了账单，但还是存在客房清扫员发现有部分客房的客人食用过小冰箱里的食物但是没有主动提及的问题，一部分客人愿意额外支付费用，而另一部分人坚决否认他们动用了minibar，甚至还有一些客房是在客人离开后才发现问题，这部分费用只能由酒店承担。

但是总体退房还是比入住时的办理快速简便了许多，很多挂账的账务问题，后续可以与负责的旅行社进行商洽。整个印度团队客人对艾美酒店的环境、服务水平、餐饮口味以及客房体验都表示满意，但他们也对酒店比较复杂的电梯设置、客房送餐速度、沟通上存在一定的障碍、酒店人比较多没有足够活动空间等问题表达了不满。

然而在退房之后，酒店再次陷入一片混乱，原因是需要把原来临时加进去的部分小床撤出客房。为了不影响后面房间的使用，客房部加班加点地进行场地还原。再加上印度客人习惯于吃咖喱类的食物，导致整个客房内的味道久久无法散去，又因酒店楼层太高，很多房间无法开窗通风，只能依靠中央空调和用在梅雨季节的冰片来除味，导致两三天内客房没有办法入住。

事后，前厅部和客房部的员工因为好几天长时间的工作而对此订单极为不满，他们认为销售部接订单的时候没有考虑到后期运营部门配合的各项困难，而房务部门与销售部对此订单的跟进配合工作也没有进行预判，导致很多工作都是临时通知。而总经理办公室了解此事后也对后续的收益进行了分析，发现在旺季接这类订单并不划算，因此对销售部负责人进行了批评之后，重新制定了销售部接订单前的审批流程，也对各部门的配合及协调中出现的问题提出了一些改进意见。

A Team Reunion? Is it Worth the Trouble?

Abstract: This case tells the story of Le Meridien Royal Shanghai, which suddenly received a large Indian tour group of 400 people. In order to increase customer loyalty, the hotel actively took measures to deal with it. However, it backfired because the large number of people posed many challenges to the hotel management, and had a negative impact on the daily operation of the hotel. Therefore, this case based on the above content to discuss the hotel market contact team customer management points. The management measures of the hotel during the stay of large groups of customers are further discussed, including preparation, demand response, complaint handling and customer value maximization.

Key Words: Hotel Operation; Customer Value; Customer Reception Period; Le Meridien Royal Shanghai

大食代，重回时代发展之路[*]

　　摘　要：本案例以大食代为分析对象，通过提供一个场景化的思考空间，揭示美食广场在发展过程中的战略选择和食品安全监管的相关理论及其运用要点。从而使学员理解市场经济发展与餐饮行业发展的关系，理解餐饮卫生质量安全与餐饮行业发展的重要性，掌握餐饮卫生监管中快速检测技术的选择和应用，探讨美食广场这种商业模式的可持续发展。

　　关键词：食品安全；美食广场；大食代

引　言

　　提起"大食代"，喜欢美食的都市白领并不陌生，大家的印象就是大食代荟萃了各地小吃精华，特色风味食品琳琅满目，在一个大卖场就可一网打尽各种小吃，曾经创下月客流量超过 1000 万人次的记录，是众多消费者商场购物时的餐饮首选。这是一家什么样的美食广场？它的经营绩效怎么样？在上海是怎样实现成长的？如何在新冠肺炎疫情冲击下重回时代巅峰？

一、大食代发展历史

　　经常逛商场的人们都知道，最初的商场业态很单一，只有出售各类商品的零售店，并不提供休息的场所和饮食服务。但后来为了方便顾客，一些商场在顶层或一角出现了冷饮店、小甜品店等。不过由于并不是主业，对于商场而言，它们仅扮演可有可无

---

　　* 　1. 本案例由司晓晶撰写，作者拥有著作权中的署名权、修改权、改编权。

　　2. 本案例同意授权在《上海商学院酒店管理专业教学案例集》中公开出版。

　　3. 本案例只供课堂讨论之用，并无意暗示或说明某种管理行为是否有效。

的小角色。不知从何时起，各大商场内的餐馆悄悄兴旺起来，渐渐有了"喧宾夺主"之势。很多连锁西餐厅占据了商场显著的位置，麦当劳、肯德基等捷足先登，其他各国菜式如韩国料理、日本寿司、泰国菜等风味西餐厅紧随其后，中餐酒楼也相继出现，商场餐饮业渐渐红火起来。在一些大城市，大型商场会有好几层美食广场。

上海是中国的经济重地，百姓的消费力和消费观念都在改变，这些都是保证美食广场盈利的先决条件。上海知名的大食代美食广场在 1997 年进驻中国市场之前做了详细调研，选定在上海开设第一家美食广场。作为新加坡上市集团公司面包新语（BreadTalk Group）旗下的知名美食广场品牌，大食代以新加坡作为大本营，在全球不同大型综合商业体开设美食广场，以打造开放式个性主题食阁为目标。通过提供平价优质的服务及亚洲各地的特色美食，给顾客带来气味、声音、视觉等方面的全方位体验。

大食代这样的美食广场是一个复杂的业态，不仅是卖食物，在此之上更加注重环境因素给人们带来的物超所值的感受。它也像超级市场一样，运用了国际流行的超市原理来设计和经营餐饮企业；吸收了超市的大批量采购原料、产品品种齐全、价格优惠、顾客购买方便等顺应时代潮流的优点；借鉴了超市的布局原理，突出了菜单公开、品种开架陈列、开放或半开放式厨房加工、快速简捷出餐、顾客参与服务等特点，给顾客带来了全新的餐饮概念。我国传统的餐饮业经营模式是封闭式的，顾客点菜时对出品的原料、加工、调味、卫生和新鲜程度都一无所知，无从选择。而超市餐饮业根据当今人们求新、求异、求方便、求自我的消费心理，实现了"开放式"的经营理念，以扶栏相隔给客人购买的自选便利、菜肴的取送便利、食品的增添便利，消费者可以根据自己的爱好选择；厨师也不拘泥于某一种传统菜系而是集地方风味、外国风味、乡土风味于一体，饮食无国界、地界之分，切实做到了"众口可调"，最大限度地满足了顾客的需求，从而形成了规模效益。与一般餐饮项目相比，大食代的这种特殊性也决定了它的不可替代性，除了为商业城流动顾客提供餐饮服务外，也为商业网点的工作人员就餐提供了更方便的条件。显然大食代美食广场是超市餐饮业中的佼佼者，它将超市餐饮业的优势进行了最佳诠释，生意一度异常火爆，其热闹场面甚至超过了购物商场，足以说明这种餐饮新业态确实满足了广大消费者的需求。

截至 2014 年 9 月 15 日，大食代及食代馆全球开店总数量为 60 家，拥有 2 万多种美食，月客流量超过 1000 万人次，美食专柜超过 240 家，其中中国内地有 32 家，雄踞半壁江山，是当之无愧的美食广场的航空母舰、同行业的超级品牌。2013 年，全球大食代及食代馆总收入为 1.427 亿新加坡元①（约合 6.9 亿元人民币）。

在大食代快速发展的那几年，在餐饮与购物中心寻求双赢共生是美食广场的发展目标。大食代通过进一步提升餐饮与环境、餐饮与服务间的消费者体验，优化美食广场的餐饮品牌、用餐环境，设计上更强调餐饮文化以提升品质，不过其在整体的经营方式上没有改变，仍是档口制作餐品，中心公共空间用餐。

---

① 资料来源：二十一世纪商业评论网。

二、大食代美食广场存在的问题

大食代因时代崛起，又被时代抛弃，让人唏嘘感慨。2016 年，入驻上海美罗城的大食代开始走特色路线，云集了大壶春、鲜得来、沈大成等上海老字号，用小笼包、生煎、排骨年糕、糕团等经典海派小吃吸引游客纷纷前来打卡。但 2021 年底大食代租金到期撤出了美罗城，上海来福士店也于 2022 年 2 月中旬停止营业。为什么盛极一时的大食代，如此快速被时代抛弃、走向没落、风采不再？

1. 品牌老化，被食客抛弃

当熟悉大食代那代人老去回归社区后，大食代失去了它的"忠实"客群。没有所谓的"网红"引流款，没有抓住年轻客群，品牌老化是大食代的首要问题。现在的大食代客流吸引力大不如前，因为大食代的目标客群和商场的主流客群不是一批人，而且随着电商的普及，商场的消费人群在减少，原有的白领消费人群可以足不出户满足需求，用餐成本也变得更低。当所有品牌都在朝着"年轻化"这个方向努力时，老去的大食代像一个大型食堂，门头单调乏味，毫无特色，餐食和时下流行的小吃饮品毫不相干。其他年轻化品牌的排队现象，在大食代中荡然无存，只有零星几个家长带着小朋友，丝毫不见年轻人的踪影，而年轻人往往是最具消费能力、最愿意逛商场的那批人。更为致命的是，吸引不了客流的大食代，也失去了它的话语权。

2. 层层拔高的房租压力下，被品牌抛弃

购物中心逐年上涨的租金也加大了美食广场的经营压力，因此美食广场从经营情况来看，生意有所下滑，即便暂时没有出现业绩巨亏，至少也会增长乏力。走访了一些商家了解到，"以前最好的时候单日流水能够达到三四千，现在经营情况比较好的时候也才 1800~2000 元的样子"。有了大食代这个二房东层层加码后，品牌商的房租压力进一步提升。在消费降级的当下，性价比可以说是一个品牌强有力的武器。原本在大食代中的连锁品牌，在独立出去后，可以拥有更低的客单价，更好的品质。而资本在近几年也瞄准了粉面、小吃，连锁品牌再入驻不再是难事。

3. 用餐时段受限，盈利能力降低

快餐品类相比于正餐品牌，更加注重餐时段，贾国龙功夫菜、西少爷在前段时间纷纷上架早餐品类，开启早餐市场；紫光园更是注重全时段运营，新增不少夜宵类单品。处在商场中的快餐品牌受制于商场经营时段，当其他品牌追求时下正热的"早经济""夜经济"时，只能远观，不能增加早餐、夜宵形态，减少了盈利的可能，让房租成本占比进一步增加。

4. 食品安全问题

随着人们对食品安全的日益关注，美食广场各餐饮企业的卫生环境对于日渐重视食品安全的消费者来说是最为关心的。餐饮企业食品安全水平的高低，直接影响着广大消费者的生命安全。通过浏览大众点评发现，顾客反映大食代的用餐环境存在空气

不流通、气味大、公共卫生差、设施设备不完善等问题。大食代经过多年运营，加上受新冠肺炎疫情影响，问题凸显较多，甚至部分涉及硬件问题，如设施老旧、空间不足、明厨亮灶效果不佳、食品的保藏不当等，而且从业人员食品安全意识淡薄，所以整改起来相对也比较困难。

三、大食代如何重回时代

1. 营造文化氛围，增强社交和体验属性

当今的商场餐饮消费主力还得靠年轻人。大食代鼎盛的年代，商场的作用主要是逛街买东西，但在如今网购如此发达的时代，商场承载的社交功能越发突出，"沉浸式"和"体验感"才是吸引年轻客群的利器。对于餐饮业来讲更是如此，同样是美食广场，长沙文和友以现象级热度快速出圈，因为它抓住了流量密码——沉浸式用餐，还原了20世纪80年代市井风貌，集合了当地知名小吃品牌，甚至为游客提供拍照着装，于是成为到长沙旅游不可不去的景点，并且开始向外扩张、布局其他城市。因此通过日漫主题、新潮国风等主题的美食市集，让消费者既能吃得新奇又能拍得高兴，就能成功吸引到大量的年轻人。

2. 尝试转变模式，建立品牌集群效应

虽说营造文化氛围是一味良药，能让美食广场以网红之姿，借着社交媒体再火一把，但这只是第一步，还是治标不治本。"二房东"是大食代的硬伤。若想治本，大食代就不能继续"二房东"的固有思维。曾经，大食代的开店逻辑是做美食界的孵化平台，将夫妻店搜罗进来，对它们进行包装和宣传。但是理想很丰满，现实很骨感，大食代"造星"并没有成功，这些夫妻小店进入后也只是多了个头衔和约束。在这个品牌为王的时代，一家知名连锁品牌要比满广场的无名小店更有吸引力。所以，吸引更多的优质连锁品牌，或许是更省时省力的办法。那么怎么样才具有吸引力呢？不是将租金作为营利重心，而是为品牌提供服务，形成品牌集群效应，让入驻的商家能获得比单店时更多的好处。比如，打卡够五家店，下次任意一家店打八折，或者大家轮流做活动。白领群体是美食广场的稳定客流，用餐性价比更高，且快速方便。一位美食广场经营者也表示在进一步挖掘白领工作餐市场，期待网络成为其新突破口。

3. 关注特殊场景，更要保持价格优势

虽说大食代在美食云集的商场似乎已经没有立足之地了，但在机场、火车站、景区这些特定场景下，大食代依然是人们追求性价比的首选。小红书搜索大食代，最先跳出来的是迪士尼的省钱攻略。相较迪士尼七八十元的一碗面，人均三四十元的大食代就显得格外亲民。能让大食代发挥主场优势的还有火车站和机场，对于在等火车、等飞机的人们来说，吃得好不好不重要，快速、吃饱、便宜才是王道。这正是大食代几十年打出的招牌。不夸张地说，这些场景可能是大食代最后的阵地。此外，完成数字化经营升级，提供线上化服务工具，传统档口一般只有在中午或者晚上饭点时才有线下集中消费，通过自有线上化的会员的外卖、到店取，可以拉动档口全方位的消费，提升档口整体盈利能力。

4. 严把食品质量，提升餐饮品牌价值

严格依据食品安全质量审核体系，在保障餐饮食品安全第一的前提下，制定并采取科学可行的管理对策，提高餐饮的品牌价值，塑造良好的企业形象，是当务之急。

（1）加强食品安全管理人员能力有效性管理。在现有的食品经营从业人员培训管理办法要求的基础上，查验 ABC 证书的完整性，同时，加强相关人员实际能力的考核，以街道或商圈为单位，定期对经营者关键岗位人员进行考核，成绩作为其监管频次的高低的一个参考值，并充分利用互联网技术，加强对经营者关键食品安全管理人员的业务指导。

（2）增强企业负责人主体责任意识。根据不同企业实际经营特性的差异，以最终获利者为主线，明确企业第一责任人，并加强对责任人进行普法宣传，了解经营过程基本的食品安全要求，提高责任意识，夯实主体责任义务。

（3）引入先进管理理念，引导从业者形成良好习惯。从操作习惯入手，借鉴餐饮 ABC、6S、6T 等管理理念，引用定点定位管理、红黄牌管理、灌输式培训等方式，逐步解决从业者日常操作过程中常出现的卫生管理、着装、交叉污染使用、不规范行为等问题，最终形成良好的操作习惯。

（4）加强从业人员食品安全教育。通过培训，增加员工对食品安全知识的了解。

四、尾声

目前，中国餐饮市场增速持续领跑于社会消费品零售，在 2019 年，全国餐饮收入为 41896 亿元，同比增长 9.4%，增速高于社会消费品零售总额，但在市场总规模再创新高的同时，行业增速从近几年来的双位数水平有所回落。逆水行舟，不进则退。在当前日趋激烈的竞争中，餐饮企业无论规模大小，在确保食品安全的前提下，都需要不断思考与利益共同体的合作模式，创新消费场景，重塑盈利模式，量身定制出切合实际的商业模式，从而巩固品牌竞争力。

Dashidai，Return to the Road of Development of the Times

Abstract：This case takes Dashidai as the case study object，and reveals the relevant theories and application points of the strategic choice and food safety supervision of the food plaza in the development process by providing a scene based thinking space. So that students can understand the relationship between the development of market economy and the development of the catering industry，understand the importance of food hygiene quality and safety and the development of the catering industry, master the selection and application of fast detection technology in food hygiene supervision, and explore the sustainable development of the business model of food plaza.

Key Words: Food Safety; Food Plaza; Dashidai

返璞归真：康养旅居时代背景下青城山六善酒店发展之路 *

　　摘　要： 本案例拟以位于国家 5A 级旅游景区青城山脚下的青城山六善酒店为例，使学生深入学习在康养旅游逐渐成为大众旅游的常态模式背景下，践行可持续发展在企业扩张中发挥的作用，深刻理解酒店行业履行社会责任的必要性和基本路径。案例叙述了六善集团的品牌历史，进入中国市场、选址青城山的决策，以及在新冠肺炎疫情影响下，如何通过发展用户社群和差异化营销的方式来优化用户服务与用户体验，进而提升品牌影响力和可持续发展能力。本案例有助于学生掌握企业履行社会责任、可持续发展的主要方式和提升服务质量的重要途径。本案例为学生提供了康养旅居时代背景下的酒店实践示例，同时培养学生理论结合实践能力，为产教融合夯实基础。

　　关键词： 青城山六善酒店；康养酒店；可持续发展；差异化营销

引　言

　　2020 年突如其来的新冠肺炎疫情使旅游行业遭受重创，与之密切相关的酒店业也经历了沉重的打击，但危中有机，人们在日常生活中对健康的需求越来越高，此外，随着中国旅游消费市场的快速发展和快节奏、高强度的现代生活及工作等带来的巨大压力，减压放松和对"亚健康"状态的调理成为了大量群体的共性需求，当康养旅居的方式逐渐深入大众视野，市场供给的方向也在潜移默化中调整、改变，更是催生了一系列健康新产业、新业态、新模式。在此趋势下，不少国内外知名酒店集团、地产公司争相抢滩康养产业，奢华度假酒店也在中国悄然兴起并快速发展。威斯汀、凯悦、希尔顿等国际酒店品牌相继进行"康养特质"加持,为顾客提供更加丰富的生活方式和健康休闲体验。酒店集团们在康养领域的下注绝不会浅尝辄止,除了将康养旅居的新概念应用到现有的酒店产品中,通过收购引进更加专业的康养品牌才是重头戏。

作为国际第三大酒店集团的洲际酒店集团(以下简称"洲际")于 2012 年推出了以健康为核心的逸衡酒店品牌,2014 年 12 月斥 4.3 亿美元巨资收购了金普顿酒店集团,为其高速发展的精品酒店板块添上了浓墨重彩的一笔;2018 年 3 月,洲际以3900 万美元收购丽晶酒店及度假村 51% 的股份,在超奢华酒店领域形成了新的竞争优势。洲际近年来在中国发展势如破竹,于 2019 年 2 月 13 日以 3 亿美元收购了六善养生度假酒店集团(以下简称"六善"),表明了洲际在康养业务板块扩张的决心,也进一步夯实了其豪华酒店品牌组合。① 这也意味着,洲际终于在其桂冠上镶嵌了最耀眼的那一颗"顶奢宝石"。一时间,业界对六善这一奢华度假酒店品牌的关注度倍增。

一、六善酒店品牌历史

六善酒店创立于 1995 年,2012 年 6 月 18 日,美国私募基金管理公司 Pegasus Capital 完成了对六善酒店管理集团的收购工作,开启了六善迈向更国际化的酒店管理公司的成长道路。六善酒店管理集团旗下品牌有六善、爱梵森和六善水疗中心,在全球 20 个国家经营 11 间度假村和 29 间水疗中心。第一家六善酒店在马尔代夫拉姆岛开业,目前全球共有 28 家六善酒店(包括在建中的),新酒店项目覆盖奥地利、不丹、柬埔寨、中国、泰国、突尼斯、阿联酋和美国等国家。

"六善"这一中文名也是品牌团队经过长时间和严谨的命名和挑选过程才确定的,通过仔细考虑品牌战略、语义和语音结构等多个因素,再结合小组调研,访问了多位来自以中文为母语的国际化大都会,并与品牌目标顾客的形象和生活方式相近的旅客,深入研究受访者对"六善"这个名字的诠释,受访者一致认为"六善"传达善良、安逸、祥和、和谐、宁静、灵性、精致、正能量、关爱等理念,这些也是六善集团旗下的酒店和水疗中心一直谦恭地坚持并致力传达给顾客的价值观。正如集团市场推广及传讯部副总裁 Julia Gajcak 所说:"命名的过程着实花了不少时间和心思,一方面我们希望酒店的名字能充分反映品牌背后的深层含义,另一方面由于六善酒店是首次进入中国,我们非常尊重当地的浓厚文化,也希望通过这一命名过程反映我们对中国市场的重视。"

六善的 Slow Life 度假哲学并非是单纯的"慢生活",而是通过 8 个字母隐含了 8 个度假关键要素。可持续性(Sustainable)、本土风貌(Local)、有机(Organic)、有益身

---

① 资料来源:青城山六善酒店官方微博及微信公众号。

心（Wholesome）、学习（Learning）、启发（Inspiring）、趣味（Fun）、体验（Experiences），让度假成为一场返璞归真、修身养性的纯净之旅。

六善的 logo 源自僧人祈福的指印（见图 1），最下面一排代表人最基础的三个感官，分别是视觉、听觉和触觉，中间一排则代表味觉和嗅觉，位于最顶端的就是第六感、潜意识，即在最深沉的冥想和沉思状态下，凭借直觉对生命进行感悟和认知，在最纯美的境地，唤醒对世界最初、最美的记忆。

SIX SENSES

图 1　六善品牌 logo

六善酒店集团的核心价值观包括以下几个方面：殷勤的待客之道；精心设计的完美体验；立足本地，放眼全球；关怀与责任；新颖独特，妙趣横生；引领健康生活。六善品牌的特色是纯正、个性化及可持续发展。不论是在顶级酒店中开设的六善水疗，还是位于城市繁华地段的六善物业，无处不彰显着六善纯正、个性化、可持续发展、与自然和谐共处以及宾至如归的文化。六善综合养生方案将度假酒店的住宿体验又提升了一个层级，通过整合性运动科学检测提供筛查和表现测试，帮助宾客了解、监测和改善个人的健康水平，再结合瑜伽和睡眠增强方案以及营养指导的辅助，从而发挥宾客身体的全部潜力。

在客户需求和消费趋势瞬息万变的当下，六善集团没有将旅居视为简单的商品——只需装修好客房再等待宾客入住即可，而是时刻保持着对市场需求的高度敏感。除了精准预测客户需求，六善集团极为重视创意性高的概念开发，如地方文化和设计元素等，避免采用标准化、现成的设计以及直接模仿他人。从硬件设备到服务概念，六善集团始终坚持通过分析酒店和休闲概念的优缺点来主动创造需求，从而引领新市场趋势。

据美通社 2019 年 2 月 14 日的报道①，六善集团的行政总裁 Neil Jacobs 表示，六善被洲际收购拉开了一个激动人心的新时代序幕，这意味着洲际认同六善将养生健康与可持续发展相结合，进而促进人与环境健康发展。加入洲际大家庭意味着可以利用洲际强大的系统及营运优势，继续发展六善品牌，在不失六善独有的个性和趣味的基础上开拓新市场。

---

① 资料来源：https://www.prnasia.com/story/237085-1.shtml.

二、幽幽青城，问道六善

1. 选址青城山，坐拥5A级景区旅游资源

近年来，旅游消费重体验、多样性、个性化的需求等越来越凸显，很多游客把酒店、民宿作为旅游目的地，摒弃了过去走马观花的观光游，开始转向康养旅居的慢节奏休闲旅游。在此背景下，都江堰市旅游酒店业把握住契机，迎来了高质量发展。作为成都市唯一的世界遗产地，都江堰市发展酒店业具有天然的优势。以青城山镇为例，酒店的设计与装潢中充分融入了"山、水、道、熊猫"等元素，各种先进的服务理念和营销方法被引入到酒店的管理与服务中，这里的酒店既体现了蜀文化中的闲适与恬淡，也反映了现代科技给人带来的舒适与便捷。

早在2010年，六善的选址团队为了找到最适合六善中国首秀的目的地，他们走遍中国近700个城市，最终在四川都江堰的青城山脚停下了脚步。秉持"纯正、个性化、可持续发展"理念和"慢生活"度假哲学的六善酒店选址大多分布在风景优美的海边岛屿，青城山六善酒店位于青城山脉入口，这是六善的第一家山景酒店。

青城山六善酒店所在的青城山镇地处山区，西临世界自然和文化遗产保护地、国家重点风景名胜区、国家5A级旅游景区——青城山，当地海拔235～2434米，处于著名的"华西雨屏带"，属于亚热带湿润季风气候，平均气温16.8℃，湿润多雨，与成都平原气候相仿，是避暑、养生的绝佳选择。全镇山清水秀，物产丰富，植被覆盖率高达98%，其中森林覆盖率高达90%以上，环境清幽，空气中负氧离子含量高达91%，有"中国长寿之乡"之称。此外，青城山也是中国著名的道教名山及发源地之一，自古就是隐居修炼和游览的胜地，恍若一个不染尘埃的世外桃源。青城山镇是都江堰市、成都市及四川省旅游发展重点规划区域，拥有丰富的高品级旅游资源，如道家文化、药王文化等。"拜水都江堰，问道青城山"更是成为了都江堰城市旅游的宣传口号。

2. 青城山六善酒店概览

青城山六善酒店坐落于巍峨山峰、古老寺庙和殿宇之间，位于曲径通幽的青城山脉入口，通过别出心裁的设计完美融入了青城山风景区的绿意葱茏之中。虽是山区度假酒店，但周边交通便利、消费场景丰富，进一步反映了青城山周边旅游开发的全面性。酒店距离省会成都仅1小时车程，而与成都双流国际机场仅78千米的距离。酒店的整体设计概念与六善一贯简洁有序及充满大自然的风格一脉相承，浓厚的川蜀文化元素加强了本土地道氛围。精心布置的墙板与编藤元素装饰营造出光线与空间感平衡的舒适空间，古代中式家具摆设及显眼的横梁均富有文化传统的色彩。

青城山六善酒店共有52间普通套房、26间豪华套房、24间庭院套房、9间双卧庭院墅、豪华双卧庭院墅及双卧泳池墅各5间、1套总统别墅，房间面积从78平方米到833平方米不等。每间客房都配备智能中控系统，可自由调控室温、电视及音乐。酒店配有水疗中心、有机农场、各式餐厅、花园影院等设施，提供山间骑游、春茶采摘、

儿童乐园等服务。酒店设有两个恒温游泳池，另有一个为青少年而设的专用游泳池。设备先进的健身房有专业健身教练当值，此外，青城山六善酒店还有浑然天成的户外健身径及露天网球场供宾客享用。室内电影院提供从下午到晚上的观影体验，酒店另设有图书馆，全年开放。酒店设有四间会议室及一间董事会会议室，可按照宾客需求作为常规会议场地或者小组讨论室。主功能厅可容纳多达 480 位宾客。先进的视听设备及高端的会议设施打造出国际级会议及活动。

青城山六善酒店共设 4 个餐厅，提供当地和地区特色食品，以及全球各式佳肴。数家餐厅与小食吧中总能找到适合宾客的口味，有机可持续的理念亦于此体现，餐厅使用的新鲜食材全部精选自当地农场及商贩，或酒店直属的有机农庄和古式蘑菇屋。

三、返璞归真：可持续发展理念先行

1. 康养旅居当道，按下健康中国快进键

随着人们生活水平的提高、健康意识逐渐增强，全民健康是人民对美好生活的重要向往。《"健康中国 2030"规划纲要》（以下简称《纲要》）指出要积极促进健康与养老、旅游、互联网、健身休闲、食品融合，催生健康新产业、新业态、新模式。发展基于互联网的健康服务，培育一批有特色的健康管理服务产业。随着《纲要》在全国范围内的持续推行和实施，"健康中国"上升为国家战略，康养产业迎来发展机遇，"康养+"成为文旅产业的重要构成部分，康养旅游也逐渐成为大众旅游的常态模式之一。

近年来，我国老年人口占比逐渐增长，根据国家统计局公开披露的数据，截至 2021 年，我国内地 60 岁及以上的老年人口总量为 2.67 亿，已占到总人口的 18.9%，其中 65 岁及以上人口超过 2 亿，占全国人口总数的 14.2%（见图 2）。老年群体对美好生活的需求水平也随我国老龄化进程的加速而不断提升，在此背景下，旅居康养也成为新的养老模式。然而，康养产业的消费群体并不局限于老年群体，注重绿色发展和健康生活的年轻人也是重点关注对象。此外，不同群体对康养的不同需求也进一步推动了康养产品的多元化发展，如面向青少年及年轻家庭推出的"康养+科普""康养+体育""康养+亲子拓展""康养+田园体验"等产品和服务。按消费者群体进行划分，康养产业可分为妇孕婴幼、青少年及中老年康养，如以健康为基准，融合医疗、中医、养生、体育及"互联网+"等元素的新康旅产品，是康养产业多群体、全龄化推进的新探索。

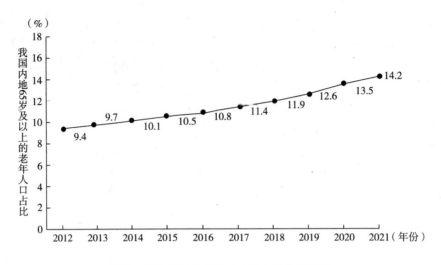

图2　65岁及以上人口占全国人口总数比例

2. 持续践行可持续发展的运营体系

随着"酒店+康养"从康养服务、中医保健到精神疗养的发展，顾客群体也因为养生概念的渗透而不断扩大。越来越多的酒店品牌和集团加入到这波"养生"浪潮中。目前的康养酒店行业还处于增长期，正朝着更加多元化和综合化的方向发展。秉承六善的环保理念，青城山六善酒店致力于改善因酒店运营导致的生态影响和碳足迹，将个人健康的可持续发展与自然环境的绿色发展相结合。

奢华旅游酒店业一直被环保主义者所诟病，然而，六善酒店自创立之初就坚持严谨的可持续创新发展理念。青城山六善酒店遵循大自然返璞归真的理念和蜀地文化，将可持续旅游最佳实践的前沿体现到了极致。酒店以木构为主采用纯正中式风格，营造出浓浓的蜀派韵味，让客人在钢筋水泥的城市生活之外，能够享受到回归院落静谧清幽的入住体验。酒店还设有高效的节能、节水设施，最大程度地减少酒店运营对环境产生的影响。酒店自家生产饮用水——"六善水"，通过对水源进行处理、净化，并以可循环使用的玻璃瓶盛装饮用水，减少对环境带来的影响。通过向当地社区采购或是从酒店内部的有机农场采摘农产品获取食材，推动农业的可持续发展。青城山六善酒店持续向宾客们推广可持续发展的环保理念，酒店内部严格践行酒店和宾客住宿设施的垃圾分类政策，此外，酒店内部不仅提倡节约粮食，更提倡"零浪费"的生活理念。全球每一间六善酒店，都尽量将废弃物变为可回收利用原料并进行再次使用，如将废水用于灌溉。酒店内设有电动汽车充电站，并引进高性能电动轿车特斯拉 Model S，为宾客提供机场接送服务。除此之外，酒店提供的所有住宿体验都围绕可持续发展理念设计，并由酒店各部门领导层组成的可持续发展团队，将可持续发展理念贯彻到酒店日常运营的细节中。

酒店在竭尽所能保存蜀地文化特色的同时，还通过雇佣当地居民提升就业水平。集团在当地设立青城山六善酒店可持续基金会，六善水及酒店别墅内软装玩具销售收益的 50%连同酒店收益的 0.5%都将贡献给该基金会。此外，酒店还定向支持一个羌寨村庄，组织酒店客人到村庄付费体验当地民俗文化，酒店也会采购当地出产的蔬菜、坚果及其他农贸产品，未来还将在酒店礼品店售卖当地的特色手工包，来帮助村民提高收入，改善生活。

四、"危""机"并存

全球旅游业和酒店业受到了新冠肺炎疫情的沉重打击，酒店入住率骤降。传统的酒店营销策略已经无法满足市场形势的需要，如何及时根据市场变化来转变酒店营销模式，满足新的市场环境和客户需求是当前酒店需要面对的问题。人们的社会生活更加趋于网络化和小众化，省外出游、海外游更多地被短途亲子游、周末游、同城游等替代。酒店应在抓好疫情防控的同时抓住行业发展新机遇。一方面，人们期待在个性化服务与合理的行程设计之外，在酒店得到更具创新的旅游体验和增值服务。另一方面，则是越来越多旅行者希望获得一站式的"综合体型"度假体验。

近年来，拥有世界文化遗产、世界自然遗产、世界灌溉工程遗产的"三遗之城"的都江堰市，在市委、市政府的坚强领导下，持续践行"绿水青山就是金山银山"理念，全力推动绿色发展、转型发展、高质量发展的进程，顺势发展，取得了突出的成绩。利用自身丰厚的文化底蕴和旅游资源优势，都江堰市已经形成了高品质"休闲度假+康养旅居+房车营地"的旅游住宿产品体系，满足了不同游客群体的多元化需求。

当前，都江堰市正围绕"建设天府青城康养休闲旅游度假区"的工作主题，积极打造具有国际影响力养生旅游、运动康养、温泉康养、生态康养类产品，朝着康养度假旅游目的地转型升级。在此过程中，省政府和都江堰市为吸引品牌住宿企业进驻，不断加大招商引资力度，同时出台了一系列针对住宿业的奖励政策和激励措施，也为青城山区域旅游酒店等业态的高质量发展提供了有力保障。

五、打破传统，创新破局

1. 营销创新：打造"网红酒店"，发展用户社群

"No News，No Shoes"，不着鞋履、不要新闻，在这里，无论从事何种职业，都要遵循规则，放下工作，卸去标签，享受返璞归真的生活。青城山六善酒店以其高质量的服务，避世的格调，吸引众多好莱坞明星、各国政商大佬前来疗养，也成为小红书、抖音及微博等社交平台"网红"们热捧的度假地，刘雯、何穗等超模首选的度假酒店就是六善。

"网红酒店"是在这个喧嚣的"网红经济"时代诞生的一项新生事物，"网红酒店"大多是通过社交媒体和一些网红的个人推广而走红。这些在社交媒体上拥有大量

粉丝、有影响力的个人通常会对粉丝的购买决策产生强烈影响，在决定旅游目的地或入住酒店时，消费者更可能相信个人推荐，而不是传统营销平台上所投放的广告。影响力营销、社交媒体和内容营销的结合正在重新定义口碑营销渠道，以一种更真实的方式将酒店推广至客群。

社交媒体及用户运营时代，品牌与消费者之间的关系更近，沟通更加密切和频繁，越来越多的酒店开始通过在社交媒体制造话题引发消费者的共鸣和身份认同从而促进转化和购买，并引发口碑传播和裂变效应。对于酒店来说，微信社群是酒店能够与用户最密切进行沟通的场合，也是提升品牌知名度与用户黏性的最佳阵地。社群成员未必是头部客户，但却是酒店必须关注的重要传播者和购买者，也是建立品牌与消费者黏性的重要方式。

青城山六善酒店更加积极地探索并尝试新的销售渠道。2021年10月，青城山六善酒店通过构建微信社群（如粉丝福利群）和微信商城，与客人的沟通方式实现了从单点到多点、被动到主动、线下到线上的转变。通过鼓励用户晒单、引导用户团购或秒杀、融入限时特惠、闪促、特惠产品倒计时、抽奖等一些玩法或者概念，进一步促进订单的转化。如开展节假日特惠促销活动、鼓励进店进行餐饮消费的客人加入社群并分享酒店就餐小视频从而获得优惠券，进而前往酒店微信商城下单或是直接到店消费，这些都是能够激发潜在消费者需求并促进转化的方式。微信社群让酒店在与消费者沟通过程中保持"一直在线"的模式，能够确保更为积极、及时的响应。社群模式相较于已经运营多年的微信公众号而言，是销售漏斗的更下一层，因为进入社群的人群已经对品牌形成了偏好和一定的信任度。通过社群营销，酒店品牌能够以更高频的方式售卖酒店的高频产品。

2. 服务创新，满足多元化消费需求

近年来，旅游需求的多元化、旅游产品的多样化、旅游服务的个性化等越来越凸显，青城山六善酒店也抓住了契机，迎来了高质量发展，将文化融入山水，其特色源于传统，以精致完善的酒店硬件和温暖体贴的服务赢得了客人的交口称赞。自2020年新冠肺炎疫情暴发以来，全世界都不得不放慢了脚步，人们有时间重新审视自己的生活环境和状态，对康养旅居的需求除了将身体机能恢复到或维持在一个最佳状态的"修身"，还包括情感和心理层面的"养性"。随着消费者对康养旅居的理解越来越广泛和深入，康养酒店的定义也逐渐拓宽。曾获过2017年Spa China评审大奖、2016年Spafinder养生旅行奖等的青城山六善酒店水疗中心通过制定独特的六善综合养生方案，旨在为客人提供差异化服务，带来身心和精神上的和谐。

青城山六善酒店水疗中心面积达1710平方米，一共设有10间理疗室，为宾客提供多层次的综合养生方式，将开创业界先河的经营理念与先进理疗完美结合，亦将古老的理疗技术与现代科技结合。除了六善满誉全球的经典项目外，青城山六善水疗中心更是因地制宜，研发了一系列独具本地特色的水疗护理项目，旨在为宾客提供更丰富的选择。从持续数天的养生疗程到各项舒缓身心的项目，以至瑜伽、太极等活动，一应俱全，不同类型的宾客总能从中找到称心之选。此外，水疗中心邀请健康领域的权威专家为客人度身定制一系列理疗项目，包括健身、抗衰老和营养饮食课程，进而满足不同客群的个性化需求。手艺精湛的理疗师使用多种天然产品，为客户提供多种享誉盛名的焕肤和养生特艺，同时，客座专家为宾客提供个性化咨询和全面的理疗服务。

青城山是四川省内周末亲子游的胜地，节假日入住青城山六善酒店的宾客以携带儿童的亲子家庭居多。酒店的儿童俱乐部位于水疗中心对面，与室内泳池相邻。每位入住的小朋友都能收到一本精心制作的专属"儿童护照"，每完成一项游戏或活动，就能获得一枚印章，集齐一定数量的印章后还能获得惊喜小礼物。此外，热爱艺术创作的小朋友们可以在月亮吧非遗人文会客厅参加活字印刷、画脸谱、水拓扇、扎染、端午节香包制作、剪纸、年画、刺绣等主题体验活动，在传统非遗的历史韵味中，学习中国传统文化和习俗。还能全家人一同骑行至距离酒店仅 15 分钟车程的熊猫乐园参与志愿者活动，动手制作熊猫宝宝的零食，打扫熊猫居住的小家，在玩耍的同时也能学习到很多有关野生保护动物的知识，达到寓教于乐的效果。

六、结　语

2021 年 5 月，览海集团与洲际举行签约合作仪式，上海静安览海中心六善效果图也随之正式发布，楼层不高，立面呈镜面，映衬周围环境中的盎然绿意。虽然从外观来看并没太多出彩点，但作为六善在中国的全新动向，仍然备受期待。一旦建成，它将成为中国第二家，也是首家城市六善。随着越来越多的酒店品牌与集团开始发展康养酒店业务，"养生"赛道越发拥挤，康养酒店向着选址更加多元、功能逐渐融合的方向发展。目前的康养酒店大多处在远离城市的避世之所，但在经济发达、商贸繁荣的城市中心，随着繁忙的都市人群的"养生"需求与消费升级，具备养生元素的商旅酒店同样能够吸引到想要在差旅中保持健康的旅客。此外，随着酒店的功能越来越近似于旅游目的地，众多酒店集团正努力将旗下高星级、奢华品牌打造成餐、住、娱、疗养一体的旅游综合体，"养生"市场势必是一片蓝海。在以高质量发展为逻辑主线的"十四五"时期，奢华酒店品牌应该成为酒店业高质量发展的标杆，除了升级传统的产品组合、经营理念和服务模式，还要用体验经济、数字化战略、IP 等新理念去实现创新，各种创意层出不穷，但如何脱离"形式主义"，与住客建立身心灵的联结，从人们个人健康的可持续，到自然环境的可持续发展，才是酒店实现高质量发展的最大难题。

Back to the Basics：The Road to the Development of Six Senses Qingcheng Mountain in the Era of Wellness Tourism and Residence

Abstract：This case intends to use Six Senses Qingcheng Mountain as example，to help students learn more about the role of sustainable development in corporate expansion in the context of recreational tourism becoming the normal mode of tourism，and gain a thorough understanding of the necessity and basic path of social responsibility in the hotel industry. The case describes the brand history of the Six Senses Group, which is located at the foot of the national 5A tourist attraction Qingcheng Mountain, how it entry into Chinese market and decide to locate in Qingcheng Mountain, and how it optimized user service and user experience through the development of user communities and differentiated marketing under the influence of COVID-19, thereby enhancing the brand influence and sustainability of Six Senses. This case helps students grasp the main ways of corporate social responsibility, sustainable development and important ways to improve service quality. The case provides students with an example of hotel practice in the context of the era of recreation and tourism, while cultivating students' ability to combine theory with practice and laying a solid foundation for the integration of industry and education.

Key Words: Six Senses Qingcheng Mountain; Wellness Hotel; Sustainable Development; Differentiated Marketing

华住集团：信息化浪潮下的成长与扩张*

摘　要： 本案例拟以近几年我国本土飞速发展的酒店品牌——华住酒店集团为例，使学生深入学习在消费升级背景下，信息化转型在企业发展扩张中发挥的作用，深刻理解酒店行业的信息化转型的必要性和基本路径。以华住集团创始人和主要决策层的视角，叙述了华住集团的创建、发展与提速扩张进程与路径，包括信息化手段提升用户服务与用户体验，通过加盟与并购提升品牌影响力，多品牌发展战略提升市场占有率，企业文化的沉淀与积累提升可持续发展能力。通过本案例可以帮助学生掌握企业信息化发展的主要手段，如何服务于企业降本增效，如何帮助企业快速扩张及有效选址。本案例为学生提供信息化转型实践示例，同时培养学生理论结合实践能力，为产教融合夯实基础。

关键词： 华住集团；多品牌战略；信息化转型

引　言

20世纪以来，我国人口规模和人口红利造就了制造业和服务业的蓬勃发展。党的十八大以来，随着我国经济的不断发展和人民物质文化水平的不断提升，我国经济结构也发生了巨大转变。21世纪初，从以制造业出口为导向的外向循环经济，转向出口与内向双循环的经济战略。宏观的政策、时代的变迁以及物质文化的发展使14亿人们的生活方式发生了巨大的变化，中国已经成长为全球最大消费市场，可以预见随着共同富裕的不断推进，我国的中产阶级将继续崛起，孕育着巨大的品质消费升级需求。

＊　1. 本案例由胡恒智撰写，作者拥有著作权中的署名权、修改权、改编权。

2. 本案例同意授权在《上海商学院酒店管理专业教学案例集》中公开出版。

3. 本案例只供课堂讨论之用，并无意暗示或说明某种管理行为是否有效。

庞大的人口基数在任何细分领域都可以支撑起世界第一的企业，住宿业作为商务和旅游行业的重要组成部分，可以预见未来中国的酒店行业发展潜力巨大，必然诞生出世界第一规模的酒店集团。国内目前酒店品牌和酒店市场仍然相对初级，一方面，目前酒店行业的连锁化率只有不到20%，距离美国71%的比例仍有巨大发展空间。另一方面，我国逐渐形成的庞大中等收入群体消费能力强、品质要求高，亟须市场扩大相应产品供给。提供覆盖我国大部分城市的满足多种档次出行需求的酒店品牌，如华住集团、锦江酒店及首旅如家等国内连锁酒店集团迎来了历史性的发展机遇。在"2020年中国饭店集团60强名单"中，锦江酒店、华住集团、首旅如家依然位列前三。在国际酒店权威杂志 HOTELS 发布的2020年全球酒店集团排名中，三家国内酒店集团不仅稳居前十位，且排名和规模量级不断上升。

行业发展过程中巨大潜力也伴随着各种挑战，进入到21世纪的第3个十年，在国内经济型酒店品牌供给逐渐饱和的背景下，酒店行业面临着租金成本高涨、人力成本高居不下、产品同质化发展严重等问题。传统区域性的酒店品牌正逐渐消失，而通过信息化水平降本增效并购扩大市场规模，提高连锁化率和品牌渗透率，扩宽不同档次的品牌矩阵，成为大的酒店集团转型的方向。

与此同时，国内外环境给国内外酒店行业带来了颠覆性的影响，以"共享""流量""社交"为标签的 Airbnb 在全球新冠肺炎疫情中逆势上市，市值甚至超过酒店集团三大巨头万豪、希尔顿和华住市值的总和。在业界看来，三家业务覆盖低中高端市场的国内酒店集团的"动向"，影响着国内整个酒店行业的发展趋势。国内市场锦江和首旅都经历了换帅，其他企业或融资、或转型、或私有化，都在不确定性中积极探索新机遇，尝试尽早摆脱新冠肺炎疫情的影响。自新冠肺炎疫情以来，在纳斯达克上市的酒店集团明星企业——华住集团的股票逆势增长，即使在2022年初，纳斯达克的中概股都惨遭踩踏的情形下，华住集团股价也较为稳定。面对激烈的竞争，华住集团如何保持在逆势中继续增长？在业绩增长的前提下，华住酒店集团将发展重心放在了何处？未来走势又如何？

一、华住集团概况

华住集团是中国领先的多品牌酒店集团，创立于2005年，2010年在美国纳斯达克上市，前身为"汉庭酒店"，2012年更名为"华住酒店"。华住集团总部位于上海，截至2022年，在全国400多座城市运营6700多家酒店，约60万间客房，并拥有80000多名员工，起步于长三角、珠三角、环渤海地区以及国内的省会城市，并逐渐覆盖至全国三、四线城市。自2005年8月在昆山火车站对面开出第一家汉庭，华住旗下的20多个各具特色的酒店品牌，从国民品牌汉庭，中档品牌全季、桔子，到高档品牌禧玥、施柏阁、花间堂等，形成了覆盖城市各个细分市场的服务网络。追求标准化、规模化、品质化、品牌化的连锁经营，在全国为宾客提供从高端到平价、商务差旅到休闲度假的住宿体验。2019 年在全球酒店行业权威媒体美国 *HOTELS* 公布的"全球酒店"排行榜上，华住位列第 9，总市值排行名列全球第 3，仅次于万豪与希尔顿。

酒店行业的发展路径有星级酒店和连锁酒店两类。但缺乏特色化、多元化的产品供给、客源结构与供给不协调、没有适应新型客户的需求、不能精准定位发展目标，已经成为阻碍星级酒店行业发展的绊脚石。此外，传统星级酒店普遍缺乏高效现代化的管理，无法对人员、客房进行科学的调配，经济效益难以提高；客房出租率一直处于低水平，酒店客房大部分时间处于闲置状态，星级酒店的设备普遍较为高端，长期的空置也会带来维护成本居高不下，未来发展形势严峻。连锁酒店集团的快速发展正是瞄准了传统星级酒店采用传统标准化客房与餐饮，难以满足消费者的个性化需求，不具备连锁规模效应等造成的市场供给缺位。

中产阶级的崛起意味着消费层级的改变，具体到酒店消费上，经济类型酒店已经不再受欢迎，高端酒店则开始下沉争夺中产阶级消费群体。能够提供体验化和个性化的中端酒店成了新中产阶级追捧的对象。在首旅、锦江和华住三家国内酒店集团发布的年报中，都能找到"提速开店"这样的关键词。这几家国内酒店集团从未停止过"跑马圈地"的步伐。2021 年第二季度，华住中国新开门店达 399 家。截至 2021 年 6 月 30 日，华住集团旗下酒店规模首度突破 7000 家，总计客房数为 66.77 万间。首旅如家也在积极推进全年新增 1400~1600 家的开店计划，2021 年上半年，无论是新店数量还是储备店数量，均创历史新高。报告期内，首旅如家新开店数达到 508 家，比上年同期增长 103%。华住集团在营酒店共 7830 家，新开 1540 家，关闭 499 家，其中，中端及以上酒店占比超半数，达 53.76%，华住向中高端连锁酒店突破的迹象明显。

华住集团酒店营业额为人民币 454 亿元，同比增长 36.4%；收入为 128 亿元，同比增长 25.4%；归属于公司净亏损为人民币 4.6 亿元，每股亏损为人民币 0.15 元。于 2022 年第一季度，华住集团预期收入将较 2021 年第一季度增长 11%~15%，或增长 1%~5%。2022 年，预期收入将较 2021 年增长 15%~20%，或增长 4%~9%。

2020 年 9 月，华住集团在香港实现二次上市，在以国内大循环为主体的"双循环"新发展格局背景下，继续深耕中国，服务内需市场。在世界级品牌林立的酒店市场，华住这个年轻企业是如何找到自己的新蓝海？在老牌酒店集团也纷纷布局中端市场时，华住是如何通过扩大自身优势抢占市场份额？它何以实现在众多由经典品牌背书的中端酒店中突围？当下不管是新兴企业，还是面临转型升级的传统企业，都面临着快速抢占市场份额的难题，一家后发企业如何实现突围，如何通过扩大自身优势，快速实现规模化以抢占市场份额，华住先行一步，探索出一条可实现、可复制的路径。

二、明晰定位，提速扩张

1. 两次创业，再度起航

华住集团创始人兼董事长季琦，是中国著名的连续创业者。继创立携程、如家之后，季琦于 2005 年创办汉庭，2010 年汉庭在纳斯达克上市。回顾华住的发展历程，2005~2012 年是创业期，华住成为国内酒店集团的领军企业；2013~2019 年是成长期，华住成长为世界领先的酒店集团；2020 年以后华住要实现新的突破，千城万店，高端发力，并发展成世界级的企业。季琦及其领导团队如是规划集团的发展与定位。

作为华住的创始人和创办三家上市企业的知名企业家，季琦两度退居幕后又回归一线，每一次回归都是革新的新征程。在激烈如战场的商场上，季琦"长胜将军"屡战屡胜，成功带领"携程""汉庭"和"如家"相继上市。这两年鲜少在媒体面前露面的他，也不再喜欢对商业高谈阔论，转而对文化、艺术以及思想等话题愈加热衷。在公司层面，季琦将公司日常事务交与 CEO 打理，但他不认为自己这样就是"躺平"了。

季琦常会在公开场合以简约东方化的形象示人，这与他早年西装风格大相径庭。麻衣布鞋、简单朴素且没有多余的纽扣拉链和其他装饰，其返璞归真的着装风格也预示着他对于酒店文化的思考产生了新的领悟。华住集团极为重视对酒店人文环境的营造，旗下全季酒店以宣扬"三无美学"：无设计、无主题、无惊喜。季琦给全季的设计赋予一个很国风的概念——"禅"，全季酒店内部的装修风格大量采用竹木地板、假书架装饰、茶具与茶香等简约形象。最早创办如家时，季琦受到故宫的启发选择黄色为主色调，认为"代表着商业化和侵略性的颜色，黄色足够强势"，但在设计全季时会选择灰色等不张扬的颜色，设计器物也倾向于简洁圆润。

2. 连锁扩张：细节见真章

每个连锁企业都应该在大规模连锁发展之前做好成本控制，并且在新进入城市里要有一个成功的旗舰店，确立可信的商业模式即回报的示范，如在开店一年之内就收回投资，这样才有人愿意加盟，购买品牌授权。在持续扩张过程中，会遇到所谓的"地头蛇"，季琦认为，"相比而言，连锁品牌重要竞争力来自对物业坪效的利用，谁狠谁就有办法占据好铺面，否则就会被别人赶走，能跟我们竞争物业的就是诸如整形医院、妇科医院这种民营医院。租金付得高，就能拿到好房屋，这是非常自然的规律"。此外，对于区域性的连锁企业，会统一合作变成加盟商，形成统一战线。

但加盟店的增多必然会导致利润率降低和管理问题的增加，而对于连锁品牌来说，一个门店的问题就会牵扯到整个体系。这就涉及对于整个品牌的底层设计。汉庭和全季是门店数量比较多的两个品牌，尽管其定位不同，但方法论相似。首先按照租金、房间大小、客房数量等设计标准化模型，其次派开发人员寻找项目，选址等环节直接套用设计模型最后根据开出门店的效果不断优化模型。当模型进入成熟阶段，便可以大量推广和复制。

对于资金量不大的酒店品牌，尤其是创业初期刚开 20~30 家门店的时候，通常面临着诸多连锁的门槛，如管理、系统、资金等方面。而对于酒店行业头部的连锁企业来说，有多年验证可靠的系统和管理经验，而且也不缺资金，所以不存在绝对的硬性门槛。

然而，2020 年，所有企业和品牌都比以往更精打细算地过日子，在拿店和扩张的节奏上都更注意资金的投入和产出效率。"开店不挣钱，风险又高，我们为什么还要继续开店？"季琦自问自答，"因为客人在这种特殊时期需要你，信任你。"

酒店行业创业之初，季琦就不太相信咨询公司和市场调研报告，凡是讲究亲眼所见亲耳所闻，通过对大店、旗舰店、战略收购门店的巡店，以保持自己对市场的敏锐度。2018 年华住以 4.63 亿元完成了对花间堂——国内精品度假酒店品牌的 71.2% 股份的战略收购。收购完成后，季琦觉得花间堂的服务能力不足，决定亲自去走访市场，了解门店运营状况。华住集团市场部高级副总裁韩一辉觉得季琦的大脑里一直住着一个 3D 房型设计软件，看到一个平面就能勾勒出不同的房间。这种对空间利用的极致也是季琦引以为豪的地方，同样空间设计的房间数量比设计师画出的还要多。早年汉庭在上海吴中路看中一个点址，苦于楼中间有天井，开发人员认为排房困难。季琦去看了现场随即拍板拿下该店铺，因为他脑中构造了一个拐弯的户型，把拐弯长度特别长的房间做成了套间，将原本 1.8 米宽的床做成 2 米宽，没想到开业后发现那间怪房子反而卖得最好。

关于缩减成本的趣闻，曾有人评价季琦是一个经常算账的人，早年甚至有随时按计算器的习惯，因为酒店业不是一个暴利的行业，尤其是经济型酒店成本增高，剩下的利润不多了。汉庭最初推广荞麦枕头时，考虑到可以节省成本，并且枕头一边是荞麦，另一边是普通枕芯，还可以满足客户多元化选择。对空间的极致把握，还体现在"每个平方都要产生效益"这个运营理念上，季琦每住一个酒店就特别关注其卫生间设计和装修情况，在考察了大量豪华酒店卫生间后，发现玻璃和不锈钢的使用会增加成本，因此他将淋浴房和坐厕改造合并为一扇门，为了进一步缩减成本，他又取消了卫生间隔墙使之与客房合成一个整体。

为了提高酒店的总运营利润率（GOP），季琦做了很多类似的成本和细节控制。早年，汉庭在中山西路店买下了一家四星级酒店。当它接管时，GOP 是 30%。通过取消监控房，监控屏幕调整到前台，改造自动等级入住等一系列改造，把酒店员工从几十人精简为几个人，使 GOP 迅速提高至 70%，颠覆了传统行业认知。

企业实际运营中的食材、劳务成本、水电费，新开店铺的装修材料、仪器设备等成本高居不下，但华住的 GOP 仍能维持不变，这是努力提升效率的结果。这其中，人力成本的占比又比运营和租金成本要大，早在 20 世纪初进入酒店行业的时候人房比是 0.37（100 个房间，需要 37 个工作人员），慢慢减少到 0.2 左右。另外，在能耗方面也可以引入变频设备、LED 灯光、热水回收等，节能降耗绿色发展的空间巨大，也是未来酒店行业将要重点发展的方向。此外，对业内首创的"0 秒退房"、自助选房等信息化流程方面的提升，也可以极大减少前台人力。而对于智能设备，如送餐机器人等使用也在满足旅客智能化需求的基础上，极大地减少了服务人员递送纯净水、送餐等一系列工作量。

三、快与慢，加盟与并购

随着我国经济社会面向高质量发展的转型，我国酒店行业仍处于较为初级的阶段，在连锁化、产业化和品牌化等方向仍有较大的发展空间。酒店品牌经营和酒店集团连锁扩张已经成为酒店运营发展战略中重要部分，从当前酒店行业的发展态势研判，酒店行业已经出现比较明显的二八效应，头部酒店品牌的占有率集中度越来越高，具备强势的竞争能力。随着经济型酒店的市场占有率不断饱和，酒店行业的利润率普遍下降，人们对于服务品质和体验感的追求日益增加，酒店行业必然要向中高端升级。经市场调研和学界研究发现，经济型酒店在消费升级的背景下生存空间遭受挤压，而中档酒店将会符合未来消费方向，品牌整合是重要途径。对于酒店集团而言，并购方式进行品牌整合有助于积累优势资源产生协同效应，以此增强企业的综合竞争力。国内针对酒店行业的并购动作频频开展，首旅私有化如家，锦江集团收购铂涛，出于战略发展考虑，华住集团也于2018年全盘收购了桔子水晶，可以预见品牌竞争即将进入白热化阶段。

1. "桔子水晶"并购案

中高端酒店的毛利率是显著高于经济连锁酒店的，桔子酒店的收购正是华住酒店向中高端酒店领域突破的一大战略部署。季琦在2015年接受采访时表示"做并购基于一是成本考虑，买这个东西是否便宜，即估值问题；二是看管理基础是否牢靠对，收购后能否消化吸收并购公司"。季琦陆续有过多次收购手笔，国内最大的一次中高端酒店并购机会出现在2016年。

作为季琦曾经的老同事，桔子水晶集团创始人吴海早年创办的商之行就经季琦介绍卖给了携程。在2006年汉庭创办的第二年，吴海成立了酒店业独树一帜的桔子酒店集团，其品牌具有独特的个性，酒店大多由旧建筑物改建而成，拥有豪华、典雅、自由、反叛等特点，且每个酒店的风格各有不同，不受标准化规则约束。桔子酒店也凭借富有品位和特色的设计获得了很多荣誉，加上以中档价格的水平提供了不亚于五星级酒店的体验，获得了年轻一代的追捧。

该酒店集团旗下拥有三个品牌：桔子水晶酒店、桔子酒店·精选酒店和桔子设计师酒店。桔子酒店力求以豪华酒店设施标准打造竞争力，号称通过中端的价格提供五星级的体验，主要面向中高端商旅人士和年轻旅居顾客。为提供良好的体验在诸多细节方面进行了设计，其房间的配备远超一般的经济类型酒店，采用国际品牌大液晶电视，独立的音响系统和国际顶级的卫浴设备，甚至聘请了清华声学室设计酒店房间确保高效的隔音体验等。

由于内部经营问题，2016年底凯雷集团向吴海提出退出桔子酒店资本投资，桔子酒店需要寻找新的投资人，出于同行并购将进行整合的顾虑，吴海不同意类似华住酒店的战略投资者进行投资，在与其他资本谈判时就明确表示自己唯一的条件就是不接受华住集团的投资。出于双方合作关系的考虑，凯雷集团一开始就把华住酒店这类战略投资者排除在外。

从获知桔子酒店将要被出售的消息开始，华住便做好了收购的准备，暗流涌动的背后是华住集团渴望对集团品牌形象及定位的升级。只是凯雷集团出于对桔子酒店管理层意愿的尊重，将华住排除在外。华住集团曾经尝试通过投资机构进行迂回收购，事实上，华住集团的创始人季琦也曾通过私人关系联系吴海，但是遭到拒绝。

桔子酒店的管理层在接下来的时间进行了至少六轮的路演，每次报价华住都会往前冲，甚至在别的投资机构来竞价时，吴海发现背后站的还是华住。为了寻找到合适的投资人，最终的投资意向方集中到了两家投资机构，但是两家投资机构在价格上开始"打退堂鼓"，这种情形如果被市场知晓，一旦最后交易没有达成，那么将没有投资者进行询价。为了避免这样的结果，桔子酒店管理层询问了华住酒店的报价，华住集团在获得机会后，立即给出了高价，并以此击败了其他竞争对手。尽管桔子集团管理层也组织了财团企图买下桔子酒店，但是华住酒店的出价非常高，桔子酒店管理层难以与其进行竞价，最终还是接受了华住酒店集团的投资。

2017年2月27日，华住酒店以36.5亿元人民币的价格全资收购了桔子水晶酒店集团100%股权。双方合并后，桔子水晶作为独立业务运行。对于深耕酒店行业多年的季琦而言，商场上狭路相逢遇到的都是旧识，然而朋友归朋友，生意归生意，每每于此，他还是感叹"吴海是个值得尊敬的对手，但这次收购问题上我比他更厉害"。签合同之后，季琦在宴请中明确提出让吴海留下："这是你的孩子，你可以做名义上的'爹'，虽然实际上我是'爹'，但咱们能一起把'孩子'养好。"虽然并购导致了相应成本的增加，但根据华住酒店2017年第一季度的财报数据，2017年第一季度的ADR（已出租客房的平均房价）为182元，相比2016年同比增长5.2%；Rev PAR（每间可供出租客房收入）为152元，同比增长接近10%。

2. 多品牌战略

华住主要是走多品牌化战略，中档酒店市场和经济型酒店市场都是华住的重点市场。中档酒店和经济型酒店市场都是华住重点发力的领域，在高端品牌的建设是近年来消费升级背景下的未来布局。其中，加盟品牌设置四档涵盖高端至经济型酒店，包括高档（禧玥酒店）、中高档（漫心酒店）、中档（全季酒店）以及经济型（汉庭酒店、海友酒店）。

2014年，华住集团与雅高酒店集团形成长期战略联盟，共同开辟在华酒店业务，双方的预订系统和会员系统都实现了互联互通，华住会App上可以预订到雅高在全球范围内的酒店。2015年，时任华住集团CEO张敏在谈到集团品牌战略时表示："在经济型和中档这样两个重要的市场上我们都做了比较充分的布局。在华住高端品牌的建设上，除了华住自己的禧玥和漫心，未来也会参与到雅高集团的诺菲特和美爵两个品牌的开发建设中，目前禧玥已有一定布局，未来高档品牌将是华住下一步会进入的领域。"

目前，华住运营的酒店品牌已经覆盖多元市场，包括高端市场的美爵、禧玥、花间堂，中端市场的诺富特、美居、漫心、全季、桔子水晶、桔子精选、CitiGO、星程、宜必思尚品，以及大众市场的宜必思、汉庭优佳、汉庭、怡莱、海友等知名酒店品牌，满足人们从商务到休闲的个性化需求。

华住多品牌战略优势在业绩遇到瓶颈时期有着重要的作用，一方面，可以不断吸引加盟店，减少直营店的开办数量；另一方面，中档品牌在业绩上有很大的进展，平均入住率（RevPAR）在一定程度上得到了提升。门店数量增多的情形下，加盟店收入占了一定的比例，其结构主要为管理费，其对于品牌收入的增幅而言并不等同于同等数量直营店的增幅，这表现了华住集团以品牌和管理为核心业务的基本逻辑。

四、信息化助力企业降本增效

酒店行业数字化转型浪潮中，华住为信息化的道路上的发展赋予了更多的期望。早些年互联网还没普及时，面对同样成本的电话费和宽带费用，季琦选择了免费上网，这是他最早拥抱互联网和信息化的案例之一。理工科出身的季琦对于新技术有很强的敏感度，当时就判断宽带的使用频率会越来越高，在汉庭提供宽带免费后，果然增加了顾客的满意度和复住率。

数字化是企业发展的趋势，是一项长期工程。华住会 App 提供的酒店检索，排序推荐、在线选房和到店入住 30 秒，0 秒退房等数字化技术给消费者提供了快速和便捷的体验。以消费者视角的创新应持续，用户体验提升才能有效保障用户黏性及稳定的消费习惯。推广政策的制定需要有换位思考的意识，去深入研究顾客的喜好以满足不同出行人群的偏好。此外，会议计划需要与时俱进，结合互联网发展趋势不断推陈出新，融合不同业态推出爆款 IP，以吸引更多的年轻客群，满足其个性化需求。对于积分兑换的方式可以扩大线上商城的品类，华住商场只是为了满足消费者积分的一种方式，可与其他电商购物平台开展合作，充分调动用户的积极性。

数字化、智能化被认定为酒店未来发展的趋势。鉴于消费者对"无接触服务"的诉求越发强烈，华住自主研发的"华掌柜"自助一体机让住客可以在酒店的"华掌柜"自助机上实现"30 秒入住，0 秒退房"。此外，"华掌柜"还集合了自助选房、一键续住、电子发票、会员发展等多项功能，既节省住客时间，又实现了"无接触服务"。不仅如此，为了更好地保护客人隐私，华住还开始针对数据安全问题提出解决方案。华住专门成立了信息安全委员会，设置了专职此项工作的信息安全中心，数据均采用本地化保存方式。目前，华住已通过一系列国际国内信息安全认证。

1. 常客计划"华住会"

根据酒店行业不同的发展阶段，酒店常客计划通常会获取顾客的信息，防御竞争对手和奖励忠诚顾客等常客计划吸引顾客。因此，研究顾客喜好往往需要站在顾客需求的角度，制订适宜的常客计划。

自 2005 年创立以来，华住始终以专业且高效的智能化管理系统，专注于为客户提供高品质和多元化的出行体验，成就美好生活。自 1986 年喜来登酒店集团推出"荣誉宾客俱乐部"计划，旨在为忠诚顾客提供会员服务，酒店行业各品牌纷纷效仿推出常客计划。我国酒店行业起步较晚，华住集团是我国少有的经营稳定又常年保持高速增长的酒店集团，截至2022年，"华住会"全球注册会员数超过1.7亿，意味着我国每10个人中就有一个常客会员。目前华住集团全面拥抱移动数字化技术，其官方网站已取消在线预订系统，将住房预订全面转移至移动端"华住会"App。为了更好地实施常客计划，移动端App推出了一系列会员特权，包括优惠的价格、随心入住、更多的积分等。"华住会"作为华住推出的会员俱乐部，也是一个高效、简单、温情的酒店预订平台，为全球超过1亿会员提供住宿、出行、购物等服务。在"华住会"App上可以预订全球范围内华住集团任意一家酒店。

2. 流量为王，三维成长

由于沟通方式的改变，信息的变化变得模糊，新冠肺炎疫情影响下这一现象更为普遍。传统的商务酒店和度假酒店的功能和定位已不像过去那样泾渭分明。比如酒店传统上分为度假型、商务型和会议型，但如今这一界限越来越模糊。与此同时，家庭和办公室之间的界限开始模糊。现在，人们可以随时随地启动视频会议，无论是度假、商务、居家或是办公，人们都更倾向于用视频会话代替见面，而且无论是在家工作还是在公司工作，这只是空间的改变。随着线上办公的普及，谷歌和脸书等公司员工可以长期线上异地办公，甚至有员工长期在度假村居住，远程参加线上会议。对于普通人来说，可以拥有更多时间陪伴家人和孩子。同时，度假、商务、办公的边界都在日趋模糊，这种"模糊化"将对未来酒店的设计、信息化建设、营销方式、酒店的品牌和酒店的运营均产生影响。

数字信息时代的发展给酒店业也带来了颠覆性的改变，过去酒店行业注重品牌建设，以品牌为基础进行扩张和发展，如今拥抱信息化技术和数字化升级是助力酒店业发展的新抓手，如果前两个维度构成了企业增长的平面曲线，则互联网+时代下的流量获取成了企业新的增长维度，竞争将进入立体化阶段。网络的价值取决于连接点之间的互动，如果互动是一对一不交互的，那么互动关系是乘数级的互动关系，但如果是一对多互动，关系就是指数级的网络效应。华住集团提出要综合品牌、技术和流量三个维度作为华住未来发展的趋势和方向，尤其是在流量方面需达成网络连接效益。企业的价值不仅是品牌，而且是不断地连接与互动，连接越密，互动越多，价值越大。从品牌层面不断横向扩张节点扩大连接，从信息化层面不断扩张上下游连接垂直整合，在流量方面要依托大数据、大流量方面不断拓展连接的广度和深度。

五、沉淀与积累

如今的华住已成为服务业"中国创造"的领军集团，其"求真、至善、尽美"的企业哲学随着企业的发展也逐渐明晰，季琦认为，企业文化不如企业哲学更有针对性，

"文化是哲学的表象，哲学是指导企业的准则，有形而上的思想来指导形而下的实践"。生命是个过程，多次创业和不停地尝试，其实是探索各种可能性，过程中要给世界带来好的东西。"我们希望通过自己的努力，不仅让自身更美好，还能改善整个生态圈的生活，让世界更美好，甚至促进人类文明的进程，这才是华住理解的伟大事业和尽美人生。"

季琦在接受采访时表示，创办3家10亿美元级上市企业，收获最大的不仅是金钱和名声，也包括"向善、单纯和简单"等精神层面的收获。做携程，实现了财务自由的梦想，没有生活压力，心态变得从容淡定；做如家，经历了诸多考验，使心胸开阔，学会了宽容和忍耐；做汉庭，看清了自身的使命感，所谓"存天理，灭人欲"，内心的欲望平静下来，明晰了生命的意义。在他同雅高创始人之一讨论人生时，被告知"从政上花的时间太多""事业上很成功，但家庭上有遗憾"。于是心有感想，人生目标更加清晰：第一，要和伙伴们一起把汉庭做成全球最大的酒店集团；第二，要过自己想过的生活，不以物喜，不为名累。

搞清楚了企业的意义，企业的哲学自然水到渠成。"以求真、至善、尽美为总领，华住的初心、愿景、价值观和使命，是华住企业哲学的有机组成部分。"季琦认为企业的哲学决定了企业的力量和潜质。经常性的内省造就了企业文化的沉淀，季琦也从初做汉庭时的争抢好胜，转变成了悲天悯人，低调自省。价值和意义变成他常常挂在嘴边的词汇，他要求华住能时刻保持正念，保持美好，时刻自省能为世界创造什么。

季琦说："当碰到困难与乌云的时候，只要飞得够高，就不会被乌云蔽目，因为没有乌云能遮挡太阳。所以，我们心中要有阳光，有正念，只要内心正直、取法乎上，愿意创造价值、成就美好，我们就会无所畏惧！"

Huazhu Group: Growth and Expansion under the Wave of Informatization

Abstract: This case intends to use Huazhu Hotel Group, a rapidly expanding local hotel brand in China over the past few years, as an example so that students can examine the role of informatization transformation in the development and expansion of enterprises against the backdrop of consumption upgrading and gain a thorough understanding of the hotel industry's information. The requirement and fundamental path of transformation. From the perspective of the founder and main decision-makers of Huazhu Group, this paper describes the process and path of the establishment, development and accelerated expansion of Huazhu Group, including improving user services and user experience by means of information technology, enhancing brand influence through franchising and mergers and acquisitions. The brand development strategy increases market share, and the accumulation of corporate culture improves the organization's capacity for sustainable development. Through this case, we can help students master the primary means of enterprise informatization development in terms of how to serve enterprises to reduce costs and increase efficiency, and how to assist enterprises in expanding rapidly and selecting locations. This case provides students with practical examples of informatization transformation, and cultivate their ability to combine theory and practice to establish a solid basis for the integration of education and production.

Key Words：Huazhu Group；Multi-brand Strategy；Transformation of Information Technology

亚朵酒店：新媒体时代下的人文酒店*

　　摘　要：本案例回顾了亚朵酒店集团的发展历程、战略制定流程，以及基本战略的品牌管理等问题。重点聚焦在酒店集团的整体战略制定过程中的环境分析、自身发展过程中的品牌定位、品牌形象塑造、品牌产品链设计及延伸，以及市场营销策略制定等方面决策的各类理论和工具介绍及应用等。

　　关键词：战略制定；品牌管理；亚朵酒店

引　言

　　2020年，旅游度假市场的业绩滑坡，中国国内旅行市场行业景气指数在上半年仅有-121①。在下半年的数据调查中，虽然个别旅游度假市场（如三亚）呈现出较为强劲的复苏势头，但仍改变不了度假市场整体低迷的状况。

　　面对市场变化趋势和持续下滑的业绩表现，在未来的3~5年，传统的四星酒店产品将进入到调整周期，产品结构的调整、运营模式的优化，以及品牌的赋能升级将会成为四星产品摆脱经营困局的关键。

　　不同于曾在美股上市的中国第一代民营酒店集团——华住酒店集团，其中汉庭及7天均以经济型酒店产品，在中国酒店业连锁化进程中快速扩张。而亚朵酒店是在国内消费升级浪潮下，以中端酒店品牌打响知名度的酒店集团，并在酒店空间引入零售场景。

　　2020年，尽管亚朵集团的收益和扩张速度受到了影响，但亚朵集团实现净营收

15.666 亿元，调整后净利润（非通用会计准则）为 1.612 亿元。此外，亚朵集团零售业务在 2020 年、2021 年产生的交易总额分别为 8280 万元、1.072 亿元。截至 2021 年 3 月 31 日，亚朵集团共开发了 1136 个场景，零售产生的商品交易总额为 1.072 亿元，同比增长 29.5%。2020 年，平均每间客房预订交易额达到人民币 517 元。

2013 年正式成立的亚朵集团如何在竞争激烈的酒店行业中，能够顶住压力，依靠新产品和服务开发、精准细化目标市场、新媒体营销等要素脱颖而出，这对其他酒店企业又有哪些启发？又能为酒店管理人员带来哪些新的思考？这正是需要老师和学生去深入讨论和思考的。

一、亚朵集团：脱颖而出

2021 年 6 月 8 日，亚朵集团正式递交了招股书，股票代码为"ATAT"①。

据招股书显示，亚朵集团 2021 年上半年收入为 9.9 亿元人民币，同比增长 83.4%，实现净利润 7067.9 万元，甚至超过 2019 年的全年收益。在非美国通用会计准则（Non-GAAP）下，亚朵集团上半年 EBITDA 为 1.5 亿元人民币。

在亚朵集团的酒店业务方面，截至 2021 年 6 月 30 日，在我国 135 个城市开设 654 家在营酒店，共计 76638 间酒店客房。与此同时，319 家酒店共 35154 间客房正在开发中。亚朵集团已开业的酒店中，约 80% 的酒店分布在一线、新一线和二线城市。2021 年第二季度，除政府征用中或临时关闭的酒店外，亚朵集团所有酒店的入住率为 76.9%，2020 年同期为 67.1%；平均房价为 438.3 元，2020 年同期为 341.7 元；RevPAR 为 352.3 元，2020 年同期为 241.3 元。第二季度亚朵集团的 RevPAR 恢复至 2019 年同期的 105.4%。2021 年 7 月，亚朵集团旗下所有酒店的入住率（OCC）为 79.9%，平均房价（ADR）为 461.6 元，RevPAR 为 385 元。截至 2021 年 6 月 30 日，亚朵集团场景零售开发了总计 1434 个 SKU（最小存货单位）；上半年零售业务产生的 GMV（商品交易总额）达到 8810 万元，同比增长 148.2%；亚朵会员已累计超过 2700 万，同期亚朵约有 3200 个企业会员。

二、初出茅庐：亚朵酒店的诞生

亚朵集团（以下简称"亚朵"）成立于 2013 年，创始人及 CEO 为王海军。王海军拥有多年酒店行业经验，经历了中国连锁酒店从无到有的全过程。

在整个发展过程中，他发现中国连锁酒店行业只从服务出发，虽然发展快，但天

---

① 资料来源：美国证券交易委员会官网报道。

花板很低，酒店的硬件差别不大，服务技能简单且易被模仿，因而，当市场供给饱和就很容易陷入低价竞争，店铺点位再多，也只是招牌，不是品牌。

2012年当体验经济刚刚开始在国内出现的时候，王海军和一起创业的伙伴坚信：体验一定会是行业未来发展的主要方向，而只有在中国的住宿市场做出新的体验的产品才能打破行业原有的壁垒。

所以选择做体验式酒店成为他们的选择，在王海军看来亚朵不仅是个睡觉的地方，而且能够给志同道合的人提供品质生活的完美体验，是一个有内容的空间，一个能够跟客人在精神上产生共鸣的品牌。

21世纪初，经济连锁型酒店数量呈现爆发式增长。但2016年之后，中高端酒店成为酒店投资者的首选。从市场竞争的供需结构来看，为了实现规模经济效应，酒店业务的快速扩张使市场呈现出供大于求的特征。受供给过多、政府政策等方面的影响，经济型及高端连锁酒店整体处于供大于求，而中端连锁酒店在此前市场竞争相对较弱，有一定的成长空间。

消费升级和政策因素增加了该细分市场的需求。首先，居民收入增长下的消费升级是推动需求的根源。一方面，中等收入阶层对高性价比、略带设计感、个性化的酒店有偏好；另一方面，本土商务出行旺盛。其次，国家对"三公"消费的政策管制，进一步限制了在高档豪华酒店的高消费行为，调整了市场需求，并转向中端酒店市场。

从市场整体角度看，中高端市场是当下以及未来确定性最强的细分市场。以欧美市场为参考，目前国内豪华、中高端、经济型酒店的行业结构（1∶3∶6）与居民收入结构（1∶4.5∶4.5）尚不匹配，东兴证券预计国内中高端酒店的高速增长期至少还有3~8年。弗若斯特沙利文报告也认为，未来五年中高端连锁酒店将成为整个酒店行业中规模增速较快的细分市场。而亚朵已在中高端酒店细分市场取得规模优势。根据弗若斯特沙利文报告，按截至2020年底的客房数量计算，亚朵是中国最大的中高端连锁酒店。

三、聚焦商旅：亚朵酒店的迅速成长

亚朵旗下酒店聚焦商务旅行客人，系统分析目标客户群体的需求，力求为商旅客人提供符合其需求的人文服务。酒店省去了商务客使用率极低的行政酒廊和泳池等配套设施，将更多的成本投入到了直接对客的内容上，如升级了床垫、枕头等，提升了客人的睡眠质量；升级了洗护用品，提升了沐浴体验；同时酒店通过奉茶、便签诗文、路早等一系列邻里关怀服务，为客人打造了舒适的出行体验。

连锁酒店品牌主要分为"成本派"和"体验派"两种，亚朵属于后者。经济型酒店是典型的"成本派"，除了基本的住宿，几乎或完全不提供补充或增值服务，同质化水平极高，收入模型几乎就是客单价（平均房价）×入住率。但入住率不可能超过100%（排除钟点房），平均房价也有提升瓶颈（面积、装修等硬性成本），"成本派"

酒店只能通过尽可能节省成本来获取收益。

而亚朵倡导并践行"体验派"酒店，其主要的经营思路从"经营房间"转向"经营人群"，从消费者需求出发构建房间布局和服务体系，并认为酒店不只是睡觉的地方，更是一个可加载内容的空间，能成为生活方式的载体。并且亚朵的高品质带来了高溢价，在保证 OCC 水平的情况下，实现更高的 ADR。这意味着亚朵在市场竞争中处于优势地位，在同样的商圈能够获得更多的议价能力和定价权。

高溢价带来超过市场平均水平的超额利润，这便有了"高经营效率"。同样一笔投资，加盟亚朵能够获得更快的投资回报。招股书显示，亚朵酒店加盟商的投资回收期平均在 3~5 年，是国内投资回收期较快的中高端连锁酒店之一。

"高品质""高溢价"和"高经营效率"是亚朵的核心优势，即围绕用户创造行业增量，并用最高的效率实现最好的体验。

随着酒店业的需求结构转变，客人的住宿要求不仅体现在传统的硬件设备上，更拓展到了酒店服务质量。但是，经济型酒店的流程化产品与服务却很难迎合消费者的需求变革。

相比传统住宿行业经营模式，亚朵在用户体验上有两大创新，一是"标准"个性化，二是"亚朵服务方法"。过去酒店行业中只有标准化服务和个性化服务，大家认为这两个是相互矛盾、不可兼容的。而亚朵将两者融合，这种"标准"个性化的能力是亚朵的首创。

服务行业有个理论叫峰终定律，即体验的记忆由两个因素决定：高峰（无论是正向的还是负向的）时与结束时的感觉。换句话说，用户能够记住的体验，主要是在"峰"和"终"时的体验，因此"峰"和"终"成为了用户体验的关键时刻。基于峰终定律，用户在酒店的旅程可细分出 17 个服务触点。亚朵首先通过标准化服务覆盖用户的大部分需求，然后在 17 个触点上，亚朵又生成了精准的个性化服务产品，满足用户的个性化需求，并通过触点评估，对服务进行迭代。

例如，亚朵首创的百分百奉茶、便笺诗文、离店暖心水、吕朦路早等服务，每个触点均制定了专门的操作手册，引得行业纷纷效仿。亚朵把很多产品生成了数字化标签，只要用户提前勾选，产品都会提前准备好。如用户想在酒店内做瑜伽，在 App 预订时勾选服务，瑜伽垫就会在入住前放到客房中。

在亚朵看来，酒店服务流程与规范是刚性的，无法充分契合消费群体的个性化需求，因而需要业务人员提供柔性服务。亚朵把客户需求与员工需求组合起来，形成了独有的"亚朵服务方法"。

"亚朵服务方法"由三个模块组成：第一是文化和理念。如用户第一、全员授权、差评不过夜等，能够让伙伴在工作中获得更大的激情和热情。亚朵管理理念第一条是"把员工当爷"，因为员工的喜怒哀乐决定了他们以什么样的方式去服务用户，员工有了自尊，能更好地唤起他们心中的服务理念。第二是体系、流程和机制。在服务产品化和"标准"个性化体系外，亚朵还设立"全员授权"机制，让每个一线伙伴都有足够的权限去解决用户碰到的问题，鼓励伙伴为用户创造"不期而遇的温暖"。第三是监督、反馈和复盘，分为内外两个维度。对内是 17 个服务触点的持续改进。每天晚上召集所有酒店总经理进行复盘会,对所有差评进行逐一分析,保证"差评不过夜",让亚朵的用户体验改进以天为单位迭代,而行业一般是以周为单位的。

对外在酒店场景里也设置了非常多的触点,去收集反馈和解决住宿中的问题,如App的随手拍、房间里的一键吐槽,这些产品设置了服务时效,可以保证用户的吐槽和需求得到及时的解决和满足,而行业往往是用户离店后才进行改进。

"亚朵服务方法"是一套定义明确的标准和程序,贯穿于亚朵旗下的每个酒店。正是基于此,亚朵才能够把发展规模和用户体验达到最优平衡。这是亚朵区别于其他品牌的根本点,也是亚朵最大的"护城河",其他品牌无法复制,亚朵的体验仍会领先同行。

商旅用户是亚朵的核心消费群体。华为、阿里巴巴、字节跳动、腾讯等中国顶级公司都是亚朵的企业会员,亚朵公司协议的优势,不仅是优惠的价格,更会给到一些人性化的服务解决方案,如提供打印、夜宵、路早服务等,这些针对性的服务是亚朵发展大公司协议的重要手段。截至 2021 年 6 月 30 日,亚朵约有 3200 个企业会员。2020 年企业会员销售占总间夜的 35.4%。

亚朵"安心工程"于 2018 年首次推出,恰逢酒店行业面临信任危机之际——频频曝出的酒店卫生风波,让酒店业的信任值降至冰点。"作为行业中人,我们能做些什么,让选择亚朵的客人放心安心,对得起客人对亚朵的信任,也让大家重拾信心。"一个念头,在王海军内心萌发,"安心工程"应运而生。目前涵盖了 21 个服务细节。

"安心工程"推出至今,始终是一个在不断完善的过程。由集团发起,制定政策及操作标准,筛选符合要求的产品供应商,并对产品进行检测认证,之后通过在部分门店试点运行,不断反馈优化,最终在全国门店推广运行。例如,亚朵选择耐高温、可降解材料生产的"一次性"杯具,避免重复使用过程中存在的安全风险;以往反复使用的抹布被"一次性"抹布所替代;浴袍密闭全封袋包装,避免挂放带来的粉尘、细菌污染;客房还提供酒精棉片,供用户自行消毒使用等。

对于用户尤为担忧的隐私泄露问题,亚朵采购采用军工技术的网络检测设备,每个客人入住前都会扫描客房寻找是否有隐藏摄像头,保护客人隐私;亚朵公区摄像头逐步升级为录音摄像头,如若发生侵害事件,确保警方可调取详尽的音视频材料;此外亚朵格外注重信息安全保护,严防信息外泄事件发生。

尤为重要的是,加入"安心工程"的门店,需要增设一个"良心大使"的岗位,由专人负责茶杯、水杯等客人最为关心的用品的清洁、消毒,同时"良心大使"还要监督每个门店的"安心工程"的落实。最终,通过运营接待的认证,符合标准的门店,亚朵就会授予"安心"的标识认证,而用户则可以通过亚朵 App、小程序下单时认准"安"字的标识。

亚朵也设立了相关的岗位不断地跟进审核复查,建立了"退出机制"——复查不合格,则取消安心资格。

四、顺应潮流：亚朵酒店异军突起

亚朵集团成为中国饭店业评选的国内高端连锁品牌第一名的酒店集团。适应互联网时代下的消费者的生活习惯，提倡所见即所购，所有在客房内体验过的商品，均能够在亚朵商城线上购买，实现了先线下体验后在线购物的完美结合。

近年来 IP 风潮正盛，亚朵集团也在快速发展的初期，同时联合多个先锋品牌打造了不同主题的 IP 酒店，如戏剧主题酒店、篮球主题酒店、网易云音乐酒店，实现了品牌间的社交和融合。其中，戏剧酒店连同"Sleep No More"沉浸剧场打造出以戏剧为主题的酒店，成为社交媒体平台的网红酒店。

短短 8 年时间，亚朵集团获得了巨大的发展，截至 2021 年 6 月 30 日，在国内 135 个城市开设 654 家在营酒店，共计 76638 间酒店客房，积累了超过 2500 万注册个人会员。

如今，在消费过程中得到新奇、知识、艺术等体验成为消费者住宿的目标，亚朵在酒店中载入不同内容，增加"情感价值"，提升用户体验。在酒店的趣味性方面，亚朵凭借阅读和属地摄影的主题成为人文酒店范本，在与 10 多个 IP、品牌合作后，亚朵已摸索出一定的内容运营方法，确定了篮球、音乐、知识分享三大主题，并进行主题店的规模化探索。如篮球主题，从虎扑联合到独立主题设计，现在已经在物业条件允许的酒店尝试复制。2020 年，亚朵主题酒店的平均 ADR 较之相同区域的亚朵酒店高出 15.4%。

内容运营能力让亚朵与众不同，提升了亚朵的品牌声誉，以及对年轻消费者的吸引力。2020 年，亚朵的客户中 30 岁以下的比例为 24.3%，30～40 岁的比例为 45.8%。并且年轻客户有着更强的购买力和对高质量个性服务的需求，2020 年，30 岁以下的客户贡献了总交易额的 35.0%。

酒店向消费者出售时间和空间，想象空间有限。传统酒店的模式可以用客单价（平均房价）×入住率简单概括。而亚朵的经营思路从"经营房间"转向"经营人群"，围绕用户需求，创新性地推出场景零售业务，突破酒店经营的时空限制。

亚朵是中国首家开展场景零售业务的连锁酒店。原本酒店服务包含住宿空间和配套用品，场景零售产品"嵌入"酒店场景并不违和，反而能够提升后者的体验；用户在酒店体验到场景零售产品，可以直接扫码下单，实现"所用即所购"，并且场景零售产品能够在酒店之外购买、交付，进一步延展了生意的边界，突破酒店坪效天花板。

场景零售业务与酒店业务相互促进，正成为亚朵的第二发展曲线。截至 2021 年 6 月 30 日，亚朵场景零售已开发 1434 个 SKU，上半年 GMV 达 8810 万元，同比增长 148.2%。在当年"天猫 618 购物节"期间，场景零售业务 GMV 的 65.8% 由此前没有入住过亚朵酒店的客户贡献，"αTOUR PLANET 亚朵星球"品牌枕头、床垫产品均在同类别中位居前列。

有业内人士指出，"体验派"酒店能够承载生活方式，亚朵通过延伸场景零售业务，可以从酒店迈向更广阔的市场。

在"体验派"酒店的理念下，亚朵打造了强大的品牌力，赢得了用户和加盟商的满意和忠诚度。2020年，亚朵旗下酒店共销售了约1300万间夜，回购率（当年第二次订房的会员比例）达到48.7%。2020年尽管遭受新冠肺炎疫情的冲击，还是有31.8%的加盟商选择再次加盟亚朵。

根据Brandwisdom（慧评网）进行的一项独立客户调查，从2017年开始，亚朵的整体客户满意度在六个主要中高端酒店品牌中排名第一。在Brandwisdom定义的17个关键的酒店客户互动和消费场景中，亚朵的服务在受访者中都获得了最高的客户满意度评分。

五、总结

2020年初暴发的新冠肺炎疫情对我国乃至全球旅游酒店业皆产生重大影响，幸于我国政府的有效组织和领导，以及医护人员和基层工作者的辛勤付出，新冠肺炎疫情在我国得到控制，旅游酒店业也开始逐步复苏。但是，各酒店集团入住率及收益上涨有所放缓，在此情况下，亚朵集团逆流而上，入住率及收益都超过2019年同期。

Yaduo Hotel: A Humanistic Hotel in the New Media Era

Abstract: This case reviews the development process, strategy formulation process, and basic strategic brand management of Yaduo Hotel Group. It focuses on the introduction and application of various theories and tools for decision-making in terms of environmental analysis, brand positioning, brand image building, brand product chain design and extension, and marketing strategy formulation in the overall strategy formulation process of the hotel group.

Key Words: Strategy Formulation; Brand Management; Atour Hotel

资海沉浮：开元酒店集团的金融之路 *

摘　要： 本案例描述了开元酒店集团从计划上市、到上市、再到退市的整个过程。2005 年，开元酒店首次对外宣布即将赴港上市，但由于会计标准变化导致开元纯利润大幅缩水，上市计划遇阻；2007年，凯雷集团入股开元集团，着手上市，但受到 2008 年国际金融危机的冲击，上市再度搁浅；2013 年，开元酒店集团以 REITs 方式上市；2016 年，凯雷集团退股，携程入股开元；2019 年，开元酒店集团正式在香港上市；2021 年，开元酒店集团退市。本案例将以此为思考情境，探讨融资决策、IPO 和退市的条件和流程，以及 REITs 的相关知识；培养学生思考问题和解决问题的能力。

关键词： IPO；REITs；开元酒店集团

引　言

走过十四年漫长上市之路的浙江开元酒店管理股份有限公司（以下简称"开元酒店集团"），在香港交易所上市仅两年后，于 2021 年 5 月 24 日正式从港股退市，引得无数人唏嘘不已。开元酒店集团是一家怎样的企业？它在上市过程中经历了什么？它为什么会选择退市？整个过程中涉及哪些金融知识？我们能从中学到和借鉴到什么？

　＊　1. 本案例由马颖杰撰写，作者拥有著作权中的署名权、修改权、改编权。
2. 本案例同意授权在《上海商学院酒店管理专业教学案例集》中公开出版。
3. 本案例只供课堂讨论之用，并无意暗示或说明某种管理行为是否有效。

一、开元酒店集团概况

开元酒店集团的发展始于 1988 年，在中国酒店集团行业具有一定的领先性。从规模来看，开元酒店集团管理和签约的酒店逾 780 家，客房总数逾 13 万间，在全球酒店集团中排名第 17 位，位列国内饭店集团全服务饭店规模第一。开元酒店集团旗下共设立有六大核心战略品牌，分别是方外、观堂、芳草地度假酒店、开元名都、开元名庭、曼居酒店，分布在北京、上海、浙江、江苏、安徽等中国 30 个省级行政区，遍布全国 140 余个城市。开元酒店集团专注酒店业务 30 余年，是中国最早经营高端酒店的专业运营商，业务领域涉及酒店投资、运营管理、资产管理、文旅建设等专业板块，是国内领先的酒店集团之一。

基于出色的经营表现，开元酒店集团于 2021 年 5 月应鸥翎投资和红杉中国联合要约完成私有化退市，鸥翎合伙人郑南雁出任开元酒店集团执行董事长。

开元酒店集团致力于成为新生活方式服务商和酒店资产管理专家，未来将继续提供结合中国本土元素的国际标准酒店服务，保持在高端商务酒店及度假酒店市场的领先地位，同时拓展中端酒店市场，为消费者打造有价值的品牌，持续引领行业进步。

二、为了价值：十四年艰难上市路

开元酒店集团创始人陈妙林曾表示："我做事情一直很顺利，唯一不顺利的是上市。"

1. 宣告：会计标准的迎面痛击

2005 年，开元酒店集团公布了赴港 IPO 计划，试图整体打包浙江开元萧山宾馆、杭州开元之江度假村、萧山开元城市酒店等，拟募集资金约 2 亿~3 亿港元。不过，当时恰逢香港财务制度变化，由于香港会计协会出台新的固定资产折旧标准，将原有的 40 年折旧年限改为 20 年，致使开元纯利润大幅缩水，上市计划遇阻，无可奈何的开元只能继续等待时机。

2. 待机：金融危机的暴风骤雨

2007 年底，美国凯雷投资集团①（以下简称"凯雷"）对开元酒店集团的 1 亿美元股权投资增强了其上市的信心。但 2008 年的一场世界金融危机再次冲击港股市场，开元酒店集团的上市计划只能再度搁浅。

---

① 凯雷投资集团（美国纳斯达克上市，股票代号为 CG）是一家全球性另类资产管理公司，成立于 1987 年，公司总部设在华盛顿。

2008 年 4 月 18 日，开元酒店集团完成了与凯雷的合作程序，这意味着双方的合作大幕正式开启。

开元酒店集团与凯雷合作可以说是双方寻觅多时的结果。有"总统俱乐部"之称的凯雷集团拥有广泛的资源，管理资产 811 亿美元，是全球最大的私人股权投资基金之一。

而作为中国本土民营酒店业的龙头老大，开元酒店集团也试图借与凯雷的合作收获一个良好的国际化层面的融资环境、一批专业的国际化高素质人才的加盟和一个具有国际化水准的开元品牌。

从一家萧山县城招待所起步，栉风沐雨二十年，如今作为内地最大的民营酒店集团，开元酒店集团目前拥有实际管理酒店 22 家。但开元酒店集团扩张的脚步还在加速，其总裁陈妙林表示，他们的目标是确保每年开业 5 家、签约 5 家，到 2010 年拥有 35 家以上高星级酒店，客房数量达到 1 万间。

扩张的同时，开元酒店集团也一直在上市的道路上前行。2005 年 3 月，开元酒店集团曾计划于当年 10 月赴港上市。按照原有上市计划，开元酒店和浙江开元萧山宾馆、杭州开元之江度假村、萧山开元城市酒店、杭州开元阳光休闲山庄将整体打包上市，预定发行 8000 万股，融资 2 亿元到 3 亿元；但香港会计协会却出台了新的固定资产折旧标准，致使开元旅业上市遭遇挫败。

陈妙林还透露，此次凯雷以 1 亿多美元入股开元旅业集团旗下的酒店管理公司，将获得酒店 40% 股份，新的酒店管理合资公司将计划在 A 股或境外上市。而开元旅业集团旗下的房产业务也将计划在境外上市。

2008 年 10 月 8 日，中新社香港报道，环球股票市场当日持续动荡，港股当日急跌一千三百七十二点，收市报一万五千四百三十一点，创近 28 个月新低，成交 777 亿元（港元，下同）。市场分析指出，由于外围情况仍未稳定，尤其欧洲方面金融市场恶化，预期大市仍将向下寻底。

受到美股继续大跌影响，亚太区和欧洲股市全面暴跌，日股急泻 9.3%，深沪市亦跌 3%。港股当日裂口低开近七百点，其后持续受压。

市场憧憬英国政府拟向银行巨额注资，港股下午 3 时曾经一度反弹，跌幅一度收窄至只跌三百多点，但只属昙花一现，尾市沽压再次涌现，港股全日跌幅达 8%。国企指数收市报七千四百五十二点，挫九百六十四点，跌幅达 11.4%。

蓝筹股全线下跌，中国移动跌超过 8%，收报 66.5 元；汇控跌四元七角，收报 115.8 元；港交所跌超过 7%。

市场憧憬美国减息，但香港地产股跟随大市急跌，新世界发展及信置跌一成一，长江实业和新鸿基地产跌逾 7%。

港股当日沽空金额大幅增加，达到 79 亿元，沽空股份合共有 236 只。其中中人寿沽空金额最多，约占 16%，涉及 12.9 亿多元；其次是平保，占沽空金额超过一成，达 8.2 亿多元。建行的沽空额近 7.5 亿元，占 9.4%。

汇控欢迎英国推出的 2500 亿英镑的银行援助方案，但目前未有计划动用该措施以补充资金。该行同意观察相关的规定要求。

汇业证券财经研究部主管熊丽萍表示，大市一万六千点支持已告跌穿，建议投资者宜按兵不动。相信优质股现阶段沽出似乎已经太迟，但博反弹风险仍高，投资者应严守止赚止蚀，若入市后持续下跌，应该即时止蚀离场，不应再增持。

熊丽萍认为，现阶段很难确定支持水平，因目前已并非由技术因素或基本因素决定，主要是环球金融机构问题引发整体经济前景忧虑。目前欧洲仍有金融机构在骨牌效应下，可能出现问题，甚至需要政府注资。所以大市需要视乎外围市场，待金融机构信贷问题确定，甚至明朗化，才可决定底部。

城大经济及金融系副教授李钜威表示，美联储局或会因应市况提前减息，以刺激经济。但他认为，受金融海啸影响，大部分金融机构财政出现困难，即使减息亦无助提高金融机构的还款能力。

李钜威表示，香港银行利率可自由浮动，未必会跟随美国减息，而金管局调整贴现窗利率，有助稳定香港银行体系。

3. 执念：REITs 曲线上市

2013 年，开元把酒店和房产拆分成两个资产包并打包 5 家盈利状况较好的自持酒店，以门槛较低的 REITs（房地产信托投资基金）方式曲线上市，成为全球第一个中国的酒店 REIT（见表 1 和图 1）。

表 1　开元产业信托情况

上市日期	2013 年 7 月 10 日
发起人	开元集团
国家（地区）	中国香港
发行规模	468914000（招股书），193000000（实际）
派息率	上市前预计 2013 年为 7.81%（在考虑放弃分派的影响前）、9.15%（在考虑放弃分派的影响后）；实际上 2013 年为 9.28%（在考虑分派的影响后）
定价	3.5 港元/股
发行金额	6.75 亿港元
限卖期	向开元产业信托转让 SPV 全部股权以获取信托份额的浩丰国际、伟良国际和凯雷蓝天所持有的全部份额，且在上市后的 12 个月内不能卖掉

资料来源：开元酒店集团。

4. 风波：从凯雷到携程

2016 年 11 月 21 日，开元旅业集团的境外母公司浩丰国际宣布成功收购凯雷投资集团亚洲二期基金在开元产业信托（"开元酒店 REITs"）中全部 22.96% 的股份，交易金额超过 5 亿港币。同时，凯雷也将其在开元酒店集团 37.95% 的股权顺利转让给了包括 OceanLink（鸥翎投资）在内的投资人。

OceanLink 成立于 2016 年初，携程旅行网和全球领先的成长型私募股权公司泛大西洋投资集团均为其引入的战略合作伙伴，携程是中国第一大综合性旅游线上服务公司，而泛大西洋投资集团也是全球领先的成长型私募股权公司，在中国有逾 15 年的投

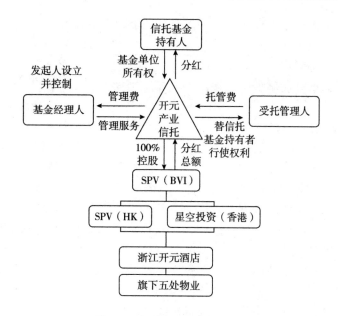

图 1　开元信托上市组织架构

资料来源：开元酒店集团。

资经验，在全球范围内与众多优质的高成长型企业合作并进行投资。其在旅游行业中曾投资过数家全球领先的企业，包括 Airbnb、优步、Priceline、Aimbridge、Hospitality、Decolar、FlixBus、IBS、Smiles 等。

5. 转型：卷土重来的 IPO

2018 年 8 月，经过了五年沉淀，开元酒店集团再次向港交所递交上市申请。在 2019 年 3 月终于正式登陆港股，完成了十四年的征途，圆了上市梦。

诚然，开元酒店集团这十四年来为了上市并不容易，但在一次次上市失败中，开元酒店集团也开始一步步巩固自己并寻求转型——包括文化主题酒店、乡村度假酒店等大众消费旅游市场；婚宴和企业会议；度假型酒店，并开创了一系列酒店品牌，如芳草地乡村酒店和芳草青青房车营地品牌。此外，开元酒店集团还打造出了集酒店住宿、儿童娱乐、教育等于一体的综合性度假胜地——杭州开元森泊度假乐园，并取得了良好的效果。截至 2018 年，开元酒店集团旗下共有酒店 150 家、客房 34200 间，包括开元名都、开元度假村、开元大酒店、开元观堂、开元曼居、开元名庭、开元芳草地乡村酒店、开元颐居、芳草青青房车营地、开元森泊、开元美途和阿缇客 12 大品牌。

三、活着：上市两年私有化

1. 困兽之斗：理想和现实的矛盾

开元酒店的"上市梦"终于成为现实而且酝酿多年的旅游度假综合体项目也落地

生根，但时代变化太快，一直求"稳"的开元还能否跟上脚步？

在酒店行业快速发展的时代中，开元酒店集团的业绩都没有亮眼的表现，更何况是现今酒店行业处境艰难、战火四起的局面，开元酒店集团该拿什么去和国际酒店品牌以及已经在酒店市场盘踞多年的锦江、首旅如家等有影响力的传统酒店、智慧酒店拼比。

开元酒店集团在中端酒店市场起步晚于其他传统酒店，且目前开业酒店多布局在浙江等沿海一带，光是浙江区域占比就达 58%。对比其他遍布全国且品牌已经逐渐下沉市场的酒店集团来说，开元酒店集团实在没有过大的竞争优势。

但在这方面开元酒店集团也给出了答案，因为它这些年一直致力于向轻资产转型，此次上市也是作为一个酒店管理公司以轻资产的形式重新"出道"做一个专业化的酒店管理集团。高毛率的酒店管理集团才是开元酒店将来发展的重中之重，未来也将从这方面撕开酒店的裂口。

然而打着轻资产酒店管理名号上市的开元酒店集团实际上并不"轻"。开元酒店集团目前的两大主营业务，其实是轻重兼并。重资产为自有或租赁的酒店经营业务，轻资产为全方位服务管理和特许经营的酒店管理业务。

但最有意思的是，开元酒店集团管理业务中的酒店数量虽高达 119 家，占据了总开店数量的较大比重，不过占营业总收入比重最大的却是酒店经营业务，在 2017 年曾占总营收高达 92%。相反以数量取胜的酒店管理业务却由于管理费用和特许经营费过低，再加上酒店品牌的地域化严重，导致品牌影响力不足，无法吸引更多加盟商，因此在营收占比中做出的贡献也少得可怜，由此可见这些年开元酒店集团对转型轻资产所做的努力效果并不算理想。

酒店经营的营业收入虽高，但需要付出的成本非常高，不仅难以大规模扩张且盈利增长也困难，这也是开元酒店一直致力转型轻资产的重要原因之一，但显而易见开元酒店短时间内想摆脱重资产模式一点都不容易。

2. 新冠肺炎疫情冲击：最后一根稻草

2020 年的新冠肺炎疫情以来，酒店行业整体遭受重创。开元酒店披露的 2020 年业绩显示，其实现收入 15.98 亿元、归母净利润 0.20 亿元，同比分别下降 17.13% 和 90.28%。公司指出，业绩大幅下降，一方面受疫情的影响，另一方面是公司酒店数量增加，相应的折旧、摊销等费用随之增加所致。

2020 年，公司在营酒店达到 311 家，酒店客房数量达 5.92 万间，同比分别增长 44.0% 和 32.3%。期间，开元酒店集团板块业务实现收入 14.08 亿元，同比下降约 16.7%。究其原因，主要是客房收入相较 2019 年降幅高达 23.08%，仅 6.20 亿元。新冠肺炎疫情之下，人流减少、入住率下降，影响了酒店收入。从入住率数据来看，2020 年开元酒店集团的高端商务酒店的入住率为 41.9%，同比减少 20.5 个百分点；高端度假酒店的入住率为 49.1%，同比减少 8 个百分点；中档全方位服务酒店的入住率为 42.1%，同比减少 17.7 个百分点；中档精选服务酒店的入住率为 53.7%，同比减少 8.4 个百分点。同期，平均房价分别下降 8.52%、11.30%、7.93% 和 12.01%。

3. 上市两年即私有化

开元酒店集团的营业收入从 2018 年的 17.98 亿元增长至 2019 年的 19.28 亿元。两年间，归母净利润分别为 1.87 亿元和 2.02 亿元。

截至 2020 年底，公司自营酒店 40 家、客房 10279 间；管理酒店 271 家，客房规模 48952 间。靠品牌输出的轻资产模式，公司成为国内中高端酒店品牌之一，且连续 6 年入围中国饭店 60 强。

2021 年 1 月 20 日，开元酒店集团发布公告称，收到欧翎投资与红杉中国的私有化要约，合计金额 12.29 亿元：要约价为 18.15 港元/H 股，涉及 5517 万股，共计 10.01 亿港元；要约价 15.18 元/内资股，涉及 2595.94 万股，约 3.94 亿元。

四 、 结 语

2021 年 8 月 12 日，开元酒店集团私有化之后宣布品牌升级，未来将会聚焦发展方外、观堂、芳草地、开元名都、开元名庭、曼居酒店六大核心战略品牌，本次主要是对开元名庭和曼居酒店进行品牌焕新升级，迈向打造生活方式酒店的第一步。未来如何发展，继续私有化运营还是寻求资本市场机会？我们拭目以待。

The Ups and Downs in Capital Sea：
The Financial Road of Kaiyuan Hotel Group

Abstract：This case describes the whole financing process of Kaiyuan Hotel Group, from financing announcement to IPO and then delisting. In 2005, Kaiyuan announced for the first time that there would be an IPO in Hong Kong. However, due to the change of accounting standards, Kaiyuan's net profit shrank significantly, and its IPO was blocked; In 2007, Carlyle Group became a shareholder of Kaiyuan and started to go on with the IPO. However, due to the impact of the world financial crisis in 2008, the IPO was again stranded; In 2013, Kaiyuan went public through REITs; In 2016, Carlyle Group withdrew its shares and Ctrip became a shareholder of Kaiyuan; In 2019, Kaiyuan was officially initial public offering in Hong Kong; In 2021, Kaiyuan delisted. We will take this case as a thinking context to discuss the conditions and processes of financing decisions, IPO and delisting, as well as the relevant knowledge of REITs, and to cultivate students' ability to think and solve problems.

Key Words：IPO；REITs；Kaiyuan Hotel Group

和平饭店：酒店营销管理创新的不凡历程*

摘 要： 本案例通过对上海和平饭店的历史文化传承的描述，展现了酒店在各个时代发展下的变迁过程，从而引出酒店营销管理的创新模式，提炼酒店营销创新的发展与变化。案例以历史文化主题型酒店的营销管理创新策略为主线，探讨分析该类酒店在新时代的创新发展需求，凸出了酒店营销管理为应对时代变化和特征的解决方案。案例能够帮助学员理解酒店营销管理创新的理论依据，认识到酒店营销决策流程，形成基于当代文化传承的营销管理思维。

关键词： 酒店营销创新模式；4P 理论；历史文化型酒店；主题营销

引 言

2021 年，美国贸易代表莱特希泽、财政部长姆努钦同刘鹤副总理在和平饭店九层华懋阁共进工作晚餐。这次会面，意味着中断了 3 个月的中美经贸高级别磋商再次重启。无论是上海人，还是外国游客，他们眼中的和平饭店绝不只是个社交场所，它是上海的化身，更是中国酒店业的传奇。

和平饭店如何成为上海的化身，中国酒店业的传奇？中美两国重要贸易谈判为何选择在和平饭店进行？和平饭店经历了怎样的发展历程，才成就了今天在中国酒店业的地位？

---

* 1. 本案例由孟丹撰写，作者拥有著作权中的署名权、修改权、改编权。
2. 本案例同意授权在《上海商学院酒店管理专业教学案例集》中公开出版。
3. 本案例只供课堂讨论之用，并无意暗示或说明某种管理行为是否有效。

一、华懋饭店（Cathay Hotel）：黑色基底，惊艳问世

1929 年 9 月 5 日，斥资 500 万美元修建的沙逊大厦（Sassoon House，后改称华懋饭店）竣工。沙逊大厦位于上海外滩 20 号（南京路口），是一幢 10 层大楼（局部 13 层），总高 77 米，建筑面积 36317 平方米，由于设计摩登、装修奢华，芝加哥学派哥特式建筑的华懋饭店被冠以"远东第一楼"称号。

沙逊大厦的设计者是著名的公和洋行（Palmer & Turner Architects and Surveyors）、由新仁记营造厂承建①。其建筑风格具有芝加哥学派早期高层建筑特色、体型简洁、下部连续拱门窗及上部成组窗构成的外墙石板竖线条连贯整体，各重点部位作精致的石雕或铁艺雕饰，以装饰艺术风格为主的室内装饰典雅华贵。并采用当时最先进的钢结构、电梯、冷热水、暖气等设备设施。大厦底层西大厅和 4~9 层开设了当时上海的顶级豪华饭店华懋饭店（Cathay Hotel）。酒店厨房拥有当时全中国最先进的设施，以及 70 名顶尖中国厨师和数名法国、英国大厨。中、英、美、日、法、德、西、意、印等不同国家风格的套房展现彼时上海开放多元的海派文化。华懋饭店成为中国第一家享誉全球的酒店，自从开业以来，它的名声就响彻全球，它以奢华而闻名，接待过来自世界各地的富豪、商人、政要。1936 年，美国喜剧大师查理·卓别林携《摩登时代》女主角宝莲·高黛入住，鲁迅、宋庆龄曾来饭店会见英国马兰爵士、萧伯纳等，美国的马歇尔将军、司徒雷登校长入住于此，英国剧作家诺埃尔·考沃德在这里写出了名著《私人生活》。

但霓虹灯的五光十色，仅属于这个城市的少部分精英人士和中产阶级，与普通劳苦大众无关。1937 年，抗日战争爆发。沙逊大厦大门的顶棚被炸毁，橱窗玻璃碎了遍地。1941 年，上海租界被日本接管，沙逊两次大规模抛售上海产业，并离开了上海。

二、"和平饭店"：环顾时代，迎来新生

1949 年，华懋饭店因资不抵债申请歇业。1952 年，上海市人民政府接管华懋饭店。华懋饭店成为中共华东局财政委员会办公处。1956 年，恢复了饭店功能并议定把华懋饭店改名为和平饭店，隶属于上海市府机关事务管理局。饭店于 1956 年 3 月 8 日开业，一度成为当时外事接待要地。1965 年，与之一街相隔的外滩 19 号、原汇中饭店（Palace Hotel）并入后，分别称为和平饭店北楼（外滩 20 号）和南楼（外滩 19 号）。

① 唐玉恩. 上海和平饭店保护与扩建［J］. 建筑学报，2011（5）：9-13.

1984 年和 1996 年，和平饭店经历了两次主要改造①，承担着国际交流、国事接待等重要政治任务，并通过举办商务会晤或是晚宴庆典，成为了当时上海"金融家俱乐部"。1990 年，实现了 3500 余万元营收、1100 万元税利。

同年，和平饭店作为中国唯一的酒店，入选世界著名酒店名单（Famous Hotel Organization 评选）。1996 年，和平饭店作为上海外滩建筑群的一部分被列为第四批全国重点文物保护单位。1998 年 11 月，和平饭店实现了从事业单位、行政接待型饭店向旅游涉外饭店的转型。

和平饭店是基本延续原使用功能至今的文物建筑。2001 年实现营收 1.5 亿余元、税利近 5000 万元；2005 年营收 1.88 亿元，税利 6668 万元，接待宾客 101468 人。2007 年，和平饭店几经调整，其总占地面积 6620 平方米，地上总建筑面积 43080 平方米。70 多年来，大楼基本保持原本总体形象和各部分的特色装修等。但存在产权分置、流线不顺的历史问题；底层原"丰"字形廊被分割使用；外贸商店在八角中庭内搭建夹层和楼梯；一般客房设施陈旧硬件陈旧；设备老化、没有独用的货梯，所有后勤运输仅靠一部电梯，人、物、洁、污、衣、食不分，昔日先进的软硬件配备已与今日的标准相去甚远。

三、费尔蒙和平饭店：整合文化与艺术，
打造"世界经典酒店"

2007 年 4 月，锦江集团正式宣布，与北美老牌奢侈品酒店集团费尔蒙（Fairmont）酒店集团成立合资公司，投资 5 亿港元，重修和平饭店。一时间，这座百年饭店成了众所瞩目的焦点，并且掀起了一阵前所未有的酒店文化怀旧热。

历经 3 年的大规模修缮后，饭店的外立面、大理石地面、雕花屋顶、大厅中的古铜镂花吊灯等有"和平文化"的经典元素被悉数保留，服务质量进一步升级，成为无可厚非的"世界经典酒店"。2010 年 7 月 28 日，和平饭店在锦江酒店集团、费尔蒙酒店集团、新加坡 Hirsch Bedner Associates 设计顾问公司，及上海市历史建筑保护专家委员会的联合努力下，经过 3 年的修缮工作，重新开张。翻新后的饭店虽然中文名称保留了"和平饭店"，但英文名称更改为"Fairmont Peace Hotel"（费尔蒙和平饭店）。酒店以现代化科技和奢华舒适的住宿设施为创新点，以"历史建筑+高端服务"的模式运作，打造"新和平饭店"。

和平饭店的客房不仅传承了 20 世纪 30 年代复古风格，而且加入了舒适而现代的尖端设施。整修后的和平饭店北楼总建筑面积为 50500 平方米，其中老楼面积为 37449 平方米，西侧新楼面积为 13051 平方米，建筑共 11 层，总高度为 47.86 米，包括八角中庭、大堂酒廊、和平厅、龙凤厅、九霄厅、九国套房、沙逊阁、普通客房、室内游泳

---

① 谢岗. 和平饭店的复兴 [J]. 城市环境设计, 2011（Z3）：354-359.

池等。新楼共 11 层、地上建筑面积为 11401 平方米。其南京东路立面檐口、窗口等高度与老楼呼应。南楼主要由主楼和南侧后期搭建的附属用房两部分组成，占地面积为 2125 平方米，总建筑面积为 11697 平方米。

修缮后的和平饭店还筹建了国内第一家以饭店形式的博物馆——和平饭店博物馆。博物馆藏在一楼拐角的一个不起眼的楼梯上，住客可以免费参观。博物馆虽然面积不大，但浓缩了和平饭店的历史。馆内展出了镌刻着"华懋饭店"（和平饭店北楼前身）字样的铜制冰筒壶、铜钥匙牌、铜制保温瓶、铜烟灰缸、银制调羹等一批"古董级"用品，以及吴昌硕、傅抱石、刘海粟等名家字画。

有游客这样形容重新开张的和平饭店："进入和平饭店，来到客房住区。一股浓郁的旧上海气息扑面而来，使我感到新奇。想一想 20 世纪的伟人都在这走过，我们踏着同样的路，我会不会也像他们那样成功？"同样的历史沉淀可以从房间布局看出，首先出现的是办公桌，复古的摆设仿佛置身于时间隧道。现代与传统、新潮与复古的融合，让和平饭店成为外滩的标志性建筑。

和平饭店属于上海锦江酒店集团，而费尔蒙（现在是雅高酒店集团旗下品牌）是和平饭店的管理方。和平饭店总经理、雅高酒店中国区域总经理 GeorgeWee 表示："和平饭店在 90 年前就是当时上海最奢华摩登的酒店。90 年后的今天，这里依旧是上海的地标建筑，是上海外滩中心最闪耀的明珠。90 年来，和平饭店见证了上海的风云变化和辉煌成就，作为上海文化艺术中心的酒店，我们更将引领见证未来上海的文化艺术的蓬勃发展。"

和平饭店完美地演绎和传承了上海海派的文化与艺术，并开创了融"历史建筑+高端服务+文化与艺术"于一体的高端酒店运营模式。

Fairmont Peace Hotel: The Extraordinary History of Hotel Marketing Management Innovation

Abstract: Through the description of the historical and cultural inheritance of Fairmont Peace Hotel, this case shows the change process of the hotel under the development of various times, which leads to the innovative mode of hotel marketing management, refining the development and change of hotel marketing innovation. The case takes the marketing management innovation strategy of the historical and cultural theme hotel as the main line, discusses and analyzes the innovative development needs of this kind of hotel in the new era, highlights the hotel marketing management solutions to cope with the changes and characteristics of The Times. The case can help students understand the theoretical basis of hotel marketing management innovation, realize the hotel marketing decision-making process, and form a marketing management thinking based on contemporary cultural inheritance.

Key Words: Hotel Marketing Innovation Mode; 4P Theory; Historical and Cultural Hotel; Theme Marketing

北京丽思卡尔顿酒店：
午后专属*

摘 要：本案例通过对北京丽思卡尔顿酒店下午茶商业模式的推广分析，对下午茶在五星级酒店发展的意义、背景、状况，艺术、文化、创意与下午茶的关系，烘焙新产品研发，下午茶推广与运营等方面进行阐述和分析，希望学生能更好地掌握下午茶的经营方式及其在酒店发展的重要作用。

关键词：酒店下午茶；个性化定制；新媒体营销；食品创意研发

引 言

下午茶文化起源于 17 世纪的英国，从贵族生活推广和普及而来，后来在西方工业革命中，为了缓解下午工作的紧张与饥饿感，采用下午茶方式补充体能，逐渐被英国社会广泛认可。英国茶文化多是红茶文化，服务环境也主要以欧式、简约现代等西式氛围为主。从糕点的供应类型来看，西式糕点以及自制占主流，同时也包含了丰富而生动的礼仪文化。其中所包含的各种元素内容，有着浓厚的精神内涵和审美欣赏。随着下午茶的不断发展，在当前也不再是简单的饮茶活动，形成了层次化、体系化的环节与程序。在慢慢渗透到东方国家时，尤其受到年轻人的推崇。近年来，在物质文化决定上层建筑的时代，文化理念和生活习惯已经息息相关、深度融合。为此，中国越来越多的酒店开设了下午茶，以迎合商务人士、白领、自由工作者等的小聚、休闲、洽谈的需求，诠释了社交内涵，同时也吸引着大众积极参与其中。

服务机制中酒店服务占了很大的比重，其特点是内容多、要求高。随着个性化选择需求越来越明显，在高效完成酒店的运营工作中，不仅需要完善提供日常服务和优

＊ 1. 本案例由崔琳琳撰写，作者拥有著作权中的署名权、修改权、改编权。

2. 本案例同意授权在《上海商学院酒店管理专业教学案例集》中公开出版。

3. 本案例只供课堂讨论之用，并无意暗示或说明某种管理行为是否有效。

化服务环节，还需要根据客户需求与喜好，将较为个性化、高端的服务内容融入运营中。对于国际连锁高档酒店的经营发展来说，任何一个服务细节制定与展开都诠释和反映了大众生活的质量。尽管下午茶的产品与服务氛围并不是我国所形成的饮茶习惯，但是作为近代文明与西方文化的茶文化传承与融入，从现在发展出的形式可以发现，是一种将大众的饮茶习惯与饮茶活动融合的创新形式。

2020 年，新冠肺炎疫情对各行业都是"黑天鹅"般的存在，旅游酒店业更是首当其冲，疫情防控常态化背景下，多元化的营销手段对缓解新冠肺炎疫情带来的下沉有非常重要的作用。强化下午茶品牌建设不失为很好的思维方式。目前大部分酒店的下午茶人均套餐价格从 35~350 元不等，与酒店的档次星级在一定程度上成正比。成本在 25~100 元，可见酒店下午茶的价格更多地体现在酒店所提供的环境、服务等方面而不是下午茶点心或者茶饮本身。主流消费人群以住店、年轻人为主。

一、北京丽思卡尔顿酒店简介

丽思卡尔顿酒店（Ritz-Carlton）附属于万豪国际的丽思卡尔顿酒店公司（Ritz-Carlton Hotel Company）管理，是一个高级酒店及度假村品牌，总部设于美国马里兰州，分布在 24 个国家的主要城市。作为全球首屈一指的奢华酒店品牌，从 19 世纪创建以来，现雇用超过 38000 名职员，拥有超过 70 个酒店物业，一直遵从着经典的风格，成为名门、政要下榻的必选酒店。因为极度高贵奢华，丽思卡尔顿酒店一向被称为"全世界的屋顶"，尤其是它的座右铭"我们以绅士淑女的态度为绅士淑女们忠诚服务"更是在业界被传为经典。巴黎的丽思更是全欧洲最豪华神秘的酒店，威尔士亲王、瑞典、葡萄牙、西班牙的国王都曾经在这里入住或就餐。第一家丽思卡尔顿酒店于 1927 年在波士顿建立，该酒店已经出售给泰姬陵酒店度假村管理公司。1998 年，万豪酒店国际集团收购了丽思卡尔顿酒店集团公司的全部股份。

北京丽思卡尔顿酒店于 2007 年 12 月 12 日开业，是丽思卡尔顿集团在北京的第二家酒店。位于北京国贸 CBD 外围的华贸中心，定位高端市场，拥有面积超过 1100 平方米的会议场地、648 平方米的大宴会厅、9 个会议室、一个董事会厅以及完善的硬件设施，强大的品牌优势及优越的奖励计划。北京丽思卡尔顿酒店客房延续英伦庄园风格，色调混合以奶油黄和苹果绿。品质一流的古典式家具完美地融合在最先进的科技设备中，包括配备高科技平面电视和无线上网等。房间的艺术风格同时汲取了西方和东方元素精华，和谐统一。掌握多种语言的礼宾处为客人提供打印登机牌服务、预订服务，以及解答与中国相关的商业常规等服务。

在这个拥有几千年历史的城市，北京丽思卡尔顿酒店展示着往昔并与现代无缝结合。酒店以茶道艺术为基础，秉承经典丽思卡尔顿风格，并在舒适的行政楼层酒廊提供全天多次精美茶点服务，是繁华 CBD 中远离尘嚣的"应许之地"，当然也可在英式庄园风格的大堂酒廊品味丽思卡尔顿经典下午茶。

二、北京丽思卡尔顿酒店的下午茶

1. 酒店下午茶现状与思考

北京丽思卡尔顿酒店对下午茶的理解，不仅是饮茶，更重要的是以饮茶活动优化文化交流，从而全面提升大众对下午茶的理解与认知。这种独特的情感认知，更是基于理解与认知前提下的全新了解。下午茶活动自身包含了极其深厚的文化气息和价值内涵，在文化内涵的不断积累下，从而全面创新。因此，在整个设计活动中，必须充分注重将文化内涵、精神思维整体融入其中，从本质上推动该设计活动的全面提升。

2019 年，有学者对北京和天津丽思卡尔顿酒店的入住客户在其产品服务的定价提高附加服务的调研发现，顾客（人均收入 3500 美元/月）认为酒店附加服务的价格过高，这从侧面反映出其酒店附加服务和产品的定价，在部分客人看来有些不尽合理，其中包含下午茶最低套餐为 388 元。

为了体现酒店对下午茶的优势，发挥其更高的价值，应将个性化、亲情化和定制化等理念融入其中。

个性化服务主要强调的是服务的细节化、精细化。如针对中国客人和外国客人的服务区别，中国客人在享用下午茶期间不希望被打扰，外国客人则希望得到服务人员更多的关注，因此在服务过程中，服务人员会向外国客人介绍更多本地区的风土人情、美食美景，通过各种各样细节性的个性化服务，赢得客人的好感。

亲情化即发自心灵的情感沟通，体现的是家与店的本质区别。在家里居住的是亲人，自然有情感。而宾客与酒店则并无亲缘关系，享受下午茶的客人实际上是酒店的消费者，既然是交易行为，感情成分自然就会淡薄。因此，酒店要提倡员工真诚付出、贴心服务来弱化交易性，强化情感性，让宾客从"消费者"到"自己人"的情感转换。如酒店可以与顾客建立良好的互动关系，要高度重视顾客的反馈意见。恰当及时从顾客消费前、中、后等不同阶段获知其需求、意见和感受，为下午茶开发、设计和服务提供改进意见。始终坚持以消费者为中心，不断改进，真正做到"顾客满意度是检验产品质量唯一标准"的理念，将宾客与酒店的亲情化程度不断融合提升。提供具有中国传统特色的下午茶点心和茶饮，点心主要为中式糕点，如高桥松饼、凤梨酥等，还有其他一些具有地方特色的点心，如绿豆糕、桂花糕等。茶饮主要为中国传统特色的茶饮，并加以创新，打造美味可口又具有一定养生作用的健康饮品，如花草茶、洛神花茶等。通过把点心与茶饮结成不同的组合，形成口味上的独特体验，同时赋予一定文化内涵，再配以搭配的外包装，就构成了一份较完整的产品。

在服务方面：除了下午茶的配送，还可以按照客户要求进行定制，提供专属的定制服务。如针对某些大型企业的会展、地产公司的活动等，定制相应的活动礼品。针对个人的还可以推喜宴、寿宴等的定制服务。另外，酒店还会搭建平台，一方面推广自己的产品和服务，另一方面为消费者提供交流的平台，企业可根据顾客的反馈来调整产品或者服务，同时消费者也可以在平台上获得更多的快乐，增加用户黏性。

2. 新型营销模式——联名

面对市场的快速发展，已经熟悉的传统的营销模式，如明星代言、电视广告等已不再具备绝对优势，为此，一种新的营销方式——联名，走入大家的视线。联名，通常指的是品牌跨界合作，某一品牌通过和其他品牌、IP、名人的合作产生新的产品，借助于双方的影响力，提升品牌或产品的商业价值。推出联名款，已经成为商家营销的新模式，每次遇到新款联名产品上市，很多消费者都经不住诱惑，买单入手，成为提升商家销量的贡献者。

北京丽思卡尔顿酒店也将"联名"作为自身品牌影响力的提升和下午茶营销的方法之一。结合自己的理念和品牌定位，增加下午茶的曝光度和话题的传播性，跨界互补，提高溢价，满足消费者对新形式的需求。先后与赫莲娜、保时捷、宾利等世界知名品牌进行联名合作下午茶。

（1）携手赫莲娜臻呈跨界下午茶。2020年12月30日，北京丽思卡尔顿酒店携手高端先锋护肤品牌赫莲娜，于一层大堂酒廊魅力演绎"至美传奇"主题下午茶，悠享珍贵下午茶时刻，探索奢美传奇、赋活新生的秘密。

将岁月剪成烟花，留住繁华与柔美，璀璨而闪耀。北京丽思卡尔顿酒店饼房厨师团队以赫莲娜明星产品为灵感，融合丽思卡尔顿标志性元素，缔造极具格调的精致美点，为消费者带来一场惬意绚烂午后时光。

正如北京丽思卡尔顿酒店经理岱云森（Dale Parkington）分享到：希望北京丽思卡尔顿酒店此次与高端先锋护肤品牌赫莲娜的跨界合作，将延续优雅传统，结合创意巧思，为尊贵的宾客们在英式庄园风格的大堂酒廊带来独特下午茶时光，以体贴入微的服务为到来的每一位宾客提供真诚关怀和舒适款待，创造难忘、独特的丽思卡尔顿回忆。

（2）携手保时捷臻呈跨界下午茶。2021年4月10日，北京丽思卡尔顿酒店携手保时捷臻呈跨界下午茶。

北京丽思卡尔顿酒店饼房厨师团队以保时捷独特的艺术美学为灵感，臻选丽思卡尔顿标志性蓝色以及Taycan的环保先锋理念与科技感，匠心呈现多款甜点。

正如北京丽思卡尔顿酒店经理岱云森（Dale Parkington）分享到：希望北京丽思卡尔顿酒店此次与德国跑车品牌保时捷品牌的跨界合作，为尊贵的宾客们带来兼具经典与创新相融合的下午茶时光，同时，北京丽思卡尔顿酒店的绅士和淑女们也将延续热忱、优雅的传统，以体贴入微的服务为到来的每一位宾客提供真诚关怀和舒适款待，创造难忘、独特的丽思卡尔顿回忆。北京丽思卡尔顿酒店也希望此次与保时捷携手臻呈跨界"电驰神往"主题下午茶，以双方品牌历经时光的优雅格调和永不停歇的创新精神，致敬未来。

（3）携手意大利殿堂级珠宝品牌Buccellati布契拉提。2021年7月1日，北京丽思卡尔顿酒店携手拥有百年历史的意大利殿堂级珠宝品牌Buccellati布契拉提联名下午茶，此品牌源自于意大利米兰，拥有百年历史，是世界上最负盛名的高级珠宝商之一，以其手工技艺、精湛设计和独一无二的作品闻名世界。

此次下午茶三层架设计以 Buccellati 布契拉提精品店橱窗的复古展柜为原型，秉承意式风格的华丽质感与艺术气质，诠释着精湛的雕刻技艺，彰显尊贵而别致的古典美学，与特别定制的下午茶完美融合，璀璨生辉。正如岱云森所说：希望北京丽思卡尔顿酒店此次与 Buccellati 布契拉提的跨界合作，能够为尊贵的宾客们带来独具一格的下午茶体验，并感受到两个品牌的匠心巧思与永恒至美，创造难忘的丽思卡尔顿回忆。

（4）与英国豪华汽车品牌宾利打造"耀映旅途"主题下午茶。2021 年 10 月 22 日，北京丽思卡尔顿酒店携手大昌行集团，与英国豪华汽车品牌宾利，于酒店一层大堂酒廊奢熠呈现"耀映旅途"主题下午茶，享优雅奢境，品耀世魅力。

（5）携手英国百年玩具品牌 Hamleys 呈现圣诞节礼遇。2021 年 12 月 1 日，惊喜呈现节日季 Hamleys 主题梦幻奇妙乐园，传递童趣、陪伴和爱。2.5 米高的巨型哈姆熊置身北京丽思卡尔顿酒店的大堂，向抵达北京丽思卡尔顿酒店的每一位绅士淑女默默表达诚挚的欢迎。

（6）与 Giuseppe Zanotti 携手璀璨呈现"重塑光芒"下午茶。2022 年 2 月 14 日，丽思卡尔顿酒店和 Giuseppe Zanotti 推出了"重塑光芒"联名下午茶。

此次下午茶的菜品包含五甜五咸，红色爱心芝士蛋糕、香槟草莓意式奶冻、热情果芒果慕斯、马斯卡布尼黑芝麻慕斯、66%黑巧克力慕斯蛋糕、伊比利火腿蜜瓜配菲达芝士、阿拉斯加蟹肉沙拉配牛油果、芒果大虾香槟果冻、山楂鹅肝黑金马卡龙、波士顿龙虾沙拉塔。其中，桃心形的红色树莓芝士蛋糕，以璀璨金粉装饰淋面；粉色甜点是香槟草莓口味的经典意式奶冻；饰有 Giuseppe Zanotti 品牌标识的热情果芒果慕斯；口味香醇的马斯卡布尼黑芝麻慕斯，由黑至白渐变颜色；66%黑巧克力慕斯蛋糕以绑有金色丝带的礼盒呈现，寓意陪伴的时光是心底珍惜的礼物；高级感十足的咸点设计也十分精彩；以玫瑰花形精美呈现的珍贵伊比利火腿蜜瓜配菲达芝士；以三文鱼子酱装饰的阿拉斯加蟹肉；沙拉配牛油果；晶莹剔透的芒果大虾；等等。精心搭配的甜咸点心均细腻诠释意式美食的精髓和不凡魅力。此外，本次下午茶还可以在现场亲手制作一个蛋糕，以增加体验感，每位净价人民币 388 元，含一杯咖啡或茶。

3. 其他非传统营销模式

（1）下午茶外送服务。为了契合和满足人们注重品质和体验需求升级，真正地体验一次有颜值、有温度、有品质的下午茶，2022 年 4 月 6 日北京丽思卡尔顿酒店开通下午茶外送服务，无论在家、办公室或任意指定场地，亦可随心享用传奇下午茶。将精致下午茶移动到大巴车上，根据线上话题抓取的下午茶特征，全方位地让顾客真正体验在大巴车上的五星级 VIP 级下午茶服务。

这种新形式从交通、参与形式、茶点等方面均体现了创新。将移动下午茶大巴直接开到消费者家门口，特邀请五星级造型师倾力服务，为消费者定制专属的下午茶气氛妆，再配上酒店经典的甜点，让个性化、专属化下午茶完美呈现。

（2）升级产品与衍生品。产品升级是产品发展的客观规律，又是企业在竞争中的重要对策。酒店提供的下午茶多以加工、烤制后，放到室温、低温等条件下进行储藏、售卖。部分烘焙产品在长时间放置下，面粉烘烤的香气逐渐褪去，为此，2022 年 4 月 8 日酒店推广供应新鲜烤制的司康、甜咸小吃、香茗与咖啡，既提升了口感也体现了产品的商品属性。

中国传统节日端午节来临之际，北京丽思卡尔顿酒店携手当代青年艺术家魏阳阳女士，将美食与艺术结合，重塑经典致颂传统之韵。以魏女士的佳作《好江山》为蓝本倾力打造的兼具美感与质感的青绿韵长系列艺术跨界粽子礼盒华丽揭幕，以传统文化为底色赋予其深厚内涵，在传统重要节日之际传递美好祝愿。青绿韵长艺术跨界端午礼盒系列共有三款，艺术家巧妙运用经典的青绿主色调，将秀美青绿山河之景镌刻于盒体之上，古韵之风的内核精髓，以深沉雅致的墨绿色搭配，巧妙兼容现代的摩登感。北京丽思卡尔顿酒店团队精心挑选多种口味的香粽，甜粽与咸粽分别符合南北方消费者口味，彰显珍贵心意。

（3）儿童星厨课堂。随着经济的发展，形式新颖，倡导陪伴，互动性和趣味性并存的儿童厨艺体验课程成为早期教育的新潮流。作为"食育"的分支，儿童厨艺体验可能会是比较新颖的早期教育途径，儿童厨艺体验旨在通过让儿童动手制作美食，制作过程中，不仅了解到基础的食物知识以及饮食文化，还锻炼动手能力以及解决问题的能力。厨房育儿在很多国家也呈现出兴盛之势，法国很多家长会带着孩子一起到烹饪学校学习烹饪；在美国，越来越多的学校提供强调食物、农业和营养配套的教育活动；丹麦教育大纲规定，从小学四年级到七年级学生要接受两年的烹饪教育；德国教育研究部在一项研究中提出"7岁儿童认知世界的经验清单"，厨房基本常识被囊括在内。国家统计局数据显示，日本有85%的幼儿都上过烘焙课，而目前中国尚且不及5%，且伴随全面二孩时代的来临，2017年中国新生儿数量达到1860万。这些都意味着儿童厨艺体验在中国还有广阔的发展空间。为此，2022年3月24日北京丽思卡尔顿酒店开启儿童星厨课堂，同时也是增强品牌在消费者的认同感。

（4）在新媒体中的推广。自2021年11月3日建立北京丽思卡尔顿酒店官方微博以来，目前粉丝14.8万，1.6万转评赞，视频累计播放量3.7万。多数的酒店活动，如下午茶、客房的最新服务和活动、各个节日套餐、端午粽子礼盒等均在此推送。同时，互动性比较强的联名下午茶活动得到了众多时尚博主评价与转发，扩大了酒店的影响力。

抖音作为自媒体传达了品牌价值、卖货价值以及引流价值，越来越多的品牌企业意识到抖音的营销价值，纷繁入驻抖音。小米、蒙牛、格力、海底捞、可口可乐、王老吉、海尔等超过26.1%的中国500强品牌，都入驻抖音。北京丽思卡尔顿酒店虽然未在抖音申请账号，但是在抖音的一些美食主播发布的视频中也可以搜索到酒店的活动，以及探店的情况，起到了推广品牌的主要作用。

The Ritz-Carlton Beijing：Afternoon Only

Abstract：This case expounds and analyzes the significance and background of the development of afternoon tea in five-star hotels, the development status of afternoon tea in five-star hotels, the relationship between art, culture, creativity and afternoon tea, the research and development of new baking products, and the promotion and operation of afternoon tea through the successful promotion and analysis of the business model of afternoon tea in the Ritz-Carlton Beijing. It is hoped that students can better grasp the operation of afternoon tea and its important role in the development of hotels.

Key Words: Hotel Afternoon Tea; Personalized Customization; New Media Marketing; Food Creative Research and Development

"经管之道，唯在得人"
——洲际酒店集团的成功法宝*

摘　要：本案例聚焦洲际酒店集团的人才招聘模式和方法，通过对洲际酒店集团人力资源管理规划的介绍，以及对企业招聘雇佣流程的梳理，分析企业如何依据战略环境和自身特点形成相适应的招聘范式。在此过程中寻找并总结存在的问题与挑战，相应地提出招聘方法应用优化建议，形成企业招聘的管理创新，帮助企业获取人力资源竞争优势。

关键词：招聘模式；职位分析；人才管理系统；洲际酒店集团

引　言

人力资源是酒店管理集团发展的最基础、最重要的战略性资源，它事关酒店核心竞争力与可持续发展。随着经济全球化加速推进，特别是开放型世界经济体系的逐步建立与数字化经济时代的到来，作为全球服务业重要组成的现代酒店业，竞争愈演愈烈，酒店人力资源管理越来越被管理层所青睐，也成为与同行业竞争的秘密武器。人力资源已不是传统的人事管理，而是升级到了战略管理高度。洲际酒店集团利用这一秘密武器，如今在中国的发展速度被认为是前所未有的，而人才，则是洲际酒店高质量发展与可持续发展的关键。

洲际酒店集团在中国已拥有 52000 名员工，在 2012~2014 年中国人员发展计划中，设立了 270 个总经理岗位、3000 个管理岗位、11 万人的工作机会。作为接待业的一员，洲际酒店集团在快速发展的同时，也面临着酒店业人才短缺等问题，不同的是，这个曾获得"最适宜工作的 25 大公司""英国最受欢迎公司""亚洲最佳雇主品牌"等荣

---

　* 1. 本案例由赵丽丽撰写，作者拥有著作权中的署名权、修改权、改编权。

2. 本案例同意授权在《上海商学院酒店管理专业教学案例集》中公开出版。

3. 本案例只供课堂讨论之用，并无意暗示或说明某种管理行为是否有效。

誉的企业有自己的解决之道。据有关资料，[①] 一方面，洲际酒店集团在其官网上开辟了自己的全球招聘主页；另一方面，洲际酒店集团已从坐等"招人"进一步到了协助"育人"，从人才的"接收方""购买者"，迈向人才的"生产者"——主动参与人才生产过程，更从合作育人到打造"未来英才"，这些行动对集团自身的人力资源发展，甚至对整个行业的人员素质提升都有显著的作用。其中，合作育人的模式值得旅游院校研究和借鉴，从某种意义上可以说，还起到推动、促进国内旅游院校进一步改革发展的效果；而打造"未来英才"的管理培训生制度，既能给酒店专业的学生带来前景和希望，对教师的育人理念、培养模式也有积极的启示。2018 年，洲际酒店集团全球新开业和新签约酒店规模均创十年来新高，新开业客房总数达到 56343 间，新签约酒店规模达 98814 间客房。

2016 年，洲际酒店集团跨国经营的范围已超过 100 个国家，在酒店服务业竞争激烈下，洲际酒店集团是如何利用秘密武器取得成功的？经管之道，唯在得人——得人力资源者得天下，这正是洲际酒店集团的制胜法宝。

一、洲际酒店集团简介

洲际酒店是一个豪华酒店连锁品牌，由洲际酒店集团（以下简称"集团"）拥有。
集团成立于 1946 年，是目前全球最大、网络分布最广的专业酒店管理集团。CTIN 台湾旅游联盟与世界知名洲际酒店集团合作，提供北京、上海、重庆、沈阳、厦门、香港等城市的一流酒店住宿体验，其中香港洲际酒店更被选为亚洲最佳商务酒店，最佳香港景观之一。

集团目前在中国拥有四个主要品牌分别是洲际酒店及度假村、皇冠假日酒店及度假村、假日酒店及度假村、假日快捷酒店，以满足中国市场的不同需求层次。随着全新品牌假日快捷酒店在中国市场的发展，洲际酒店集团将进一步为各个阶层的旅客提供更完善的住宿体验。

二、发 展 之 路

随着酒店行业在全球飞速的发展，酒店业不仅成为旅游业的重要支柱，而且成为旅游服务体系的重要环节。

1. 洲际酒店集团在中国的发展
1984 年，丽都假日饭店即洲际旗下第一家酒店在北京开业，由此开启了其中国之

---

① 截至 2017 年 IHG 的 App 下载次数已经达到 200 万次，通过其 App 完成的预订量同比增长了 50%。

旅。2008年是洲际酒店集团在中国的发展之路具有里程碑意义的一年。2008年洲际酒店集团在华企业有100家，这加快了在中国扩张步伐。随着中国经济持续快速发展，已有近3亿人跻身中产阶层，越来越多的人产生出行需要或旅游需求。国家旅游局数据中心显示，2017年，中国国内旅游消费者规模超过50亿人次，仅次于美国，中国升级为洲际的世界第二大市场。目前，中国区客房数量约占洲际全球客房数量15%。洲际酒店集团在中国迅猛扩张，除了精准定位，还要创新之举。例如，2016年5月10日起，洲际酒店集团在国内对智选假日酒店推出了特许经营模式，这种新模式是专门为中国市场量身定制的，英文为"Franchise Plus"（特许经营+）。在这个模式下，洲际酒店集团会对酒店驻派总经理，在加大业主的酒店运营权和参与度的同时，也能保障洲际酒店集团的品质。2017年3月，第一家特许经营模式的智选假日酒店在上海开业。酒店经营，质量取胜。为了提升品牌内涵与服务质量，洲际酒店集团在华专门开办了线下实体课堂和在线学习课堂，高水平培训员工以提高酒店服务整体质量。截至2017年8月，智选假日在中国已经签约百家特许经营酒店。

2. 行业呼唤，江山代有人才出

社会经济发展，人民消费水平和观念有了质的飞跃，这使旅游业迅速地发展起来，同样酒店业的获益程度极大增加，而酒店行业竞争也越来越激烈，不同类型的酒店层出不穷，各种精品酒店民宿利用网络迅速走红，吸引着越来越多的消费者，传统酒店业该如何应对危机？是否有能力应对危机？能否在激烈的竞争中生存发展？作为典型的服务业，现代酒店业的核心竞争力是人才特别是高素质专业化人才队伍。唯有如此，才能有效应对诸多风险挑战、取得竞争优势，才能使酒店高质量发展和可持续发展，而不是被当下的现实竞争所淹没。无论是转型还是扩展业务项目，都需要酒店每一位员工的积极配合。酒店本身制订计划下达指令，更需要在酒店中完美地体现出所期望的服务质量，从管理人员的积极配合，到每个服务人员的具体工作，而不是从领导层就开始敷衍了事，而这些根本因素取决于人力资源部门的工作质量。特别是招聘工作，如果能将合适的人放到合适的岗位，酒店的核心竞争力无疑会大大增强。酒店该如何吸引人才，成了企业发展的重大瓶颈之一，人力资源的招聘便是解决人才发展的重要途径。很多酒店还没有意识到这一点，对人员的招聘和选拔不够重视，使酒店的财力物力等资源得不到充分利用，导致酒店服务质量下降，员工离职率增加，酒店收益大打折扣。

（1）洲际酒店集团英才培养学院——迈向专业人才的"生产者"。做好人力资源工作，加强人力资源管理，提高人力资源管理水平，培育产出高素质人才越发重要，因为这事关酒店业生存与发展。为此，洲际酒店集团高度重视人力资源开发和管理工作。洲际酒店集团既拥有一套科学高效的系统管理模式与一支经验丰富的专业管理团队，又加强校企合作包括建设具有酒店特色的管理学院和开发与酒店匹配的培训系统，从而加速吸引、招聘、教育、培训、使用、考核、激励和留住企业经营管理所需的优秀人才，不断提高酒店人力资源质量，持续提升酒店运营效益。

强大的品牌魅力吸引了众多优秀人才的加盟。作为中国酒店业最大的雇主，洲际酒店集团在华屡获"最佳雇主"的殊荣。2017年8月，洲际酒店集团在中国拥有

42000 名员工，未来几年陆续开业的 150 多家酒店还将创造 90000 个就业机会。为了在激烈的人才竞争中占据先机，洲际酒店集团长期致力于对中国本土人力资源的培养，为了满足中国日益发展的酒店业对人力资源的大量需求，洲际酒店集团成立了业内领先的校企合作办学模式——与优秀的专业院校共同成立"洲际酒店集团英才培养学院"，学院的使命是：培养可持续发展的酒店人才，不仅是为了洲际酒店集团，还为了整个行业。英才学院可为每所学校提供不同等级的学历及学位课程，学生除了接受各院校专业教师讲授理论课程外，集团的高级管理人员还定期为学生传授行业实践经验。此外，近年来，该集团与南京、杭州等多地优秀旅游院校签署合作协议，将英才培养学院从原来的 12 所扩展到 24 所，每年可培养近 5000 名毕业生，能更好地满足华东地区对酒店业专门人才的需求，并且为更多旅游及酒店专业学生提供在洲际酒店集团旗下酒店以及整个行业的就业机会。

（2）洲际酒店集团管理培训生计划——打造最有实力的"未来领导者"。目前，国内对管理培训生 Management Trainee（MT）不再陌生（有时甚至被滥用），而其最早源于国外大企业里以"培养公司未来领导者"为主要目标的特殊项目（一些知名外企即通过 intern、staff 和 MT 三条管道招聘人才）。具体来说，管理培训生是一些大企业旨在自主培养企业中高层管理人员的人才储备计划。主要是新进员工在公司各部门实习，使其知晓公司运营流程后，再依据其个人专长与实际表现安排到匹配的岗位，并在实践中使其最后胜任部门乃至分公司负责人等管理职位。当然，业内都知道，传统的服务接待业（包括高星级酒店）在快速发展中不仅面临"用工荒"的困扰，难吸引优秀人才、人才流失率高等也是其人才资源建设中需要攻克的一些难点，可以说，管理培训生制度引入酒店业，能吸引并让优秀的管理人才快速成长，对改变这种局面产生了积极的作用，在这方面，洲际酒店集团是做得最为成熟和成功的。例如，在中国，洲际酒店集团管理培训生项目通过 12～18 个月，让管理培训生具备运行一个大型酒店的内外事务和发展成为未来酒店管理者的素质，成为"最有实力的未来领导者"，在整个过程中，洲际酒店集团对人才选拔标准、招聘与选拔程序、培养方案、培训与发展、薪酬和福利等各环节都有明确的规定。

（3）洲际酒店集团，人力资源规划勇担先。通过调研发现，洲际酒店集团在大中华区有一套整合性的人才管理系统——Winning Talent 系统，集团使用这套系统采集酒店人才信息，帮助中国酒店进行人才管理，尤其是针对关键岗位的动态管理。系统还会有效地采集人力资源运营数据，为酒店提供整合性的人力资源报告和分析工具。洲际酒店集团特有的洲聘招聘网站和 Winning Talent 系统通过互通的信息流建立了联系，酒店人力资源负责人在系统中检查并更新酒店关键岗位情况，递交月度的人才计划报告，当人员发生变动时，通过人才管理端将空缺岗位发送到洲聘系统中进行招聘，当招聘成功后在 Winning Talent 系统中做好记录，并关闭岗位空缺。

（4）留人用人，继任计划重发展。作为人力资源负责人最直接的工作就是保证酒店所有岗位，尤其是关键岗位的员工都应有人在职，洲际酒店集团开展的继任计划就是人才管理的重要环节，对人才的选用育留均有重要影响，继任计划具体分为四个步骤：确认关键岗位、确认继任者、能力发展规划、监督与回顾。

（5）选人用人，招聘方法精选化。调研发现，洲际酒店集团继任计划实施后，员工可以直观地看到职业发展的机会，选择更加清晰、针对性的能力发展方向及制定职业规划，提升了员工努力付出终有回报的信心和动力，通过感受专业化体系化的管理，员工增强了对酒店的信心和留下的意愿，合理的部门人才梯队确保部门可持续地正常运转。对酒店而言，可以减少重要职位意外的空缺给酒店收益带来的影响，形成一专多能、人员优化的文化，打造酒店"人才磁石"的声誉，同时提升酒店在当地劳动力市场的竞争力。对人力资源管理而言，可以实现为员工提供"成长空间"的承诺，系统性的、清晰的人才管理方向和抓手，能盘活内部资源、降低招聘成本，通过为关键岗位找到和发展继任人才，实现酒店健康的系统性人才布局，更加容易驱动人员优化，提升人力资源自身专业能力。

通过调研发现，洲际酒店集团职能领导常用的招聘方法主要包括职位分析法、背景调查法、行为面试法。以职位分析法为例，有学者研究指出，职位分析相当重要，是企业招聘不可或缺的一环。职位分析的结果主要是形成职位说明书或职位分析报告。

洲际酒店集团职位分析的过程主要包括信息输入、职位信息、信息处理、职位分析、结果输出、职位说明书等。在收集资料的过程中发现，洲际酒店集团旗下的各个品牌以及每个职位都会有独立的职位说明书，其中包括职位概述、工作职责、责任范围、任职要求。

集团下发到酒店的任何一份职位描述说明书都不会是最终版本，这是一份指南，因为集团会要求所有的职位描述都要根据当地人才市场的状况去做调整，如城市的不同虽然对每位人力资源总监的要求是不同的，但是该职位基本职责的内容和方向是一样的。每个酒店的职位描述说明书都是酒店的各部门做，各部门负责人审核本部门，人力资源部最后汇总审核，酒店总经理要对其负责，必须修改达到合理的水准才能使用。另外，集团相对应的部门负责审计，形成矩阵交叉式管理，最终确保符合有关标准。

（6）信息发展新时代，背景调查更重视。背景调查法是人力资源甄选的工具之一，是指应聘者申请职位时，组织根据某些内容从应聘者所提出的证明人范围中获取相关的背景资料，大多用于调查中层及以上的管理人员或关键性职位的人员，是直接证明应聘者情况的有效办法。

洲际酒店集团的领导们很重视背景调查，洲际酒店集团人力资源标准为在正式聘用任何新员工前应对其进行至少2次背景调查，并将报告存于该员工个人档案中，人力资源部门背景调查流程主要内容，如表1所示。除了表中规定的流程，面试官还会在自己的社交圈对2~3人进行背景调查，也就意味着在招聘职能领导过程中存在着两次背景调查，一是人力资源部门的招聘档案整理包括背景调查，二是面试官本人进行的背景调查，以保证信息的真实准确性。中国东区财务及业务支持总监 Angelina 在进行背景调查时，也会与其他集团进行公平、公正、公开的意见交换，形成长期稳定的意见交换的合作关系。她会在面试后翻阅人力资源部提供的背景调查表，再次进行背景调查。她表示这是其个人习惯，首先依靠自己面试得到的判断，而不是先被他人的评价看法所左右,以保证对应聘者的公平性。

表 1　人力资源部门背景调查内容

背景调查主要内容	内容详情
介绍	介绍自己的姓名、职位、酒店名称,并且询问对方现在是否方便进行背景调查
核实	核实工作汇报关系(如提供背景调查信息者非候选人直接汇报工作的对象,则不继续进行背景调查)。核实候选人职位、具体职责、雇佣日期
强项—性格	询问一些关于候选人的性格、诚信和声誉、上班出勤和迟到记录等情况的开放式问题
强项—总体	确定他们最明显的优势
发展领域	用开放式问题询问个人发展领域情况,深入了解候选人是否有办法克服这些
适用于洲际集团职位的能力评估	参照工作中所需的要素,并了解候选人的表现,得到反馈信息。(您如何评价候选人在工作中以下方面的表现) 技术能力;管理技巧;客户服务技巧 添加其他你想要调查的关键技能
离职原因	确认终止合同或辞职的主要原因
收尾工作	感谢背景调查协助者付出的时间和给予的评述,洲际酒店集团对候选人遵循一个全面的筛选过程,而此次背景调查只是诸多考虑因素中的一项

在洲际酒店集团中,针对背景调查的对象与被面试者的关系,会提出不同的问题,朋友同事的关系会问:被面试者的优势是什么,是如何具体体现的;哪些地方改善会对他更有帮助等。前任上级的关系,会问一些假设性的问题:既然那么积极推荐被面试者,如果有其他合适的工作机会,会不会选择被面试者,若选择的话,原因是什么。这是在访谈中得到的具体应用情况。

(7)洲际酒店集团引领商旅客群新消费趋势:全国首家逸衡酒店 2020 年初试运营。目前逸衡酒店在华拥有 12 家在建酒店。在实践中,酒店重视塑造宾客体验和推动规模发展上的行业领先地位。其中南京长江之舟逸衡酒店作为 2020 年世界室内田径锦标赛配套服务酒店于 2021 年正式开门迎客,成为全国首家开业的逸衡酒店。越来越多的旅行者正在重新审视自己的生活方式,并开始在当今超负荷运转的文化中将健康放到首位。席卷全球的新冠肺炎疫情让人们更加关注如何在旅途中保持健康的生活习惯;健康旅行的蓬勃发展,反映了消费者对积蓄能量、恢复活力、焕活身心、保持健康平衡的更高需求。

洲际酒店集团中国首席发展官孙健表示:"洲际酒店集团与中国酒店业共同成长,且在华持续加大投入力度。我们既拥有作为成熟国际酒店集团的全球经验,又具备对本土市场深刻洞察的中国智慧,将逸衡酒店这样代表中国消费者需求趋势的新品牌引入中国正是一例明证。"

逸衡品牌聚焦消费者健康饮食、舒心睡眠、随心运动、成就高效。舒心睡眠:逸衡酒店的舒心睡眠体系助宾客放松身心、积蓄能量、焕活一新。随心运动:从"活力馆"到客房健身区,宾客总能在逸衡酒店找到适合自己的运动方式,逸衡的员工也深谙运动之道,可以帮助宾客轻松收获自在随心的运动体验。健康饮食:逸衡酒店提供丰富多样、美味与健康均衡的缤纷美食，在白天为宾客充能焕活，在夜晚助宾客休憩放松。成就高效：逸衡酒店提供舒适亮丽的公区和客房环境，助宾客高效完成工作。为庆祝新品牌进入中国，逸衡酒店推出了"元气体验官"限时招募活动，在品牌官方微博和洲际酒店集团微信活动页面评论区分享差旅小贴士，就有机会入住南京长江之舟逸衡酒店，感受元气满满的健康旅行新体验。在展会现场，逸衡酒店品牌引入动感单车、瑜伽垫、健身球等设计在酒店客房中的运动器材，诠释其品牌定位与理念：帮助崇尚健康生活方式的国内商务人群，在商务旅行与健康生活中找到完美平衡。随着年轻人对品质消费的需求提升，生活方式酒店因其基于住宿场景创造增量价值，在中国酒店市场竞争日益激烈的当下，成为酒店管理公司差异化竞争的法宝。以洲际酒店集团为例，除了逸衡酒店品牌，还曾先后将分别定位于高端及奢华的两个生活方式酒店品牌英迪格酒店和金普顿酒店及餐厅引入中国。

除了紧跟消费需求趋势，洲际酒店集团还及时深挖存量设施的空间价值，引领酒店业发展要素创新。在展会上展示了假日酒店对公区空间设计的最新改良，如在大堂公共区域，共享办公设施与家庭活动休憩空间充分融合，满足了国内消费者对商务及休闲的不同需求。

特许经营成就"智选速度"：平均每周至少开业一家酒店。随着中国酒店市场成熟度逐步提高，特许经营模式成为洲际酒店集团在华发展的重要增长引擎，不光持续受到本土业主青睐，也让酒店在落地效率、运作模式和经营效果等方面持续获益。例如，智选假日酒店在 2019 年第三季度开业了 16 家，平均每周至少开业一家酒店，该品牌在中国开业酒店总数也增至 167 家。

在洲际酒店集团为中国市场度身打造的"特许经营"模式下，落地效率的提高让业主切实收益，同时落地质量也有严格保障。对业主来说，一方面，酒店开业周期越短，也就能越早收到投资回报；另一方面，通过特许经营掌握了财务和采购的主导权，在酒店经营中更有把控力，而洲际酒店集团委派的总经理及专门针对特许经营酒店的本土支持团队，也极大提升了酒店运营管理质量与效益。对客人来说，这也能够保证其在特许经营酒店的住宿体验，与其他模式酒店无任何差别。

三、未来之路

人才是企业的第一资源，也是酒店的真正灵魂。洲际酒店集团非常重视人才的培养，并有独特的人才培训方式进行选人用人。假日集团作为洲际酒店集团的前身，实际上，1968 年就创建了假日旅馆大学，用来专门培训酒店管理人员。每位假日酒店的总经理或高级经理必须在大学内修读为期两周的训练课程，学完之后还要再返回大学参加两周的课后研习班及每年的复习研究班，以使他们的管理水平不落后于他人。正是这脚踏实地、一步一个脚印的实干，洲际集团创建了良好的人力资源管理机制，积极推动着洲际酒店集团的不断发展，可谓前景无限。近年来，洲际酒店集团进驻中国后，对洲际酒店集团在华企业员工的培训也有着自己独特的设想和规划。2006年，洲际联合上海大学与澳大利亚等高校合作办学，建立了洲际英才培养学院。除了教授专业知识，还为学生提供在洲际酒店集团旗下充足的实践时间；不定期的4~8周短期培训，则分别专注于酒店前厅、客房以及餐饮部门的专业技能培训。上海商学院的"洲际订单班"就是一个很好的例子。洲际酒店集团中国资深培训总监表示，集团建立了全新雇主价值主张：一是支持每位员工成为完整的、独特的自己，在工作场所感到被重视、被欢迎、被尊重；二是为每位员工提供学习、成长以及职业发展的空间；三是希望每个人都有机会在业务上有所作为，为客人、社区、环境以及为彼此创造美好。

洲际酒店旗下拥有众多的品牌，这使该公司能够很好地分散其面对的风险，并且能够相对容易地发展各个独立的品牌。洲际酒店集团始终以客户的需求为中心，根据观察到的客户实际需求去改善和创新自己的服务，打造自己独特的品牌。洲际酒店集团旗下的各个品牌面向不同的消费群体，各有特色，差异化的经营模式保证了其在客户心目中的地位，能够在一定程度上抵御其他酒店的竞争。洲际酒店集团十分重视自己品牌的保护，最大限度地降低发生错误行为的可能性，这使其处于不败之地。

洲际酒店集团以它独具慧眼和过人胆识，不断捕捉人们需求动态，深挖行业广度和深度，建立多元化、针对性的发展路径，并依据市场需求调整和优化现有品牌结构。洲际酒店集团希望利用其强大的全球性分销网络和系统，品牌优势、规模优势及企业文化优势，缩短中国饭店业与国际水平的差距，成为目前全球最大及网络分布最广的专业酒店管理集团的引领者。洲际酒店集团将在不同国家、不同文化和不同语言的环境下，实现统一的硬件标准同时又不失地域特色。洲际酒店集团旗下既有像快捷假日酒店这样的中端品牌，也有像皇冠假日酒店这样的高端品牌，还有洲际酒店这样的奢华品牌，引领商旅客群新消费趋势。

洲际酒店集团在中国的迅速发展适时地满足了国际国内旅客进入中国市场的增长需要。据世界旅游组织预测，前往中国的游客人数将以每年8%的速度增长，居全世界首位。2022年6月9日，作为全球领先的国际酒店集团，洲际酒店集团喜迎6000家开业酒店，并揭晓"洲际6000俱乐部"。作为率先进入中国市场、同时也是最为领先的国际酒店集团之一，截至2021年，洲际酒店集团在中国已拥有500家开业酒店，另有400余家酒店在建。标志着集团发展的又一重要里程碑，为宾客提供丰富多元的旅行体验。洲际品牌不断开拓全新旅行目的地，足迹遍布寰宇。从传奇的历史经典酒店，地标性的城市酒店，到令人沉醉的度假村，洲际酒店集团将世界各地的文化习俗与当地知识相融合，越来越多的创新即将展现，我们坚信：洲际的明天会更加美好。

The Success of IHG："The Way of Management，Only in the People"

Abstract：This case focuses on the recruitment mode and method of IHG. Through the introduction of the human resource management planning of IHG and the sorting out of the recruitment and employment process of the enterprise，it analyzes how the enterprise forms the suitable recruitment paradigm according to the strategic environment and its own characteristics. In this process, the existing problems and challenges are found and summarized, and suggestions on the application optimization of recruitment methods are put forward accordingly, so as to form the management innovation of recruitment and help enterprises to obtain the competitive advantages of human resources.

Key Words：Recruitment Mode；Job Analysis；Talent Management System；Intercontinental Hotels Group

案例使用说明篇

"数"启"锦"程——锦江国际开启全方位酒店业数字化改革之路

一、教学目标与用途

1. 适用课程和对象

本案例主要适用于《酒店运营管理》《酒店战略管理》等课程，适合具有工作经验的学员和管理者，也适合酒店管理各本科生、研究生的相关课程。

2. 教学目标

本案例介绍了在新冠肺炎疫情防控期间凭借对数字化转型战略的前瞻性布局的锦江酒店基于"一中心、三平台"的战略，开启了全方位数字化转型之路，获得卓越的竞争优势的过程。通过介绍该酒店如何借助各个技术公司搭建基于客户服务、人力资源管理、财务管理、行业采购等数字化线上平台，帮助酒店降低成本，引起学生对数字化转型的重要性重视，并希望在案例分析和讨论的过程中达到以下学习目标：①理解数字化转型的特征；②掌握迫使企业进行数字化转型的因素；③总结出数字化转型能够解决的问题以及为企业带来的好处。

（1）核心知识点。企业进行数字化转型实施过程中应该如何进行战略设计、资源匹配以及获取从上到下的组织配合。

（2）具体知识点。①如何开展数字化转型？②酒店行业的哪些业务需要进行数字化转型？③数字化转型可以帮助酒店企业解决哪些问题？④酒店企业是否拥有技术后期落实数字化转型的能力？⑤结合本案例的具体内容，探讨如何全方位地开展酒店数字化转型。

二、启发思考题

围绕教学目标，本案例设置如下的启发思考题：
- 什么是数字化转型？
- 为什么酒店业要进行数字化转型？锦江国际展开数字化转型的驱动因素是什么？
- 酒店业开展数字化转型需要哪些支持？锦江国际的数字化转型有什么特征？
- 酒店业如何开展数字化转型？锦江国际是如何制定战略支持酒店进行数字化转型的？
- 酒店业开展数字化转型后期实施过程会遇到哪些问题？锦江国际通过数字化转型获取了哪些竞争优势？

三、分析思路

授课教师可以根据授课过程的目的来展开分析。从数字化转型的基本框架出发，结合案例中分析锦江国际如何开展全方位的数字化转型，为企业降低成本、提高效率、促进增长，形成竞争优势这一过程展开。

案例分析的过程可以依据图1来进行展开，根据案例中提出的问题，逐步了解到企业如何开展数字化转型，结合锦江国际酒店实行的全方位数字化转型改革之路，展开对相关问题的讨论与思考。

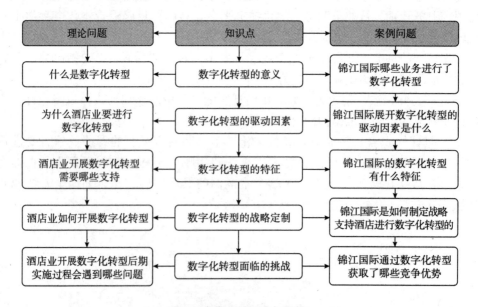

图1　案例分析思路与逻辑

四、理论依据

战略转型理论认为，企业的战略发展过程就是不断对内外条件变化进行动态平衡的过程。当企业外部环境尤其是所从事行业的业态发生较大变化时，或当企业步入新的成长阶段需要对生产经营与管理模式进行战略调整时，或以上二者兼有时，企业必须对内外条件的变化进行战略平衡，选择新的生存与成长模式，即推动企业发展模式的战略转型。在全球经济一体化、数字化和信息化的大背景下，环境变化的裂变效应比过去更加剧烈，这种快速多变的环境使在原有企业战略管理理论指导下的企业变得无所适从，从而进一步催化了对战略转型的研究。

企业转型是指企业长期经营方向、运营模式及其相应的组织方式、资源配置的整体性转变，是企业重塑竞争优势、提升社会价值，达到新的企业形态的过程。在世界发展风云剧变的当下，拉里·博西迪和拉姆·查兰曾言，"现在，到了我们彻底改变企业思维的时候了，要么转型，要么破产"。企业转型是一种根本性的、质的、剧烈的变革，是一种范式转换，是一种对自我认知方式的彻底转变，包括管理理念、思维方式和价值观等的彻底变革，并随着企业战略、结构、行为方式、运行机制等的全方位变革。企业转型是企业的一次再生，是一种寻求最佳效果的努力，但这种努力并不总是成功的。

1. 什么是数字化转型

由于不同的公司对待数字化转型看法都不同，因此很难确定适用于所有人的定义。一般而言，人们将数字化转型定义为将数字技术集成到业务的所有领域，从而对企业的运营方式和向客户提供价值的方式产生根本性的改变。除此之外，这是一种文化变革，要求组织不断挑战现状，经常进行试验，并适应失败。这意味着放弃公司建立在其基础上的长期业务流程，转而采用仍在定义的相对较新的实践。

数字化转型计划的范围通常很广，可能需要对组织的各个方面进行检查和重塑，从供应链和工作流程，到员工技能组合和组织结构图，再到客户互动和对利益相关者的价值主张。

成功的数字化转型带来持续的业务收益：数字技术和流程使组织能够在当前和随着需求的发展而熟练地响应客户需求。数字化转型还构建了利用快速发展的技术所需的基础设施和技能，这些技术可以赋予竞争优势。

数字化转型战略使组织能够在技术是关键经济驱动力的未来生存和发展。

2. 什么是数字化转型驱动力

信息技术的创新发展能催生组织变革（杨蕙馨和张金艳，2019；段妍婷等，2021）。权变理论指出，新技术的应用对组织提出了新的要求，组织的运作模式必须进行合理调整以适应新技术的要求（Woodward，1958）；制度理论则认为，组织自动化和通信效率的提升所引起的模式变革，需要从组织制度的重构开始（Greenwood et al.，

2017）。此外，众多学者还从运营与组织绩效、认知与学习、虚拟团队与组织等不同视角论证了信息技术进步对组织变革的影响（Rothaermel and Hill，2005；Kane and Alavi，2007；Schinoff et al.，2020）。

技术快速收集、生成、分析和传输数据的能力是数字化转型的主要驱动力。人工智能（AI）、云计算、移动技术、社交媒体平台和下一代技术，如物联网、边缘计算和机器人流程自动化（RPA），极大地提高了我们获取信息的速度。

亚马逊、Airbnb、Uber等数字领导者在市场上应用这些技术已经改变了人们期望的产品和服务类型。例如，消费者希望公司能够快速做出反应，并获得他们需求的产品和服务。他们也开始期待直观、易于使用的界面，而且他们通常更喜欢可以在任何设备上随时进行的数字交互。

影响消费市场的相同技术也正在改变工作场所，例如，通过自动化来简化业务流程。

3. 数字化转型的目标是什么

在信息赋能的作用方式上，Dewett 和 Jones（2001）认为，通过信息技术的有效监测能加强对组织运作的管控职能，信息技术实现了控制权的强化与集中（Bloomfield and Coombs，1992），信息技术越发达，实现信息传递的成本越低，组织决策的有效性也越强（Jensen and Meckling，1992），业务功能模块化、组织结构扁平化的趋势也就越明显（Kim et al.，2015）。

数字化转型使组织能够更好地为其主要利益相关者服务：客户、员工、合作伙伴和股东，并且将基于计算机的数字技术运用到企业业务运营与管理中，有助于组织：加快新产品和服务的上市速度；提高员工生产力；提高对客户要求的做出反应的速度；更深入地了解个人客户，以更好地预测和定制个性化产品和服务；改善客户服务，尤其是在提供更直观和更具吸引力的客户体验方面。

4. 数字化转型过程中需要哪些技术

技术既推动了数字化转型的需求，又支持了组织的数字化。尽管没有单一的应用程序或技术能够实现转型，但有几种技术对企业进行数字化转型过程起到了至关重要的作用：

（1）云计算，使组织可以随时随地更快地访问其软件、新功能和更新以及数据存储。

（2）商品化信息技术，使组织能够将投资资金和人力资源集中在IT定制上，使其在市场上脱颖而出。

（3）移动平台，使工作可以随时随地进行。

（4）机器学习和人工智能，在综合数据程序的推动下，为组织提供洞察力，以便围绕销售、营销、产品开发和其他战略领域做出更快、更准确的决策。

（5）自动化，如RPA，它部署的机器人可以比人类更快、更准确地处理平凡、重复的任务，人类可以从这些任务中解放出来，从事更高价值的工作。

其他新兴的转型技术可帮助组织更快地行动、更高效地工作并创造新的产品和服务，包括区块链、增强现实（AR）和虚拟现实（VR）、社交媒体、物联网和边缘计算。

5. 企业如何制定数字化转型战略

成功的转型始于阐明如何利用基于计算机的数字技术来实现基于组织自身数字业务模式的战略目标的愿景。实施尖端技术，虽然它们是很有前途的，但如果不了解它们如何为组织及其客户带来投资回报（ROI），则不会导致转型。Forrester Research 分析师 Nigel Fenwick 表示："每家公司都需要一个围绕未来数字能力构建的可靠业务战略。"每个组织都必须有自己的成功愿景，但以下是每个组织在制定数字化转型战略计划时应采取的步骤：

第一，了解市场和组织在其中的位置，以及现有的和潜在的客户。

第二，分析市场走向，以便组织能够预测数字化颠覆的潜力，以及它如何成为颠覆者，而不是被其他人颠覆。

第三，通过内部评估和外部研究确定现有和潜在的价值主张。

第四，制定组织未来的愿景，包括其产品和服务应如何发展以满足客户的需求和期望。

第五，创建一个数字化转型路线图，提供一种从当前状态转变为未来状态的方法。

作为该战略规划的一部分，高管应评估组织的现有能力——从员工技能到现有 IT 堆栈，明确需要哪些额外能力并制订获得这些能力的计划。组织领导者将需要利用许多传统学科（如项目管理）、新技术（如敏捷方法），以便成功地将他们的组织、文化、人员和技术带入未来。

企业进行数字化转型并非一蹴而就。专家们一致认为，组织必须持续评估其数字化转型过程和战略，并对其进行调整，进而最大限度地提高业务价值。

6. 数字化转型能够为企业带来什么好处

科学技术（特别是颠覆性技术）通常被视为变革创新的突破口，应用该类型技术能使企业在激烈的市场竞争中脱颖而出（Hopp et al.，2018）。Christensen 和 Bower（1996）、Wu 等（2010）、Dixon 等（2014）、Nieuwenhuis 等（2018）认为颠覆性技术具有主流技术不具备的新功能，企业可以凭借颠覆性技术创造出新的产品或服务，从而获得竞争优势。

数字化转型使组织能够在这个数字时代取得成功：这是数字化转型最大的好处。对于企业来说，这种成功意味着更高的收入和更大的利润。对于其他类型的组织，如非营利机构，他们成功实施的数字指标使其能够更好地为利益相关者服务。

尽管数字化转型的最终好处是未来的生存和实力，但转型计划为组织带来了许多其他优势。它们包括以下内容：

（1）提高效率和有效性，因为人工智能和 RPA 等技术的实施提高了工人的生产力，减少了错误并加快了上市时间速度。同时，数字技术支持的业务流程改进，进一步提高了生产力和业务节奏。

（2）改善与客户、员工和业务合作伙伴的互动，因为组织能够更好地处理数据以做出更明智、更准确的决策并预测其不同利益相关者的需求。

（3）随着组织的文化和能力转变以支持持续的变化，对不断变化的市场具有更高的敏捷性和响应能力。

（4）增强创新能力，作为更灵活的劳动力和更新的技术能力支持和鼓励实验，同时也能规避风险。

这些好处有助于推动持续的转型，因为自动化使员工能够转向更具创新性和更高价值的工作，而更高的敏捷性使组织能够更好地识别机会并将资源转向抓住它们。

7. 企业进行数字化转型面临哪些挑战

在 Gartner 的 2020 年报告中发现，虽然 91% 的组织正在进行某种形式的数字化转型，并且 87% 的高级商业领袖表示数字化是优先事项，但"只有 40% 的组织已规模化地进行数字化转化"。

Group 发现 78% 的企业在数字化转型计划中失败，主要原因有：员工缺乏敬业度、管理层支持不足、跨职能部门不能协作、缺乏问责制度、数据安全存在隐患、受到预算的限制、现有人员缺乏专业的技能和知识等、数字化思维没有融入企业文化。

对于不是"天生数字化"的公司来说，最大的数字化转型挑战之一是遗留系统和应用程序——不支持数字化计划但不易被取代的旧技术。如果领导层拒绝支付更换旧技术的费用，或者未能获得必要的执行和董事会层面的支持来投资技术改造，那么数字化转型就不太可能发生。

8. 数字化思维融入企业文化的重要性

建立数字化转型文化经常被认为是从事转型变革的组织最重要的一项任务。领导者需要创造一种组织文化，在这种文化中持续改进，使利益相关者对持续变化持开放态度。每个人都必须愿意识别并放弃过时和无效的流程，并用更好的方法取而代之。

然而，大多数组织都在努力建立一种能够支持转型的企业文化。调查研究发现，虽然数字化转型已成为"所有组织的当务之急"，但只有 48% 的企业在跨业务职能部门达成协作共享资源，只有 49% 的企业投资了与数字化相关的技术和引入相关的人才。

如果不关注这些关键要求，一个组织最终可能会使用现代技术来实现更高效或有效的流程，如订购原材料、盘点或处理付款，而不会真正改变组织的运作方式，它必须做些什么向其利益相关者提供其为所有相关人员创造的价值。

9. 数字化转型所需的团队或人才支持

根据 Metrigy 首席执行官兼首席分析师 Robin Gareiss 的说法，建立合适的团队是成功的数字化转型战略中最重要的组成部分。这项工作"始于优秀的领导者——通常是具有预算、影响力和受人尊重的首席高管"。首席执行官（CEO）通常会任命负责数字化转型计划的人。在某些公司，这可能是首席数字官（CDO）或专门聘请从事数字化转型的人，或者该项目可能是首席信息官（CIO）、首席技术官（CTO）或首席运营官（COO）的责任，除了其他职责外，他们还带头开展这项活动。Gareiss 在关于如何建立数字化转型团队的建议中描述的其他关键角色包括：

（1）业务技术联络人——他们了解商业模式、客户体验问题和技术战略；

（2）传播者——高技能的沟通者，他们产生兴奋并找到资金；

（3）财务利益相关者——这些通常是首席高管；

（4）项目经理——他们制订详细的项目计划，保持项目运行并发出时刻监控风险；

（5）营销人员——他们在内部和外部向客户和股东宣传数字化转型的好处；

（6）项目带头人——IT 领导关注技术安装，流程领导关注变更管理。

IT 团队处理大量与支持和推动计划的技术的选择、实施和管理相关的工作。致力于数字化转型计划的 IT 团队必须能够快速创新、测试、部署和扩展项目。

数字化转型的关键 IT 专业人才包括云平台设计师、数据分析师、数字产品经理、信息安全维护人员、负责系统整合的人员和用户体验工程师。

10. 如何衡量数字化转型的投资回报率

衡量数字化转型的投资回报率的步骤如下：确定支持组织数字化转型战略的特定计划的目标或目的；确定主动交付的组件和相关成本。明确数字化转型的指标，使用这些指标与成本进行比较，以确定组织转型过程中各个点的投资回报率。

五、案例分析

1. 锦江国际进行数字化转型的主要业务

锦江集团深谙要紧紧抓住此次数字化转型的红利，不仅更新迭代线下实体酒店场景的智能设备，还要逐步打通组织从财务、销售、客服到采购等各个环节，在酒店集团的各个场景内开展数字化转型，按照"基因不变、后台整合、优势互补、共同发展"16 字方针，引入"互联网+共享经济"理念，通过数字化转型的手段加快打造"一中心、三平台"，即锦江酒店全球创新中心和 WeHotel 全球旅行产业共享平台、全球统一采购共享平台、全球酒店财务共享平台，此外与华为等科技公司合作，实现从客户端到人力资源、财务乃至行业全方位数字化转型，助力推进全球酒店资源整合，力争对标国际一流，努力建设成为世界知名酒店管理集团。

2. 锦江国际展开数字化转型的驱动因素

促使酒店行业开展数字化转型的因素分为内在因素和外在因素。

内在因素：传统酒店行业租金成本不断攀升，人力成本不断上涨，产品同质化严重、组织内部数据分散，办事缺少标准化。采用酒店数字化可以帮助酒店利用"节约成本、改善管理、提升体验"等转型优势，提升品牌的差异化竞争力。酒店数字化已经成为酒店业的发展趋势，成为酒店业新的增长点。

外在因素：新冠肺炎疫情的暴发，导致很多企业不能正常运行，尤其是酒店业和旅游业，大量相关的员工失业或者待工。疫情常态化后，各个行业都开始着手数字化转型，酒店业也在此之列，开始着手推出无接触入住、智能客房等服务，打通酒店线上及线下业务，创造出有核心竞争力的产品，维护忠诚度高的客户。面对困境，酒店行业的选择无非是开源节流，提高效率就是尽最大可能去开源节流。

3. 锦江国际数字化转型的特征

锦江国际开展的一系列数字化转型，逐步完成了客户服务数字化、财务处理在线化、人事流程在线化、全球采购平台化。具体说来：锦江国际与华为合作，成立了锦江 WeHotel，构建"上云"解决方案，提升酒店网络稳定性、提高酒店日常交付的效率；与丰沃科技合作，利用 Udesk 系统实现了客户服务不受时间空间限制，随时随地为客户提供咨询服务，节约成本的同时最大程度地提高客户满意度；与销售易合作，利用数字化平台开展酒店相关的业务，实现了"管理—营销—服务"的数字化，促进酒店业绩的提升，助力酒店营销的电子化转型；与"易路"合作，建立了一套标准化的"锦玉人才体系"和"锦程人才管理系统"，人事管理过程数字化、标准化、流程化；与埃森哲合作，建立了专业的财务共享平台，实现财务账流程实现自动化和标准化，极大降低错误和欺诈的风险，提高工作效率；打造一站式生活服务平台——锦江在线，开展"新模式、新地点、新团队、新产品"，拓展酒店的增值服务，新环境下更好地满足客户需求。

4. 锦江国际支持酒店进行数字化转型的战略

（1）领导者嗅觉敏锐：技术手段的不断升级，尤其是外在环境不断推动行业进行数字化转型，锦江国际的管理层"因疫思变"，积极寻求新技术进行革新，灵活采用能够为企业带来更多发展的技术和方法，从上到下地开展数字化转型的工作，并逐渐融入到企业文化中。

（2）战略制定目的明确：锦江国际从客户服务、财务、人事流、采购、营销等各个方面有序地开展数字化转型，明确数字化的目的，重新调整各项工作的模式，成功地降低了成本，提高了效率。

（3）数字转型紧跟愿景：锦江国际一直以来都是力争对标国际一流，努力建设成为世界知名酒店管理集团，锦江集团深谙要紧紧抓住此次数字化转型的红利，紧跟"基因不变、后台整合、优势互补、共同发展"的方针，引入"互联网+""平台经济""共享经济"等数字化手段，迅速打造"一中心、三平台"，助力推进全球酒店资源整合。

（4）积极合作寻求共赢：锦江国际与华为合作，成立了锦江 WeHotel，构建"上云"解决方案；与丰沃科技合作，为客户提供咨询服务；与销售易合作实现了"管理—营销—服务"的数字化；与"易路"合作，设立了一套标准化的"锦玉人才体系"和"锦程人才管理系统"；与埃森哲合作，建立了专业的财务共享平台，积极开展"新模式、新场景、新组织、新服务"，拓展酒店的增值服务，新环境下更好地满足客户需求。

5. 锦江国际通过数字化转型获取的竞争优势

通过数字化转型，锦江国际现有客户关系得到了强化，扩大了会员规模，增加了用户留存率和复购；能够满足数字化环境下消费者的各种需求；提升客户和员工的数字化体验；创新数字化的商业模式，可以依托数据进行决策，提升了核心竞争力，促进酒店规模化数字化转型发展。

六、关键要点

1. 关键点

（1）了解数字化转型的概念等基础知识。

（2）通过阅读案例了解锦江国际酒店的基础上，分析锦江国际展开数字化转型的驱动因素、特征以及如何制定战略支持酒店。

（3）如有相关行业背景的学生可以与自身的经验相结合讨论案例中的问题。

（4）组织学生讨论酒店企业在数字化转型过程中可能存在的潜在问题。

2. 关键知识点

（1）数字化转型的定义。

（2）数字化转型的驱动因素。

（3）数字化转型的特征。

（4）数字化转型战略的制定。

（5）数字化转型带来的挑战。

3. 关键能力点

（1）对企业数字化转型概念理解与掌握能力。

（2）对数字化转型的驱动因素的分析与总结能力。

（3）对如何运营数字化转型战略的决策能力。

（4）对应对数字化转型后可能潜在问题的发散思维和应用所学知识解决实际问题的能力。

七、建议课堂计划

1. 课前计划

（1）准备工作：分发案例（含思考题），将学生分组，每组 5~6 人。

（2）课前要求：请学生认真完成案例阅读，并就思考题进行组内讨论。

2. 课中计划

（1）开课热场，引入案例主题（5 分钟）。

（2）随机抽选 2~3 名学生讲述案例概要（10 分钟）。

（3）组织开展案例教学，抛出问题，小组讨论，共同探讨（50 分钟）。

（4）带领学生一起归纳出本次课程的知识点，并形成体系（25 分钟）。

3. 课后计划

建议学生各组针对案例内容和整合学过的知识，总结一份有关该案例的思考心得或建议方案或活动策划，形式不限，字数不少于 1500 字，激发学生们的深度思考。

4. 板书设计

教师结合问题以及分析问题的思路来确定板书的内容：

第一页：列出主要问题。列举主要案例分析的主要问题，引导学生针对问题展开讨论。

第二页：总结性。数字化转型的知识点和具体案例事件，可以对数字化转型的特征、优势、挑战等进行总结。

第三页：案例分析的逻辑与框架。

参考文献

［1］石基信息 . 2022 年中国酒店业数字化转型趋势报告［R］，2022.

［2］段研婷，胡斌，余良，陈治 . 物联网环境下环卫组织变革研究——以深圳智慧环卫建设为例［J］. 管理世界，2021（8）：207-225.

［3］郝思 . 疫后转型，酒店业该怎样"粘住"本地客？［J］. 中国会展（中国会议），2020（12）：44-47.

［4］孟丹柠 . 酒店业客户信息系统研究［D］. 辽宁大学硕士学位论文，2019.

［5］杨蕙馨，张金艳 . 颠覆性技术应用何以创造价值优势？——基于商业模式创新视角［J］. 经济管理，2019（3）：21-37.

［6］艾瑞咨询 . 2021 年中国在线旅游行业研究报告［R］，2021.

［7］赵晓珊 . 数字化背景下我国酒店业的发展对策研究［J］. 营销界，2021（33）：30-31.

［8］Alrawadieh Z. , Cetin G. Digital Transformation and Revenue Management：Evidence from the Hotel Industry［J］. Tourism Economics，2021，27（2）：328-345.

［9］Bloomfield B. P. , Coombs R. Information Technology, Control and Power：The Centralization and Decentralization Debate Revisited［J］. Journal of Management Studies，1992，29（4）：459.

［10］Christensen C. M. , J. L. Bower. Customer Power, Strategic Investment, and the Failure of Leading Firms［J］. Strategic Management Journal，1996，17（3）：197-218.

［11］De Pelsmacker P. , Van Tilburg S. , Holthof C. Digital Marketing Strategies, Online Reviews and Hotel Performance［J］. International Journal of Hospitality Management，2018（72）：47-55.

［12］Dewett T. , Jones G. R. The Role of Information Technology in the Organization：A Review, Model and Assessment［J］. Journal of Management，2001，27（3）：313-346.

［13］Dixon T. , M. Eames, Brignell. Urban Retrofitting：Identifying Disruptive and Sustaining Technologies Using Performative and Foresight Techniques［J］. Technological Forecasting & Social Change，2014，89（11）：131-144.

［14］Greenwood R. , Oliver C. , Lawrence T. B. , Meyer R. E. The Sage Hand Book of Organizational Institutionalism［M］. London：Sage Publishing，2017.

［15］Hopp C. , D. Antons J. Kaminski, O. S. Torsten. Disruptive Innovation：Conceptual Foundations, Empirical Evidence, and Research Opportunities in the Digital Age［J］. Journal of Product Innovation Management，2018，35（3）：446-457.

［16］Jensen M. C. , Meckling W. H. Specific and General Knowledge, and Organizational Structure［J］. Contract Economics，1992（8）：251-274.

［17］Kane G. C. , Alavi M. Information Technology and Organizational Learning：An Investigation of

Exploration and Exploitation Processes [J] . Organization Science, 2007, 18 (5): 796-812.

[18] Kim Y. , Chen Y. S. , Linderman K. Supply Network Disruption and Resilience: A Network Structural Perspective [J] . Journal of Operations Management, 2015 (33): 467-487.

[19] Nieuwenhuis L. J. M. , M. L. Ehrenhard, L. Prause. The Shift to Cloud Computing: The Impact of Disruptive Technology on the Enterprise Software Business Ecosystem [J] . Technological Forecasting and Social Change, 2018, 129 (4): 308-313.

[20] Rothaermel F. T. , Hill C. W. Technological Discontinuities and Complementary Assets: A Longitudinal Study of Industry and Firm Performance [J] . Organization Science, 2005, 16 (1): 52-70.

[21] Schinoff B. S. , Asforth B. E. , Corley K. G. Virtually (in) Separable: The Centrality of Relational Cadence in the Formation of Virtual Multiplex Relationships [J] . Academy of Management Journal, 2020, 63 (5): 1395-1424.

[22] Verevka T V. Development of Industry 4. 0 in the Hotel and Restaurant Business [J] . IBIMA Business Review, 2019, 324071.

[23] Wu X. , R. Ma, Y. Shi. How do Latecomer Firms Capture Value from Disruptive Technologies? A Secondary Business Model Innovation Perspective [J] . IEEE Transactions on Engineering Management, 2010, 57 (1): 51-62.

[24] Valle C. , Rodriguez-Fernardez M. , Eblen-zajjur A. Spikes and Nets (S & N): A New Fast, Parallel Computing, Point Process Software for Multifunctional Discharge and Connectivity Analysis [J] . Neural Processing Letlers, 2020, 52 (1): 385-402.

"碳中和"酒店的绿色变革：
从建筑到内核

一、教学目标与用途

1. 适用课程和对象

《旅游消费者行为》课程中有关"消费者态度"的教学内容。本案例属于前沿理论型案例，难度适中，主要为酒店管理专业三年级本科生开发，也可以用于工商管理专业的高年级本科生、硕博研究生的战略管理相关课程教学。

2. 教学目标

案例拟以中国首家实现"零碳"价值观的酒店——Urbn Hotel 为例，描述酒店绿色产品的开发与消费者态度现状，剖析绿色营销策略对改变消费者态度的作用与影响，为学生提供来自旅游酒店行业的新鲜案例，帮助学生理解企业营销行为与消费者态度之间的联系，加深学生对消费者态度理论的理解，提升学生综合分析能力、批判思辨能力和团队协作能力。

具体而言，本案例教学目标包括三个层次，如表 1 所示。

表 1　案例教学目标

相关知识点	核心知识点	态度形成及态度改变
	具体知识点	ABC 态度模型
		态度形成的不同层级
		态度形成的过程
		态度改变的沟通模型
能力训练目标	核心能力	加深对态度组成、成因理解基础上，理解企业产品设计与营销组织的发展过程，使学生通过分析企业营销过程中的困境，提高企业营销中增进效果的能力
能力训练目标	辅助能力	准确识别企业的产品信息和消费者态度组成
		结合企业产品设计过程与消费者学习、态度成因，实现将态度模型在实践分析中应用的能力
		强化案例分析与过程沟通，培养学生的表达、思辨与团队合作能力

价值观念转变	核心观念	企业营销的核心在于产品，营销的过程是将产品通过媒介传送给消费者的过程。营销效果取决于消费者识别能力和态度形成的过程。分析并识别消费者态度组成、成因和层级，能帮助企业实现有效营销

二、启发思考题

> Urbn Hotel 的"绿色"表现在哪些方面？存在几个转折时期？
> Urbn Hotel 的零排放为什么没有得到顾客的支持？
> 低碳运营与奢侈消费之间的矛盾是如何化解的？
> 在全球低碳发展的趋势下，碳中和的酒店模式可以复制吗？

三、分析思路

本案例结合旅游消费者行为课程的教学目标，教学的设计思路是以酒店企业绿色产品升级过程、营销方式与消费者态度的关系入手，引导学生思考企业营销与消费者态度、行为的因果关联，以案例情节的多环节推演，激发学生在资料与数据中思辨与参与。具体来说，引导学生探讨消费者态度的三个基础问题（前三个思考题），分析企业营销与消费者态度的理论知识点。最后，结合一个开放问题（第四个思考题），通过分析 Urbn Hotel 持续发挥碳中和的未来布局，训练思辨能力。

本案例中设计逻辑主线如表2所示。

表2 案例设计逻辑主线

案例问题	理论知识	教学目的
Urbn Hotel 的"绿色"表现在哪些方面？存在几个转折时期	消费者态度形成的原因	理解消费者态度与学习的关系
Urbn Hotel 的零排放为什么没有得到顾客的支持	消费者态度组成 消费者态度形成的层级	理解态度的 ABC 模型和不同形成层级
低碳运营与奢侈消费之间的矛盾是如何化解的	消费者态度改变的沟通模型	掌握态度改变的沟通模型要素
在全球低碳发展的趋势下，碳中和的酒店模式可以复制吗		

四、理论依据与分析

1. Urbn Hotel 的"绿色"表现在哪些方面？存在几个转折时期

（1）出题目的：本思考题为案例基础题目，目的在于让学生理解消费者态度与学习的关系，出题目的包括两个方面：第一，引导学生快速理解和掌握案例情节与关键信息，梳理案例酒店发展进程；第二，引导学生理解消费者态度与学习方式有关，而消费者学习来自于企业的产品和营销推广，梳理这些信息将为思考题2和思考题3做好铺垫。

（2）知识点：消费者态度的形成。

（3）授课要点：介绍案例酒店的绿色产品设计特点与消费者态度的呈现，这一部分涉及的教学理论包括消费者的学习与态度形成原因（见图1和图2）。

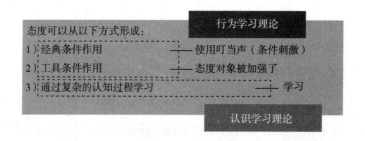

图1　消费者态度的形成原因

图片来源：作者绘制。

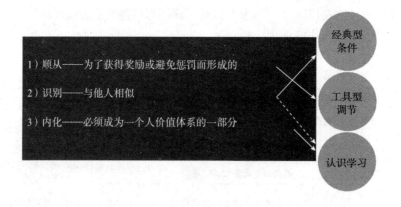

图2　消费者态度与外界学习的关系

图片来源：作者绘制。

（4）理论依据：消费者以几种不同的方式形成态度，具体取决于所起作用的特定效果层次。首先，由于经典条件作用，消费者可能会形成对品牌的态度：营销人员反复将非条件刺激物的态度对象与条件刺激物配对。其次，消费者可以通过工具条件形成一种态度：当我们消费态度对象时，营销人员会强化我们。另外，消费者的学习可能来自一个非常复杂的认知过程。

（5）案例分析：授课教师可先让学生充分阅读案例后，梳理案例酒店的"绿色"，即产品设计的升级过程，并梳理这个升级过程的具体转折。因为这些转折是企业产品、营销与消费者态度形成的过程。从企业测梳理产品线，便于学生了解企业行为与消费者态度形成的关系。

第一，Urbn Hotel 的"绿色"表现：授课教师可以通过案例中的内容，梳理出案例酒店的产品设计有哪些绿色元素，包括绿色酒店、零排放酒店、碳中和生活方式。

第二，Urbn Hotel 的"绿色"存在的转折时期。学生在分析这个问题时，容易忽略"转折"二字。授课教师需要强调酒店绿色产品的存在必要性，有市场的驱动和自我发展的驱动，结合案例中的信息，通过表格帮助学生梳理这一问题（见表3）。学生可以通过小组讨论的方式，从企业和消费者两方面分析产品升级转折的必要性，并通过不同时期产品特征进行描述。这一问题将为消费者态度形成分析提供详细的信息。消费者态度形成有来自认知学习和行为学习两种，通过企业侧和消费者侧来分析学习的不同方式。

表 3 Urbn Hotel 的"绿色"转折时期

时期	为何转折（企业侧/消费者侧）	消费者态度的形成分析
绿色酒店		
零排放酒店		
碳中和生活方式		

在各小组 15 分钟的讨论之后，授课教师依据学生的成果分享讲解内容，并与同学共同完成表 4。

表 4 Urbn Hotel 的"绿色"转折时期

时期	为何转折（企业侧/消费者侧）	消费者态度的形成分析
绿色酒店	企业：没有明确的商业模式，亦非独特的营销策略 消费者：价格过高	认知学习
零排放酒店	企业：产品设计、宣传集中于有限产品 消费者：感知低	行为学习
碳中和生活方式	企业：政策引导、吸引消费者融入、积极绿色营销 消费者：参与度高、改变价值观念	行为学习、认知学习

2. Urbn Hotel 的零排放为什么没有得到顾客的支持

（1）出题目的：本思考题在题目 1 的基础上，继续分析消费者态度的组成和形成层级，这是分析和研究消费者态度的核心内容。出题目的包括两个方面：第一，结合案例信息，进一步对应概念内涵，深化学生对消费者态度组成的理解；第二，引导学生分析消费者态度形成的层级，分析改变态度的难易程度，为下一问题做铺垫。

（2）知识点：消费者态度的组成和形成层级。

（3）授课要点：介绍案例酒店的消费者态度主要内容，这一部分涉及的教学理论包括消费者的 ABC 模型与态度形成层级（见图3）。

图3　消费者态度的构成层级

图片来源：Solomon M. R. Consumer Behavior：Buying，Having，and Being［M］．New Jersey：Pearson Prentice Hall，2011.

（4）理论依据：态度由三个部分组成：情感、行为和认知。情感描述了消费者对态度对象的感受，行为指的是消费者采取行动的意图，认知是消费者认为关于态度对象的真实情况。可以将态度的这三个组成部分称为态度的 ABC 模型。

ABC 模型强调知道、感觉和行为之间的相互关系。如果我们仅确定消费者对产品的认知（信念），我们就无法确定消费者对产品的态度。

消费者态度构成的层级包括三类型：

第一，标准学习层次。思考→感受→做：标准的学习层次假设一个人将产品决策视为解决问题的过程。首先，是积累有关相关属性的知识（信念）时形成对产品的信念。其次，评估这些信念并形成对产品的感觉（影响）。最后，会进行相关行为，例如当购买的产品提供了感觉良好的属性时。这种层次结构假设消费者在做出购买决定时高度参与。消费者有动力去寻找大量信息，仔细权衡替代方案，并做出深思熟虑的决定。

第二，低参与等级。做→感觉→思考：低参与度的效果层次假设消费者最初对一个品牌的偏好并不强于另一个品牌；取而代之的是，在有限的知识基础上行动，只有在购买了产品后才形成评价。这种态度很可能是通过行为学习产生的，因为好的或坏的经历会强化消费者最初的选择。这意味着我们对影响信念和仔细传达有关产品属性的信息的所有关注可能常常被浪费掉。无论如何，消费者不一定会注意他们在做出购买决定时更有可能对简单的刺激—反应的联系做出反应。

第三，经验层级。感觉→思考→做：根据效果的经验层次，我们根据情绪反应采取行动。体验视角强调无形的产品属性，如包装设计、广告、品牌名称和体验发生的环境性质，可以帮助我们塑造对品牌的态度。

（5）分析：这个案例题目中，授课教师需要引导学生梳理案例中的内容，找到消费者态度中认知、行为和情感的关键因素，完成态度组成的分析。

其次，在态度组成分析的基础上，要求学生依据案例情节推演，分析态度形成的层级，以小组进行讨论，10分钟之后分享讨论结果：

（1）标准学习层次：认知、情感、行为（说明理由）。

（2）低参与等级。

（3）经验层级。

3. 低碳运营与奢侈消费之间的矛盾是如何化解的

（1）出题目的：本思考题在题目1、题目2的基础上，深入分析消费者态度改变的沟通模型，这是改变消费者态度的核心内容。出题目的包括两个方面：第一，结合案例信息，进一步对应概念内涵，深化学生对消费者态度改变模型的理解；第二，引导学生梳理态度形成原因、组成与改变的逻辑过程，形成知识链的延展。

（2）知识点：消费者态度改变的沟通模型。

（3）授课要点：介绍案例酒店的改变消费者态度的沟通模型（见图4）。结合"劝说"沟通模型，梳理案例酒店管理者绿色营销的目标与实施过程，分析消费者态度的改变轨迹与原因。

（4）理论依据：沟通模型指定了他们需要控制的元素，以便与客户进行通信，其中之一是Source通信的来源。另一个是消息本身。信息有很多表达方式，信息的结构对消费者如何看待它有很大的影响。沟通模型必须通过一种媒介来传递信息，它可以是电视、广播、杂志、广告牌、个人联系方式，甚至是火柴盒的封面。接收者根据自己的经历解读信息。最后，消息来源收到反馈，以便营销人员可以根据接收者的反应来修改消息。

- 沟通模型
——指定了实现沟通所需的若干元素
- 来源：交流开始的地方
- 消息：消息本身的内容
- 媒体：如何传递信息
- 接收者：解释信息
- 反馈：必须由信息源接收

图4 "劝说"沟通模型

图片来源：Solomon M. R. Consumer Behavior: Buying, Having, and Being ［M］. New Jersey: Pearson Prentice Hall, 2011.

（5）分析：结合案例酒店的绿色营销实施过程，使学生分析"劝说"模型的应用。让学生在消费者态度与绿色营销的关系思考中，总结劝说模型介入前后的消费者态度变化，总结绿色营销对消费者态度改变的作用。

要求学生在案例情节中，完成沟通模型的要素描述、沟通模型成果的原因分析。①Source：政府政策引导、酒店文化故事。②Message：碳中和生活方式。③Media：官网 VCR。④Receiver：目标消费者。⑤Feedback：前台与网页。

4. 在全球低碳发展的趋势下，碳中和的酒店模式可以复制吗？

（1）出题目的：本思考题为开放题目，通过未来发展趋势来引发学生对碳中和酒店未来前景的思考，政策引导会为酒店开辟复制道路吗？

（2）理论依据：对商业模式（Business Models）的研究始于20世纪50年代，并从20世纪90年代开始逐渐成为管理学、经济学等重点学科的研究热点问题。商业模式的信息内涵丰富，包含着关于生产产品或提供服务的全过程基本元素（Mitchell and Coles，2003）。商业模式并非是各种元素的简单组合，而是企业在面对特定经营环境时所形成的一种业务逻辑。也就是说，商业模式不仅注重各项业务元素，更强调各元素间紧密的关联关系。Teece（2010）、吴晓波等（2021）从盈利观的研究视角出发，认为企业商业模式展现出了企业价值创造的过程以及机制设计。此外，特许会计管理公会、（CIMA）、国际会计师联合会（IFAC）、普华永道会计师事务所（PWC）曾联合发布《商业模式》，强调商业模式是企业在特定外部环境下对资源投入、经营过程、价值产出的一种综合性概括。

商业模式不仅限于企业自身分析，同时也注重经营环境的全局性理解。纵向维度上将分析的主体延伸到了上游供应商与下游需求方；横向维度上则强调市场竞争、行业发展等外部要素。同时，商业模式聚焦于企业价值创造与风险评估最核心的问题。商业模式虽然将分析的范畴由单个投资标的扩展到整体经营环境、由财务信息表征深入到企业经营实质，但并非是"事倍功半"的无用功。事实上，商业模式分析的核心始终围绕着财务投资决策的两大核心维度，即收益与风险。收益分析上，侧重实现收益的真实性、可持续性、成长性等；风险分析上，强调风险辨识、影响因素、对影响程度和概率的量化分析等。

（3）分析：活跃的开放性题目，可以通过辩论方式展开，引导学生从碳中和的酒店模式可复制和不可复制两方展开讨论。说明未来这一类型酒店的机遇与挑战，从企业和消费者、竞争者、替代品等视角分析这一问题。此题为开放题目，不设定固定标准答案。

五、关键要点

1. 关键点

（1）充分阅读案例后，梳理案例酒店的"绿色"，即产品设计的升级过程，并梳理这个升级过程的具体转折，分析得到企业行为与消费者态度形成的关系。

（2）梳理案例，找到消费者态度中认知、行为和情感的关键因素，完成 ABC 态度组成的分析。

（3）结合案例酒店的绿色营销实施过程，分析"劝说"模型的应用。总结劝说模型介入前后的消费者态度变化，总结绿色营销对消费者态度改变的作用。

2. 关键知识点
（1）态度形成原因。
（2）ABC 模型。
（3）态度形成不同层级。
（4）沟通模型。

3. 关键能力点
（1）对态度形成原因的理解与掌握能力。
（2）对态度组成和形成层级的归纳能力。
（3）对态度改变的沟通模型的综合分析运用能力。
（4）对开放性问题提出未来是否可复制的思辨能力。

六、建议的课堂计划

　　本案例教学的内容框架主要包括案例涉及主要知识点、知识点相关的问题思考和相对应的案例情节推演。

　　案例正文与启发思考题应在正式授课前一周内发放给学生，要求学生提前阅读案例材料，并结合个人理解对思考题展开初步分析。正式对思考题展开讨论前，授课教师应带领学生梳理案例情节。需注意的是，授课教师可先不对案例情节做阶段划分，以便学生根据自己的思路回答后续问题。

　　正式授课前，授课教师应事先设计分组（也可由学生自愿组队），每组 4~5 位学生为宜。在每组中自愿产生一位小组长，小组长的职责是组织思考题讨论、选派代表发言（授课教师应提前告知小组长的职责，以便把控课堂秩序）。

　　课程教学中，案例教学共计时 100 分钟，具体教学计划如表 5 所示。以案例情节推演的方式介绍案例背景，每个情节中带有课程章节知识点的回顾，并提出思考问题，在学生讨论总结后，继续代入案例情节的下一阶段推演。使学生在案例学习与问题思考过程中掌握知识点的应用与分析。

　　最后，通过思辨问题引发学生对企业营销行为的正面和负面影响思考，使学生更辩证、全面地看待问题，帮助学生树立科学的价值观和综合分析问题能力，在团队合作中提升沟通与协作能力。

表 5　教学计划安排

授课阶段	案例环节	思考问题	时间
授课前	1. 教学目标与教案设计 2. 课前资料搜集、预习与分组		

续表

授课阶段		案例环节	思考问题	时间
授课中：以案例引出知识点，引发学生兴趣	案例引入	基本信息介绍	提问学生资料收集的背景问题	10 分钟
	案例环节一	首家"零排放"的酒店不赚钱？		15 分钟
	案例环节二	绿色营销赚来消费者的口碑？		20 分钟
	案例环节三	除了影响客人，还要影响其他人？		15 分钟
	小组讨论与分享	抛出问题，学生分组讨论，并交流讨论结论		30 分钟
授课总结		案例总结与知识点回顾	学生提问与答疑	10 分钟
授课后		案例的拓展资料	网站平台讨论：互动答疑	

案例教学后，可以通过班级微信群和课程网站讨论区为本案例教学提供讨论与答疑，帮助学生课后继续思考与讨论。

参考文献

［1］Mitchell D., Coles C. The Ultimate Competitive Advantage of Continuing Business Model Innovation ［J］. Journal of Business Strategy, 2003 (24): 15-22.

［2］Teece D. J. Business Models, Business Strategy and Innovation ［J］. Long Range Planning, 2010 (43): 172-194.

［3］吴晓波，张馨月，沈华杰. 商业模式创新视角下我国半导体产业"突围"之路［J］. 管理世界，2021，37 (3): 123-136.

团队聚会，值得麻烦吗？

一、教学目标与用途

1. 适用课程和对象

本案例主要适用于《酒店前厅与客房管理》《客户关系管理》《市场营销》《酒店运营管理》《酒店收益管理》等课程中有关市场定位、客户关系和运营管理方面等章的教学相关的内容。本案例主要为酒店管理本科生相关课程设置，应注重课前相关理论的预习和资料的收集。另外本案例也可以为上海高等学校本科课程《基于客户类别的酒店接待综合性虚拟仿真实验》提供新思路新脚本，该实验项目也是《酒店前厅与客房管理》课程的一部分。

2. 教学目标

本案例主要介绍了团队客人在酒店运营管理中起到的作用、价值及接待团队客人的注意点，提升酒店收益等。通过讨论如何使该团队客人从预订、入住、在店和离店的四环节实现最优化，并且扩展知识到如何实现客人的忠诚度和如何提出酒店收益最大化策略，提升学生对于酒店运营各部门、各环节的深入了解，形成开放全面的思维模式，并希望实现以下教学目标：

（1）建立客户关系管理理念，提高客人忠诚度。

（2）理解前厅部与客房部、预订部及其他部门息息相关的特征。

（3）酒店接待过程中团队与散客需求比例问题和排房问题。

（4）学习沟通技巧，处理客户投诉，提高客户满意度。

（5）明确客户价值的重要性，掌握客户价值判断的关键因素，学会计算酒店收益和分析协调平衡问题。

具体知识点：

（1）客户忠诚度的定义、重要性及实现。

（2）团队预订的管理要点。

（3）团队入住和排房的注意事项。

（4）团队入住期间，如何处理客户投诉。

（5）收益管理的定义及基础指标。

二、启发思考题

➤ 为什么团队会再次选择这个酒店？酒店可以通过哪些举措培养客户忠诚度？

➤ 团队与市场部洽谈时，应该与哪些部门共同商议？需要有哪些考虑点？

➤ 团队入住时，需要做哪些准备工作？排房过程中需要哪些考虑？团队入住后，会对散客产生多少影响？

➤ 团队人数众多时，需要如何应对在店期间的需求及投诉？

➤ 如何判定客户的价值？这个团队能给酒店带来多少利润？如何调整才能达到酒店收益最大化？

三、分析思路

教师可以根据自身的教学目标灵活使用本案例。这里提出本案例的建议分析路径（见图1）。因此该案例可以用于《酒店前厅与客房管理》中对客服务章节、客户关系章节以及客人预订、入住、在店、离店的全流程管理中（见图2），其内容可以考查学生系统操作，对客交流沟通、处理问题的能力，以及团队合作的效率等，是前厅与客房管理课程中不可或缺的关键内容，学生通过案例研究，能够了解客人的多样性，酒店接待的复杂性，员工处理问题的合理性和部门运作的整体性。

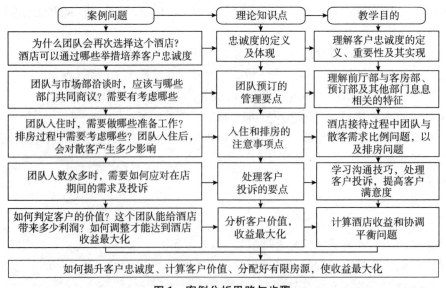

图1 案例分析思路与步骤

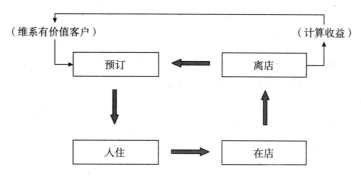

图2　酒店接待客户周期循环图

四、理论依据与案例分析

在案例讨论与分析前，教师应注意两个必不可少的环节：

第一，案例正文与启发思考题应在正式授课前一周内发放给学生，要求学生提前阅读案例材料，并结合个人理解对思考题展开初步分析。正式对思考题展开讨论前，授课教师应带领学员梳理案例情节。需注意的是，授课教师可先不对案例情节做阶段划分，以便学生根据自己的思路回答后续问题。

正式授课前，授课教师应事先了解学生的就业背景和专业背景，并提前设计分组（也可由学生自愿组队），保证每组学生的就业背景和专业背景不同，每组 3~4 位学生为宜。在每组中自愿产生一位小组长，小组长的职责是组织思考题讨论、选派代表发言（授课教师应提前告知小组长的职责，以便把控课堂秩序）。

1. 为什么团队会再次选择这个酒店？酒店可以通过哪些举措培养客户忠诚度

（1）理论依据。

1）客户忠诚度概念。客户忠诚是指客户一再重复购买，而不是偶尔重复购买同一企业的产品或服务的行为。奥利弗认为，客户忠诚就是对偏爱产品和服务的深度承诺，在未来一贯地重复购买，并因此产生的对同一品牌或同一品牌系列产品或服务的重复购买行为，不会因市场情景的变化和竞争性营销力量的影响产生转移行为。

推理到酒店行业，忠诚的酒店客户是每家酒店最基本的、可以信赖的客户，他们是酒店的产品或服务的长期、持续、重复的购买者，他们的忠诚也表明酒店现有的产品和服务对他们是有价值的。

有学者把客户忠诚细分为：行为忠诚、意识忠诚和情感忠诚。对酒店来说，如果只有意识忠诚或情感忠诚，却没有行为忠诚，也就是没有入住和消费的记录，那么就没有直接意义，很难从中获得收益或者收益是不确定的，只有当客人行为忠诚才能够给酒店带来实实在在的利益。因此，酒店并不排斥虽然意识不忠诚、情感不忠诚却行为忠诚的客户，因为他们实实在在地、持续不断地购买酒店的产品或服务，能帮助企业实现利润。

不过，酒店的管理者也应该清楚地认识到，意识不忠诚、情感不忠诚的客户将难以做到持久的行为忠诚。理想的"客户忠诚"是行为忠诚、意识忠诚和情感忠诚三合一，但同时具备行为忠诚、意识忠诚和情感忠诚的客户是难能可贵的，所以我们目前也只探讨行为忠诚。

2) 客户忠诚度的衡量指标。忠诚度是一个相对概念，也就是说它时刻在发生变化，客户对某酒店的忠诚度说明客户在购买同类酒店产品或服务时对某一个品牌光顾的比重高低，可以通过以下指标来衡量：

第一，客户重复来酒店的次数。客户重复购买的次数是指在一定时期内，客户重复购买某种品牌产品的次数。买的次数越多，说明忠诚度越高，反之则越低。

第二，客户支付费用。客户对某一品牌的实际支付费用与购买同类产品支付的费用总额的比值高，即客户购买该品牌的比重大，说明客户对此品牌忠诚度高。

第三，客户对价格的敏感程度。客户对价格都是非常重视的，但是每个客户对待价格变动的敏感程度是不同的。事实表明，对于喜爱和信赖的产品或服务，客户对其价格变动的承受能力强，即敏感度低；对于不喜爱或不信赖的产品或服务，客户对其价格变动的承受力弱，即敏感度高。因此，可以依据客户对价格的敏感程度来衡量客户对某品牌的忠诚度。对价格的敏感程度高，说明客户对该品牌的忠诚度低；对价格的敏感程度低，说明客户对该品牌的忠诚度高。

第四，客户挑选时间的长短。客户购买都要经过对产品的挑选，但由于信赖程度的差异，对不同品牌的挑选时间是不同的。通常，客户挑选的时间越短，说明其对该品牌的忠诚度越高；反之，则说明其对该品牌的忠诚度越低。

第五，客户对竞争品牌的态度。一般来说，对某种品牌忠诚度高的客户会自觉排斥其他同类型品牌的产品或服务，因此如果客户对竞争品牌的产品或服务有兴趣并有好感，那么就表明其对该品牌的忠诚度较低；反之，则说明客户对该品牌的忠诚度较高。

第六，客户对产品质量的承受能力。任何服务或产品都有可能产生质量问题，如果客户对品牌忠诚度较高，当出现质量问题时，通常他们会采取比较宽容、谅解和协商解决的态度，不会因此失去对产品或服务的偏好；相反，如果客户对品牌的忠诚度较低，当出现质量问题时，他们会深感自己的正当权益被侵犯了，从而产生不满情绪，甚至会通过法律方式进行索赔。

3) 实现客户忠诚方法。企业必须通过建立激励忠诚和约束流失的机制，双管齐下，这样才能实现客户忠诚。

第一，实现客户满意最大化。客户越满意，忠诚的可能性就越大，而且只有最高等级的满意度才能实现最高等级的忠诚度。可见，企业应当追求让客户满意，甚至完全满意。

第二，奖励客户的忠诚。希望让某人做某事，如果他可以从中得到一些好处，那么他会积极主动地做这件事，而用不着别人引导或监督。同样道理，企业要赢得客户忠诚，也要对忠诚客户进行奖励。

第三，增强客户的信任与感情。一系列的客户满意会产生客户信任，长期的客户信任会形成客户忠诚，企业要建立高水平的客户忠诚还必须把焦点放在赢得客户信任上。只有持续不断地增强客户对企业的信任，这样才能获得客户对企业的永久忠诚。

第四，提高客户的转换成本。虽然是一个比较负面的方法，却也是一个非常有效的办法。如果客户在更换品牌或企业时感到转换成本太高，或者客户原来所获得的利益会因为更换品牌或企业而损失，或者将面临新的风险和负担，就可以加强客户的忠诚。例如，企业可以通过与客户签订协议或合同的方式来提高客户的转换成本，那么一般情况下，在协议有效期内客户将不会轻易违约、断交，否则他将按照合作协议的违约条款承担责任。

第五，增加不可替代性。个性化的产品或服务或者超强的便利性是客户关系发展到一定程度时客户的必然要求，一个企业如果不能满足客户的这种要求，将始终无法成为客户心目中最好的企业，也就不能成为客户唯一、持久的选择。因此企业要创造独特的、不可轻易被替代的产品或服务。

（2）案例分析。

从该案例中可以思考一些问题，维护客户忠诚度的重要性有哪些？为什么这个庞大的印度团会率先选择该酒店，它的忠诚度体现在哪里？酒店又做了哪些措施来增加客户的忠诚度？

酒店卓越的管理所创造出的酒店品牌和形象是吸引、维护顾客的重要原因，这也是影响顾客情感、提升忠诚度的关键因素。有效的酒店管理能够最大限度地发挥酒店品牌的传播作用，客户将酒店所发生的难忘故事形成品牌的情感，并以此进行自主的品牌宣传，能够达到品牌信任度影响的直接效果。这种具有经济价值的无形资产，可以为酒店带来溢价和增值，并且是酒店个性的体现，是区别于竞争对手的重要标志。

客户忠诚度在本案例中体现在经过几年后，仍有国外团队在重复购买该酒店产品，并且是组织了更大规模的团队，带有忠诚度的老客户的光顾使酒店既降低了挖掘新客户的沟通成本，也省去了 OTA 平台上销售房间的推广成本。为了维系这些老客户，酒店会根据客史档案中公司、旅行社或者个人留下的联系方式，以邮件促销的方式给客人发送邮件，会跟团队负责人、公司负责人保持沟通和联系，还有酒店提供了安全、整洁、卫生、美观的客房产品以及相当水准的服务，最后一点就是酒店具有地理位置的独特性和能够容纳大团的可行性。这也是团队会再次选择该酒店的原因。在本案例中，使新团选在该酒店，使客户对该酒店忠诚的原因是酒店努力实现客户满意最大化、增强客户的信任与感情、增加不可替代性。

2. 团队与市场部洽谈时，应该与哪些部门共同商议，需要有考虑哪些

（1）理论依据。

1）团队预订处理流程。团队预订涉及许多种合同：有与宾客的、与会议组织者的、与旅行社批发商或者代理商的。通常一个团队选定一家酒店后，会有代理人跟酒店的销售部打交道。如果能提供足够的客房，那么双方商定的用房数就会保留下来供团队使用，这就是 Block 预留房。团队会得到一个专门的订房代码，在预留房间范围内为本团队预订客房。预订员收到团队成员的订房就会减少预留房的数量，为某一位宾客预留的房间叫做已订房，团队成员预订了客房，客房状态就会从预留房转为已订房。

一般来说，酒店会规定由预留房转为已订房的具体期限。过了期限，未被订出的预留房会转为酒店可出租房，时限通常叫作团队的预订截止日期。这个截止日期过后，酒店如果还有可出租的房，则会接受团队继续订房。

2）团队预订管理中的问题。做团队预留房团体客源是酒店非常希望得到的。但在团队做预留房和控制预留房的过程中常常容易出错。在处理过程中，预订经理应该明白可能会出现下列情况：

第一，对团队业务需要起草一份合同，写明需要的房间数量及其价格。合同还必须强调大部分成员的抵离日期，以及其他需要注意的如套间数和免费房数、预订方式、团体及个人的结账方式安排等问题。提前抵达和延期离店的安排也应包括在合同中。合同还应写明团队预订的截止日期。所有信息应进入前厅系统以便预订能被自动跟踪。

第二，预订经理应根据团体需要的客房数量搜寻酒店的可出租房。销售部常常在接受团队预订前查看前厅终端，理清可出租房的总量情况。在与团队负责人确认保留之前，预订经理要确定系统显示的可出租房是最新的、最准确的。如果团队把散客的用房拿走了，预订经理应该把可能产生的影响报告给销售部经理或总经理。如果一家酒店住满了团体客人，散客也会感到不自在。如果因为保留了团队房而无法保留散客房，散客就会入住其他酒店。此外，在做预留房前，预订经理应该查看这个团体有无先前的档案资料。例如，一个团队要了 50 间房，但显示一年前这个团队预订了 40 间房。那么预订经理会在预留客房前把这一情况告诉销售经理。如团队无历史资料，那么可以查阅最近的这个团体在某家酒店的用房情况。如果团体负责人发现酒店未保留合同上规定的客房数量，就会引起很大的纷争。

第三，开始办理团队预订时，预订经理必须控制好预留房的数量。重要的一点是预订经理发现预留房用不完或不够用的情况时要及时通知销售部。销售部就会与团体联系，决定是否要调整预留房的数量。如果客房需求很大，并会对团体房安排产生影响，酒店可以选择接受新的预订还是把他们安排到其他酒店。如果需求量小，那么销售部可以抓住时机再接待另一个团体。

第四，决定适合酒店的团队和散客组合比例是计划和控制团队业务的一项工作，这通常在制订年度计划时确定。这个组合比例对酒店很重要，会对营收产生重大影响。酒店销售部门常常将注意力倾注在团队销售方面，他们会拿出不少客房用于团队销售。销售部在团队用房数量范围内可以不经过批准自行销售，但是团队用房数量一旦突破规定值，销售部则要向销售总监或总经理做出申请，要求增加团队用房。而预订部经理这个角色要分析此类要求，分析批准申请可能出现的潜在影响。

第五，掌握团体订房状态是预订经理需要注意的一个重要问题。一个确定的团体订房是指已签订了销售合同的团队订房。所有确定的团体订房一旦获知准确的预留房数目，应尽快输入订房系统。一个未确定的团体订房是指合同已送交对方但尚未签字回交。有些酒店把未确定的团体订房也输入订房系统，以保证他们可以兑现承诺。但是保持对这些未确定团队的跟踪是必要的。要弄清楚他们已经变成了确定的团体订房，还是应当将他们从预订系统中去除。保留未确定团体订房的时间过长有碍于接受其他确定的团体订房，还可能造成销售部与预订部的混乱状况。

3）销售部在团队预订时与其他部门的关系。随着出租率和营业收入方面的责任向销售部门进行转移，销售部在预订方面的作用就越来越凸显。销售部是酒店首要预订客源的渠道。销售部在跟机构谈合作的时候，切勿忘记要与预订部人员进行密切配合。任何情况下，销售部人员都必须清楚在某个时段可租房的数量。团队销售是酒店团队预订的主要来源，这些团队预订往往是公司或者行业协会举行的会议。宾客真正的订房仍是通过电话、中央预订办公室、团队用房单、订房团队预订邮件或酒店网站与预订部联系来完成的。因此管理层可以以此来评估销售部争取到多少团队订房。资深的酒店经理通常会将销售合同中的订房数量与真正实现的团队用房数进行比较。有了这方面的数据资料，管理层就能查证销售部或某一团队销售代表是否在签订销售合同前已对客源做了彻底了解。

销售部还负责团队市场以外的销售任务。销售部会指派专人去争取商务客人及旅行社客源。在一个大型综合性酒店里，会有多名经理去开发同一个市场。他们的工作是熟悉当地企业和旅行社的特征以及酒店能给予的优惠条件。如果团队能给予一定数量的客源，酒店往往也会给予相应的折扣。同样，高层管理者也希望确认对方享受折扣是在兑现自己所承诺的市场份额的前提下。

销售经理如果达到或者超过他们的销售指标就会受到经济及其他方面的奖励。在过去，指标通常由销售的间天数来衡量，也就是按照预订部记录的销售经理销售的所有客房的天数来统计。但这样做会导致销售经理们为了做成生意而大幅度降低房价。如今销售指标和奖励措施（包括促销）已经与营业额挂钩，为了实现总的营收目标，销售经理要积极设法使客房间天数与房价之间取得更好的平衡。

（2）案例分析。

该团队由于人数众多，需要 200 间用房，销售部门应该第一时间与预订部经理商议是否能满足用房需求，并且由于销售制定了 450 元/间的房价，由此带来的收益变化，也需要与收益总监进行协商。此外 400 人的大团会给酒店的餐厅、公共区域带来拥挤，且印度人的餐饮习惯与国人不同，需要跟餐饮部、客房部、安保部进行沟通协调。而且，鉴于该旅游团人数众多，应该第一时间上报总经理办公室审批。

做得比较好的一点是酒店销售部门第一时间与预订部经理商议并且进行了客户回复，与客户建立了良好的关系，收取了定金。入住之前预测到了团队客人来店后的拥挤，进行了提前排房，并且在退房前也进行了提前安排。

但是由于销售部对客房部房间属性的了解不够全面，导致对客房部准备 200 个房间的工作量产生了错误的判断，引发了大规模的客房部员工加班和员工投诉。后期的客房复原工作和房间味道清洁工作，也导致客房的使用率变低，严重影响了酒店未来几天的经营。

从管理上来说，酒店应该制定销售部用房管理上明确的汇报机制，制定规范，并且给予回应时间的规定。预订部与酒店销售部必须经常协调相互间的工作和共享信息，参与销售部例会，确保将最准确的订房信息提供给销售部，房务总监、餐饮部总监也应该参与其中，提出一些开展部门工作的意见。

3. 团队入住时，需要做哪些准备工作？排房过程中需要考虑哪些？团队入住后，会对散客产生多少影响

（1）理论依据。

1）排房的重要性。排房，即安排和分配客房，是指前台接待人员根据酒店的实际情况，结合客人住宿的特点和需求，给客人分配适合的客房。排房的合理与否直接影响客人的入住体验和满意度。好的体验会带来客人的复购和口碑，而差的体验则会导致客人的流失。同时，排房也能体现酒店的管理水平和形象。合理、高效的排房体现了酒店良好的管理水平，更有利于树立和维持酒店热忱服务的形象。

为客人安排合适的客房是前台接待人员的一项重要工作。虽然，随着现代酒店业的快速发展，酒店的排房工作也经常借助酒店管理系统来完成。但是，电脑系统只是工具，更多的工作仍然需要前台接待人员完成。因此，工作人员需要掌握一定的排房方法和技巧。

2）排房的原则。第一，针对性。酒店前台接待人员需要根据客人的类型和特点（如 VIP 客人、常客、团体客人、年老者等），有针对性地排房。例如，给酒店的 VIP 客人排房，要先查看客人是否有入住记录，之前住的客房是哪一间；如果没有记录，则安排朝向好、状态好的客房。竞争对手、敌对国家的客人应该分楼层安排。还有不同风俗习惯、宗教信仰及民俗不同的客人，也应该把他们的房间拉开距离或者分楼层安排。

第二，差异性。酒店面对的客人千差万别，客人的属性和需求也不尽相同。因此，酒店要考虑到客人的年龄、性别、乡俗、民族禁忌、宗教信仰等情况，并在排房时妥善处理。例如，要注意不同地区、不同民族的客人对楼层和房号数字的忌讳。

第三，利己性。在排房时，酒店要考虑到酒店经营管理的需要，尽量减轻工作人员的负担。例如，淡季时，酒店可以集中某几个楼层进行排房，便于日常清洁和服务。同时，也要注意客房的平均使用率，保持客房的各项设施新旧程度均匀。

3）排房的顺序。酒店在安排客房时，是有先后顺序的。前台接待人员应该根据客人的类型和特点，按照一定的顺序进行排房，依次为：VIP 客人和常客、有特殊要求的客人、团体客人、普通已预订的客人、未经预订直接到店的客人。

第一，VIP 客人和常客。VIP 客人和常客要优先排房。对酒店的常客、旅行社经理或领队、协议公司的领导等，应该安排较好的客房，给予良好的接待和照顾。

第二，有特殊要求的客人。在排房时，要留意客人是否有特殊要求。如果客人提出了特殊的要求，酒店就要本着"以客户为中心"的服务宗旨，在能力范围内尽量满足，给客人安排合适的客房。例如，对老年人或行动不便者，可安排在低楼层、距离电梯较近的客房，最好与电梯隔 1~2 间，避免噪声。如果是旅游客人或者商务客人，他们在酒店的时间大多是晚上，在排房时，可以安排看得到夜景的城景房，这样客人可以透过窗户感受当地美丽的夜景。如果预订的几间房是家人或亲朋好友一起入住，前台接待人员可以安排连通房或相邻的客房。

第三，团体客人。同一个团体的客人之间的联系很多，需要集中排房，既能方便客人之间的走动，也能避免给其他散客带来干扰，方便酒店的管理工作。首先，提前

安排。团体客人到店的前一天，工作人员就要安排客房，集中安排在较低的同一楼层，并制好房卡。其次，适当分房。如果团队客人对客房的分配有要求或者团队客人要拿到所有的房卡后自己分房，酒店则要尊重团体客人的意见；如果团队客人需要酒店排房，则酒店可以按照实际情况做好分房。再次，淡旺时段的排房。入住率高的情况下，优先安排状态不好的客房，高楼层和低楼层搭配安排；入住率低的情况下，集中安排某几个楼层的客房，或者安排朝向马路的客房。同时，也要注意客房的平均使用率，保持客房的各项设施新旧程度均匀。最后，旺季时段把控时间。旺季时段，酒店在排房时，要注意离店客人与到店客人在客房使用上的时间衔接，避免客人退房拖延、入住客人无干净房等情况。

第四，普通已预订的客人。对于普通已预订的客人，也要做好排房，避免到店无房等意外发生。

第五，未经预订直接到店的客人。这类客人相对比较随机，酒店只需在客人到店时，根据酒店的实时房态进行安排即可。

（2）案例分析。

1）散客（包含预订和非预订的）：如案例中提到该酒店主要以高端商务型客人和旅游的散客或小团队为主，而高端商务型客人的消费能力一般比较强，经常出入高星级酒店，对酒店设备设施的要求很高，喜欢住高档客房，对私密性和会议服务质量要求高；如果是休闲度假客人，这类客人一般住店时间长，消费水平较高，喜欢房间布置得有家庭气氛，服务要求较多，还喜欢有丰富多彩的娱乐活动，并希望得到热情随和而中规中矩的服务。总之，散客入住单价会比较高，能给酒店带来最大收益，且对物品不会造成太大消耗。

2）团队客人：团队客人，一次入住的人员较多，可以保证一段时间内酒店的营收。但是客单价相对较低，在旺季散客多的情况下，酒店收益并不能最大化。团队客人多以游览、参观为目的，行动统一，进出酒店时间有规律，在服务中应根据其进出酒店的时间，做好准备工作，并在服务中保证效率，努力为客人创造一个良好的居住环境。但团体客人层次相差比较大，对物品使用不太讲究，酒店硬件损耗大，装修期缩短，对团队客人的排房也经常会出现客人不满意或不在一个楼层等情况。另外对散客来说，团队客人过多，也会造成酒店资源的挤兑或环境氛围过于嘈杂的情况。

在一个以散客为主的商务型酒店内，团队客人的比例不能超过30%，而这个酒店700个房间，按照90%的入住率，光是印度旅游团就已经超过了32%，而且团队客人需要入住双标房，每个楼层的双标房有限，整个团队客人分布在酒店各个楼层，对酒店其他客人在入住体验上确实造成了一定的影响。

在本案例中，除了酒店可能会接待的VIP客人，这个大团队应该是必须提前进行安排的团队，并且要根据团队对房间、房型、楼层的需求以及考虑到散客的需求，酒店在团队到达的前一周就应该有意识地进行房间控制，把最后的空房都留在比较集中的楼层。这样可以避免团队客人过于分散，给客房部带来打扫困难的问题，也可以避免散客大规模的投诉。在保留的房间范围内，可以允许团队成员进行内部住宿人员的调整，提前进行房卡的安排。安排单独的区域来办理入住和离店，避免与散客重合公共区域。

4.团队人数众多时，需要如何应对在店期间的需求及投诉

（1）理论依据。

第一，投诉的重要性。不管前厅员工对客服务如何高效、殷勤，宾客有时还会发现差错或对酒店的某些事或某些人表示不满。前厅部应倾听宾客的投诉并制定出帮助员工处理这些状况的有效策略。

前厅部处在最显眼的位置，这就意味着前台接待员成为首先了解宾客投诉的人。处理投诉应十分小心，并寻求一个及时的、能使客人满意的解决方法。没有什么事情比忽视、怀疑宾客的投诉更能激起他们的愤怒了。当然大多数前厅部的员工都不喜欢听到投诉，但是他们也应该明白大多数宾客也一样不希望投诉。如果宾客没有机会将投诉告诉前厅员工，他们就会告诉亲朋好友或同事。

宾客有表达自己意见的畅通渠道，这对酒店和宾客都是好事。酒店了解了潜在的或已存在的问题，获得了纠正的机会。客人对住店期间的满意度也会增加。当问题获得了快速解决，宾客会感到酒店对他们的需求十分关心。从这一角度出发，任何投诉都应受到欢迎，都应被视为增进对客关系的机会。一位不满意的宾客离店后再也不会成为回头客。酒店行业的一个普遍定律是吸引一位新客人需要花10美元，但使住客变为常客只需花1美元。主动积极地增进对客关系将受惠无穷。

宾客投诉可以分成四个类别的问题：设备、态度、服务以及异常事件。

大多数宾客投诉与酒店设备故障有关。此类投诉包括温度控制、灯光、电力、客房设备、制冰机、自动售货机、门锁、管道、电视机、电梯等。即使酒店已制订了一个极其完善的预防性维修计划，也不能完全杜绝此类问题的发生。有效地使用前厅日志和报修单可以减少此类投诉的发生。有时投诉并不是针对设备问题，而是针对酒店处理问题的速度。所以很重要的一点是要尽快派遣有关人员带着必需的设备去妥善解决问题。为了保证服务的时效性，必须有相应的跟踪方法。

宾客有时因酒店服务人员的粗鲁或不得体的接待而发怒，于是就发生了有关态度方面的投诉。宾客有时偶尔听到员工间的对话或来自员工的抱怨也会对酒店提出态度这类的投诉。不应让宾客听到员工间的争论或员工们对问题的议论。经理和主管们应该听取并关心来自员工的投诉和发生的问题。这对建立牢固的对客关系是十分重要的。

宾客发现酒店服务方面的问题时，会进行投诉。这类投诉涉及面很广，如等候服务时间过长、没人帮助搬运行李、客房不整洁、通话过程遇到困难、没接到唤醒电话、食物不热或味道不对、增加客用品的要求未得到重视等。在酒店客满或高出租率时期，此类投诉常常会增加。

宾客有时还会对游泳池不够干净，缺少公共交通工具，天气不好等提出投诉。此类投诉称为异常事件投诉，酒店对所处的周遭环境几乎没有控制能力，但是宾客希望前厅能解决或至少听取这类意见。前厅管理层提醒前台接待员，他们有时会受理自己根本无能为力的投诉。有了这样的思想准备，员工们会使用相应的预先准备的对客关系技巧来处理这类投诉，避免事态恶化。

第二，识别投诉。所有的宾客投诉都应予关注。一位激动的宾客在前台大声地投诉需要，要立即予以关注。这并不是说对宾客谨慎的投诉可以不那么关注，但是采取行动的速度可以不如前者那样急迫。

前厅部能系统地识别宾客最易发生投诉的区域，这将有助改善酒店的对客关系。通过查阅得到有效维护的前厅工作日志，管理层常常能识别并找出重复发生的投诉和问题。

识别问题区域是采取改进措施的第一步。确定了收到投诉的数量和类型后，前厅管理层就能区分哪些问题具有普遍性，哪些仅是个别发生的问题。前厅部员工也就有应对的准备，礼貌高效、胸有成竹地处理各类投诉，尤其是遇到那些立即可更正的问题，更不会措手不及。

第三，处理投诉。忽略宾客的投诉通常是不可取的做法，许多酒店要求前台接待员接到投诉后交给主管或经理处理。但是前台接待员有时无法这样做，特别是遇到需要立即回复的投诉更是如此。前厅部也会接收到很多关于餐饮的投诉，不管这些餐饮是否由酒店直接管理，前厅部还是需要和餐饮部的负责人员共同制定处理投诉的程序，否则会导致宾客的不满，前厅部也还会源源不断地收到此类投诉。在酒店内，处理宾客投诉时应遵循以下原则：①专心聆听。②尽可能在其他宾客听不到的地方受理投诉。③保持冷静，避免消极态度，避免形成敌对状态，不与宾客争论。④表示对问题的关切。多次用姓名称呼顾客，用严肃认真的态度受理投诉。⑤在受理投诉过程中要全神贯注。关注问题本身，不推诿责任，不得侮辱客人。⑥做笔记，记录要点。这样可使对方放慢语速，因为要记录。更重要的是让宾客放心，因为前厅部员工正在聚精会神地听取他的投诉。⑦可告诉客人将采取的行动，可让客人抉择。不要承诺无法办到的事，也不要承诺超出员工权限范围的事。⑧留有充裕的时间以便完成补救工作。要有明确的时间承诺，但是不要低估解决问题需要的时间。⑨监控补救工作的过程。⑩追踪检查，即使投诉已交他人处理。与宾客联络，确保宾客的满意度。记录整个时间，记录所采用的行动和所获得的结果。

第四，跟踪检查步骤。前厅部管理人员可以从工作日志上了解到采取的补救措施是什么，检查宾客的投诉是否已经得到解决，以及识别这类问题有无再次发生的可能，这本包罗万象的记录本还可以使管理层与那些对酒店某些方面不满意的宾客联系。宾客离店后，一封由前厅部经理起草的给客人的致歉信，可以表达酒店对客人满意度的关注。还有一个可取的做法是由前厅经理给已经离店的宾客打电话，以求了解整个投诉更详细的情况。

（2）案例分析。

案例中的两个投诉都属于酒店服务方面的问题，根据投诉原则，作为前台工作人员在处理此类投诉时，应注意以下几点：①倾听，重复，以确保理解客人的投诉内容和需求。同时，询问客人是否知道具体是哪个房间吵。②道歉，感同身受。同意客人的说法，酒店有责任为其提供一个安静的环境。③告知客人，酒店会立刻和他的邻居协商，并派同事在楼层巡视，一旦他的邻居再吵闹，酒店会采取必要的措施阻止客人。④询问客人明天的汇报是在哪里，酒店是否需要帮他安排车辆或者打包的早餐（免费），以便其能多休息一会。

第一个案例中和张先生沟通完后，立即打电话给到安保部，请巡楼的同事去查看情况，确认是酒店隔音原因，还是确实是隔壁客人在开派对等特殊情况，影响先生休息。（派员工去确认一方面是为了确认具体是哪间房间比较吵，另一方面是为了防止隔壁客人正常起居，只是因为酒店隔音不好，所以才出现影响先生的情况，避免直接打电话和隔壁客人沟通后，造成隔壁客人的不满。）

如果确实是隔壁客人的原因，则在系统中查看隔壁客人姓氏，打电话给隔壁客人。"××先生/女士，晚上好，我是酒店前台。我们安保部的同事在巡楼的过程中，注意到您的房间声音比较大，现在也已经比较晚了，很可能会影响到其他客人休息，所以打电话来提醒一下。您如果在和朋友聚会的话，我们的酒吧也很棒，需要帮您留个位置吗？"注意不要提到是其他客人投诉，只说酒店安保部巡楼发现即可。

如果是酒店隔音问题导致的，或者对邻居劝阻无效时，则需要和投诉者继续沟通，为对其造成的不便表示抱歉，可以为其安排升级房间，在入住率允许的情况下，找一间旁边没有客人的房间给客人，让其先休息，保证投诉者的安静睡眠诉求，并提供第二天的一些补偿服务。

第二个案例中，由于客人太多，送餐服务效率跟不上导致客人投诉，接到投诉应倾听客人诉求，平复客人情绪，然后询问客人姓名、房间号、点餐的时间以及点餐的具体内容，如果这时候送错餐，估计客人会更加生气，所以这个环节必不可少。告知客人，会立即向送餐部门反映，5 分钟左右会给客人回电告知具体的情况和大概的送餐时间，并尽快安排送餐。

打电话给送餐部门，得到送餐时间，如果仍然在规定时间内，打电话给客人，告知客人现在的进度，并表示会尽快送到房间，可以在送餐时另外送一杯鲜榨果汁或者一盘水果以表抱歉。

如果最后确实已经超出酒店规定的送餐时间，则再次向客人电话道歉，并免去客人的此笔餐费或给客人一些折扣，按照每家酒店的规定不同给出具体的协商方案，确保餐食送到后再次向客人道歉（每家酒店不同，一般为 20~30 分钟送达）。

5. 如何判定客户的价值？这个团队能给酒店带来多少利润？如何调整才能达到酒店收益最大化

（1）理论依据。

1）客户价值。不同的客户带来的价值不同，对企业经营来说，有一些客户就比另外一些客户有价值。从财务的角度可以将客户的价值分为直接价值和间接价值。

第一，直接价值。客户与企业的交易行为而产生的净收益，可以称为财务价值、经济价值、直接价值或原生价值，客户的直接价值是交易收益与交易成本的差额净值。客户的交易量越大、交易价格越高、交易越频繁、交易程序越简单，客户的直接贡献价值就越大。计算方法比较典型的如 VBC 法和 ABC 法。

VBC 法（Volume-Base Costing），即基于产量的成本分摊法，基本原理是：将企业的间接成本或一般管理费用（包括管理费用、销售费用、财务费用等）按照产品生产所消耗的直接成本（包括直接人工、直接材料）的比例或产品销售收入的比例来进行匹配。

ABC 法（Activity-Base Costing），基于活动的成本分摊法，先确定生产一个产品或服务一个客户所包含的活动总量，再确定每一个活动所消耗的企业资源数量。二者的乘积即是产品生产或客户服务的总成本。由于成本是基于活动来精细匹配，ABC 法使管理者能够很好地区分出哪些客户或细分市场在营销和配套支持方面要求更多，因而需要耗费更多的企业资源。在此基础上，结合收益的情况，可以测算出哪些客户是高价值的，哪些客户是低价值的。

除了以上两种方法，还有 RFM 法。根据每个客户的光顾间歇（Recency）、光顾频率（Frequency）和消费金额（Monetary）三个变量来计算其价值大小。可以根据实际行业情况将每个变量分为五分制或者七分制，产品价值高、购买数量少、购买次数少的行业其 RFM 分值界限应该明显不同于产品价值低、购买数量大、购买频繁的行业。

第二，间接价值。客户的间接价值是与直接交易无关的价值，也称为非财务价值。如正面的口碑传播导致吸引新顾客成本的降低和交易量的增加等。有时，老客户与员工的私人感情以及良好互动，提高了员工工作的积极性和满意程度，无形中也为企业的生存和发展增加了稳定的因素。与直接贡献价值相比而言，间接价值的测量要复杂很多，由于间接价值的效应最终还是会体现在企业的财务绩效中，所以多数情况下，我们都将间接价值的估算放到客户的长期终身价值测算中。

第三，终身价值。在传统的顾客贡献价值的量化研究中，至少存在两个方面的严重缺陷：一方面，主要依据历史数据计算顾客的过去价值和现在价值，没有考虑顾客的未来价值和长期价值；另一方面，主要集中在计算顾客和企业交易带来的经济价值，没有考虑顾客的非经济价值。

顾客生命价值理论模型的提出较好地弥补了以上两个缺陷。顾客生命价值理论模型认为一个顾客的贡献价值不仅包括其过去价值和现在价值，还包括其未来价值；不仅包括其经济价值，还包括非经济价值。不过这些价值需要企业实施关系营销才能实现，所以顾客生命价值也是顾客关系价值，只有关系维持住了，顾客生命价值才能延续、发展。

顾客生命价值理论注重维系顾客，一个顾客的流失将是其整个生命价值的流失。企业需要树立关系营销的观念，具有长期性、全局性的战略眼光，将顾客关系作为一项资产来经营。企业需要注意顾客生命周期、生命阶段的变化，不能只根据顾客眼前的价值确定与顾客关系的类型。顾客生命价值并非一成不变，企业需要注意营销战略、策略对顾客关系、顾客资产价值的长远影响。

2）酒店收益指标。RevPAR 是 Revenue Per Available Room 的缩写，指每间可供租出客房产生的平均实际营业收入，用客房实际总收入除以客房总数，但一般都用实际平均房价乘以出租率表示，结果都是一样的。因为平均房价和出租率比较总收入更具备可控性，所以更多的酒店习惯用实际平均房价×出租率来计算。酒店经营管理者的目标就是要通过客房出租率和平均房价的提高来实现 RevPAR 的最大化，因为客房收入在酒店经营的总收入中的确占有很大的比重。一般来说，提供全功能服务的三星级以上酒店的总收入中有 50%～65% 是来自客房。而在附属服务设施（主要是餐饮服务）有限的经济型酒店或者长住型酒店，高达 90% 的收入都是来自客房。它同时考虑酒店的 OCC 和 ADR 的平衡。客房出租率和实际平均房价是饭店经营活动分析中两个非常重要的指标，但是，如果单从客房出租率或是单从实际平均房价分析或考核客房的经营业绩，是片面的，甚至会得出相反的结论。而 RevPAR 将这两项重要分析指标结合起来，能够合理地反映客房的经营质量。

RevPAR＝实际客房收益/客房总数＝出租率×日平均房价

（2）案例分析。

从出租率来看，印度客人的团使得原本 75% 的入住率直接上升到 95%，所以如果单纯考虑出租率，那么接这个团无疑可以让出租率数据变得更好看，但是与此同时也带来一个问题，平均房价从原来的 650 元/间降低到 450 元/间，因此最好的平衡方式就是观察 RevPAR 指标。

旧 RevPAR＝650×75%＝487.5（元）

新 RevPAR＝450×90%＝405（元）

其实由于印度团到来而导致的出租率提升指标是没有意义的，加上后期的劳力加班费用、投诉解决费用、处理房间异味费用，酒店的收益并没有实现最优化，这也是一开始销售部接单时缺乏思考的问题。

虽然单纯看这个团队的价值并不高，但是因为该团队忠诚度高，后期也许还会有此类团队来进行洽谈，从客户终身价值判断，这个客户的维系成本并不高，只是在确认客房数量的同时，还需要考虑到各部门的协调成本、消耗成本、加班成本，报价要更趋于收益优化原则。

五、建议课堂计划

本案例专门用于《酒店前厅与客房管理》课程中有关"前厅运营"知识点的案例讨论课设计，可以事先对学生进行分组，每组控制在 3~4 人，以小组的形式探讨与分析本案例，案例课堂时间建议控制在三个课时（135 分钟）。表 1 是按照时间进度提供的案例教学计划建议。

表1　案例教学时间计划

案例教学计划		主要内容	时间
课前计划		1. 教学案例正文和启发思考题发放 2. 制订教学计划 3. 制作授课 PPT 4. 设计分组	提前 1 周
课中计划	案例引入	授课教师对案例企业做简单介绍，对案例内容进行简单复述	5 分钟
	情节回顾	邀请学生简要介绍案例，谈一谈自己的入住经历。教师注意引导学生，将案例的关键信息呈现出来	10 分钟
	分组讨论	对思考题 1~5 进行讨论（详见思考题 1~5 的授课要点）	90 分钟

案例教学计划		主要内容	时间
课中计划	归纳总结	教师首先对各小组的陈述情况和分析问题思路进行总结点评，提出存在的优缺点；其次让学生提出自己对案例问题的看法和总结，并写出对案例思考题的思路分析，引导学生进一步思考	20分钟
	疑问解答	教师解答学生疑问或学生互相提问	10分钟
课后计划		根据课堂讨论主题安排学员撰写案例分析报告	两周内提交

具体而言，建议课堂计划从课前计划、课中计划和课后计划三个方面展开。

1. 课前计划

（1）教学案例正文和启发思考题发放。发放案例正文和启发思考题（提前1周），请学生在课前完成阅读和初步思考，提前查阅与案例相关的背景资料，初步理解案例正文涉及的管理理论。

（2）制订教学计划。授课教师制订详细教学计划，包括案例讨论的形式、步骤以及每个讨论点的时间划分。

（3）制作PPT。授课教师根据整理的讨论点及教学大纲要求制作PPT。

（4）设计分组。授课教师事先了解学生的学习背景，尽量让每个小组学习背景不相同的学生，交叉组合，有利于学生从自己的能力水平出发结合自己所处行业展开讨论。授课教师可设计如表2所示的分组建议，便于记录每组对5个思考题分析的关键词，了解学生对思考题分析的深度，以把控课堂进度。

表2　分组思考记录表

组名	组长	组员	对思考题1分析的关键词	对思考题2分析的关键词	对思考题3分析的关键词	对思考题4分析的关键词	对思考题5分析的关键词
A组	××	3~4人					
B组	××	3~4人					
C组	××	3~4人					
……	××	3~4人					

2. 课中计划

（1）案例引入。授课教师提出课堂导入问题：大家对世茂皇家艾美酒店熟悉不熟悉？是否有人知道这家酒店？这家酒店是什么样的地理位置和特点？根据案例里所提到的，分析一下它的客源情况。然后，授课教师引导学生了解案例企业。随后，授课教师随机选择1~2位学生回答热身问题，并将学生回答问题的关键词整理到黑板上，以便在课堂讨论题中使用。授课教师简单总结学生观点，随后引入讨论案例。时间预计控制在5分钟之内。

（2）思考题讨论。按照启发思考题的设计，参考使用说明的"分析思路"和"理论依据与案例分析"，逐一引导学生对案例进行讨论，最后进行总结。

（3）结束总结。授课教师需从两方面进行总结：第一，就学员分组讨论情况进行总结，适当点评每组对思考题的理解与分析程度。第二，结合学生观点，从更全面的角度对思考题进行总结，总结思路可参考使用说明"四、理论依据与案例分析"部分，总结团队客人预订—入住—投诉—离店整个流程中管理要点，并写出对案例思考题的思路分析，引导学生进一步思考。

（4）答疑解惑。授课教师应该留有一定的时间为学员答疑，也可以请学生互相提问互相解答，激发学生对前厅与客房运营管理与案例决策问题更多的思考。

3. 课后计划

（1）课前作业。

1）请学生课前了解酒店背景资料和酒店接团相关信息。

2）请学生课前了解"客户关系管理""收益管理"等理论，对课程知识点形成初步认识。

3）请学生课前通读案例正文，并对启发思考题进行初步分析。

（2）课后作业。请学生按组分析该企业这次接团任务，结合企业运营状况，从团队客人预订—入住—投诉—离店整个流程中提出管理要点及方案，并写出相应的案例分析报告，字数约为2000字。

参考文献

［1］Michael L. Kasavana. Managing Front Office Operations ［M］. Florida：American Hotel & Lodging Education Institute，2017.

［2］Aleta A. Nitschke，William D. Frye. Managing Housekeeping Operations ［M］. Florida：American Hotel & Lodging Education Institute，2012.

［3］姜红. 酒店运营管理［M］. 武汉：华中科技大学出版社，2020.

［4］谢永健. 酒店前厅与客房管理（第二版）［M］. 上海：复旦大学出版社，2019.

［5］李莉. 酒店前厅与客房管理［M］. 武汉：华中科技大学出版社，2018.

［6］陈文生. 酒店管理经典案例新编（第二版）［M］. 福州：福建人民出版社，2017.

［7］Casado，Matt A. Front Office Management in Hospitality Lodging Operations ［M］. South Carolina：Createspace Independent Publishing Platform，2014.

［8］苏朝晖. 客户关系管理（第四版）［M］. 北京：清华大学出版社，2018.

［9］［印］Urvashi Makkar，Harinder Kumar Makkar. 客户关系管理（英文版）［M］. 马宝龙，姚卿，译. 北京：中国人民大学出版社，2014.

［10］李志刚. 客户关系管理理论与应用［M］. 北京：机械工业出版社，2006.

［11］杨路明，巫宁，等. 客户关系管理理论与实务［M］. 北京：电子工业出版社，2004.

大食代，重回时代发展之路

一、教学目标与用途

1. 适用课程和对象

本案例可用于《酒店卫生质量管理》课程教学环节，主要与该课程中的旅游业卫生标准与制度，食品腐败与保藏，食品生物性、化学性、物理性污染及预防控制措施，及餐饮卫生质量管理体系（良好卫生操作规范、危害分析与关键控制点）等知识要点相匹配。本案例适用于本科生。

2. 教学目标

通过本案例的分析和讨论，提供一个场景化的思考空间，使学生能够更加深入地学习和领会美食广场在发展过程中战略选择和食品安全监管的相关理论及其运用要点。

具体的教学目标包括：

（1）理解市场经济发展与餐饮行业发展的关系。

（2）理解餐饮卫生质量安全与餐饮行业发展的重要性。

（3）掌握餐饮卫生监管中快速检测技术的选择和应用。

（4）探讨美食广场这种商业模式的可持续发展。

二、启发思考题

➤ 大食代美食广场的市场优越性在哪里？是否适应市场经济的发展？

➤ 餐饮卫生安全对美食广场市场利润有哪些影响？

➤ 随着电商的冲击，美食广场将如何可持续发展？

➤ 如何在美食广场开展食品安全监管工作？

三、理论依据

大食代美食广场的餐饮模式背后蕴含着"范围经济"（Economics of Scope）理论。消费者进入大食代美食广场，可以同时获取多种多样的餐食，实现"范围经济"效应。范围经济是指随着企业生产经营范围的扩大而实现的平均成本降低的经济现象。该概念最早是由 Panzar 和 Willig 于 1975 年在 *Economics Discussion Paper* 中提出的。

用经济学的专业术语，范围经济可表示为联合生产两种产品的总成本要低于单独生产每一种产品的成本之和，即：

$$TC(Q_x,\ Q_y) < TC(Q_x,\ 0) + TC(0,\ Q_y)$$

上述公式表明，如果同时生产 X 和 Y 的成本越低，则范围经济的成效就越显著。相对地，如果同时生产 X 和 Y 的成本要大于单独生产每一种产品的成本之和，也就形成了所谓的"范围不经济"现象。

范围经济的实质就是一种商品或服务与其他商品或服务一同购买时，会比分别单独购买全部商品或服务所节约的经济支出或创造的经济收益更多。这种经济效应较常见于制造行业，例如，在自动化生产过程中厂商需要同时使用多种自动化零部件，"一站式"购买能够降低需求方在自动化零部件采购过程中的交易成本、运输成本等。而之所以能实现"一站式"采购，是由于汇集了众多上游零部件供应商的结果。大食代美食广场的"范围经济"效应，如图 1 所示。

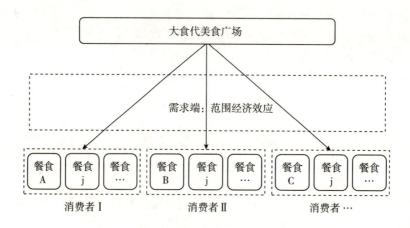

图 1　大食代美食广场的"范围经济"效应

四、案例分析过程

1. 大食代美食广场的市场优越性在哪里？是否适应市场经济的发展

最初的商场业态很单一，只有出售各类商品的零售店，并不提供休息的场所和饮食服务。但近几年，为了方便顾客在一些商场的顶层或一角出现了冷饮店、小甜品店等。不过，由于并不是主业，对于商场而言它们仅扮演着可有可无的小角色。20世纪末，随着休闲消费时代的来临，集零售商业、休闲娱乐业、餐饮业于一体的大型商场在国内大中城市落户，商场餐饮业作为一种新型业态拥有特定的目标市场。不知从何时起，各大商场内的餐馆悄悄兴旺起来，逐渐有了"喧宾夺主"之势，很多连锁西餐厅占据了商场显著的位置，成为向顾客提供购物、休闲、娱乐、餐饮等各种综合性服务的一站式消费中心。美食广场具有品种多、面积大、客流快、时间长的特点，荟萃了各地小吃精华、特色风味食品琳琅满目云集一方，在一个大卖场就可一网打尽各种小吃，美食广场根据当今人们求新、求异、求方便、求自我的消费心理，实现了"开放式"的经营理念，以扶栏相隔给客人购买的自选便利、菜肴的取送便利、食品的增添便利。除了为商业城流动顾客提供餐饮服务，也为商业网点的工作人员就餐提供了更方便的条件。其中，商业网点工作人员的餐饮服务盈利就已经能够保证"美食广场"的基本投资收益，节假日的客流和销售额均猛增至平常的数倍。

2. 餐饮卫生安全对美食广场市场利润有哪些影响

美食广场一般在人流集中的商业中心开设。例如，商业中心商场的顶楼，或者在商业街上达到一定规模的待开发的商业用房，统一招商、装修、保安保洁，商家每个档口制作餐品，消费者在中心公共空间用餐。但是对于餐饮卫生的管理只是统一餐具消毒管理。美食广场不断趋向于多元发展方向，而且随着人们对食品安全的日益关注，美食广场各餐饮企业的卫生环境对于日渐重视食品安全的消费者来说是最为关心的。由于互联网、自媒体的传播，餐饮商家的口碑成了消费者选择商家的首选，餐饮的卫生安全是影响商家口碑的重要因素，对于美食广场的整体形象起着至关重要的作用。因此，餐饮卫生安全对美食广场市场利润收益影响深远。

3. 随着电商的冲击，美食广场将如何可持续发展

改革开放40多年来，我国餐饮业实现了跨越式发展，在行业规模、企业水平、社会影响等各方面都发生了深刻变化，而如何在不断优化餐饮行业生产效率的同时，提高食品的质量安全管理就成为当前食品行业应当注重的关键问题之一。

商场餐饮业的发展和商场零售业以及各种休闲业的发展是分不开的。优质产品和服务仍是顾客评价的基本标准。商场餐饮企业的经营人员产生了一种错觉：既然美食广场属于大众消费，只要销售价格便宜，出品分量充足，顾客就会满意。事实上，更应该重视美食广场的管理，重视饮食场所的整洁有序、出品的味道分量、服务的及时快捷、餐台的清洁卫生、服务人员的态度言语等质量要素，这就要求组成美食广场的所有企业都要重视质量管理。商场管理部门也要制定质量标准下达到各企业，并且经常巡视执行情况并征询顾客的意见。为了树立商场的整体形象，商场管理部门需要从整个商场的档次、风格出发来调整餐饮业的构成，决定招租的餐饮企业类型，引进在社会上经营出色、有一定名气的餐饮企业。餐饮产品也要不断创新，应该开发吸引中青年消费者（特别是爱逛商场的女性消费者）的食品和菜式，在此基础上开发吸引少年儿童、老年人的产品。此外，现场举办各种新颖的促销活动，努力开拓市场才能为商场聚集人气。

如果各业能很好发挥各自的优势，那么商场餐饮业和其他商业都可以在双赢中相得益彰、共存发展。因此商场餐饮业的发展还需要商场管理人员和餐饮企业管理人员的共同努力、共同摸索。关键在于清楚地认识商场餐饮业经营的特点，按照商场购物者、休闲娱乐者的餐饮需求，因势利导发展商场餐饮业。

4. 如何在美食广场开展食品安全监管工作

随着消费者餐饮需求的变化，人们更注重饮食原料新鲜、加工过程卫生、就餐环境清洁、食物营养美味、服务及时快捷。特别是近十几年，人们的餐饮消费观念变得更注重身体健康了。餐饮行业是关乎每一位消费者健康和生命安全的行业，由于美食广场是多家经营，所以餐饮卫生管理问题更为突出，定期检查档口卫生就成为食品管理机构的必要工作。随着科技水平的不断提升，可以通过食品的快速检测技术来确保食品安全。食品的快速检测方式也多种多样，因此选择适合的方式，提升食品的检测质量就是当前食品安全管理中最为重要的环节之一。根据餐饮特点，尤其需要对价格相对昂贵的生鲜等食材确定其保藏最佳条件与使用时间，确定食品污染来源，建立快速准确判断食品污染的先进检测方法。很多食品食用前都是在没有任何防护措施的空气中放置的，很容易受到周围环境的影响，导致微生物污染问题，产生难以估量的安全问题。因此，通过科学技术手段开展食品的微生物检测是保证食品安全的重要方式。在美食广场，一般来说，餐饮从业人员专业技能相对缺乏。但是，由于食品安全的快速检测相对于实验室检测是比较容易上手的，因此可以通过对餐饮从业人员进行酒店食品污染检测培训，使他们熟悉食品快速检测规程、规范标准，熟练使用食品检测设备和进行食品快速检测，提升餐饮从业人员的快检能力和严谨认真用心服务的职业素养。总之，美食广场应建立快检技术应用在采购、保藏期的检测，制订食材的安全使用建议，减少餐饮企业食材上的浪费，降低食品污染的风险，从而通过有效的措施手段，不断提升餐饮服务食品安全监督管理主体责任，促进餐饮行业的高效发展。

（1）提升经营者主体责任落实能力。第一，加强食品安全管理人员能力有效性管理。在现有的食品经营从业人员培训管理办法要求的基础上，查验 ABC 证书的完整性，同时，加强相关人员实际能力的考核，以街道或商圈为单位，定期对经营者关键岗位人员进行考核，成绩作为其监管频次的高低的一个参考值，并充分利用互联网技术，加强对经营者关键食品安全管理人员的业务指导。第二，加强企业负责人主体责任意识。根据不同企业实际经营特性的差异，以最终获利者为主线，明确企业第一责任人，并加强对责任人进行普法宣传，了解经营过程基本的食品安全要求，提高责任意识，夯实主体责任义务。第三，引入先进管理理念，引导从业者形成良好习惯。从操作习惯入手，借鉴餐饮 ABC、6S、6T 等管理理念，引用定点定位管理、红黄牌管理、灌输式培训等方式，逐步解决从业者日常操作过程中常出现的卫生管理、着装、交叉污染使用、不规范行为等，最终形成良好的操作习惯。

（2）加大对特殊经营范围企业的监管力度。第一，专间/专区硬件条件符合性排查。以街道为单位，由许可库内筛选具有冷食类、生食类、冷加工糕点等特殊经营范围的企业，结合日常监管，关注该部分企业专间/专区硬件条件的符合性，主要关注是否具有专间/专区，是否具有二次更衣室，专间/专区内是否具有杀菌措施和是否有效，对硬件条件自身存在问题的企业督促进行整改。第二，专间/专区操作人员专项能力提升。关注专间操作人员对于规范操作要求的熟悉程度，定期组织具有专间/专区经营场所的企业开展培训，促使相关人员熟悉规范要求。第三，专间/专区规范管理专项检查。采用双随机方式，开展涉及专间/专区经营活动企业的专项检查，对相关员工规范着装、操作、专间的专用、交叉污染控制等方面进行重点排查。第四，超范围经营情况重点核查。除正常的监管形式外，可采取以顾客身份现场查阅菜单，尝试点取超范围经营嫌疑的菜品，并在服务员确认后锁定证据，可同步查询外卖平台，尝试外卖下单超范围经营的嫌疑菜品，锁定证据。

（3）严格餐饮具消毒监管。第一，引导采用高温消毒方式。引导企业倾斜使用各类高温消毒方式（蒸汽式消毒设备、红外紫外消毒柜等）开展餐饮具的消毒工作，并确保消毒温度和时间符合设备设计要求。第二，重点监督采用化学方法开展餐饮具消毒的有效性。关注消毒所用化学试剂的配置浓度、浸泡时间、浸泡方法和有效浓度（余氯情况）的符合性，抽查消毒人员对消毒方法的熟悉程度和正确性，必要时现场抽样进行清洗消毒后餐饮具的清洁度测试。

（4）关注企业进货查验中产品属性信息的完整性。第一，经营者对原辅料产品属性信息开展查验证据缺失。根据食品安全法规定，食品经营者进货查验记录需记录原辅料的生产日期/批次信息和保质期信息，多数企业门店未能做到，也无法提供出可证明对产品有效性进行核验的证据，可建议企业在清点验收时，同步在进货凭证中记录或补充相关信息。第二，食品安全信息追溯系统中产品生产日期信息多数错误。因多数企业在原辅料验收时未能有效记录原辅料的生产日期/批次信息，导致在录入溯源系统时无信息来源，从而不能正确地填入相关信息。

五、教学实施之课堂计划

本案例拟在《餐饮卫生质量管理》或涉及此部分相关知识点的本科高年级专业课程中使用。整个案例课的课堂时间控制在 90 分钟。

1. 课前计划

（1）准备工作：将学生分组，每组 5~6 人，每组一个案例，提前三天发放。

（2）课前要求：请学生认真完成案例阅读，讨论食品可能的污染来源。

2. 课中计划

（1）开课热场，引入案例主题（5分钟）。

（2）随机抽选2~3名学生讲述案例概要，汇报食品的污染来源调查情况（5分钟）。

（3）组织开展案例教学，小组讨论，针对调查情况共同探讨，引导学生给出保藏使用建议及安全检测方案并实践应用（60分钟）。

（4）带领学生一起归纳出本次课程的知识点，并形成体系（20分钟）。

3. 课后计划

建议学生各组针对案例内容和整合学过的知识，总结一份有关该案例的思考心得或建议方案等，形式不限，字数不限，鼓励有精力、有兴趣的学生深度思考。

参考文献

［1］陈章武，李朝晖．范围经济：获得竞争优势的一种思路［J］．经济管理，2002（12）：18-24.

［2］黄修权，顾银宽．论新经济环境下企业规模经济与范围经济［J］．管理世界，2004（7）：142-143.

［3］吕魁，胡汉辉，王旭辉．考虑范围经济与转换成本的混合捆绑竞争［J］．管理科学学报，2012，15（12）：10-24.

［4］王大树．关于范围经济的几个问题［J］．管理世界，2004（3）：135-136.

返璞归真：康养旅居时代背景下青城山六善酒店发展之路

一、教学目标与用途

1. 适用课程和对象

本案例主要适用于《酒店运营管理》课程，也适用于《战略管理》《市场营销学》等课程，适用于旅游管理类、工商管理类本科生。

2. 教学目标

在引导和启发学生思考问题的过程中，提高学生提出问题、分析问题和解决问题的能力，从而实现本案例的知识目标、能力目标及思政目标，具体如下：

（1）知识目标：掌握产品、行业、品牌的概念，明确产品品牌是一个企业的标识，是企业的核心价值所在；学会使用 SWOT 分析理论对企业进行内外部分析，归纳总结企业自身的优势与劣势，外部环境中的机会和威胁；理解企业社会责任的概念及其与可持续发展战略之间的关联；掌握差异化营销的特征及优势和应用场景，理解企业如何通过差异化战略培育并发扬核心竞争力，维持企业的可持续发展。

（2）能力目标：培养学生获取知识、更新知识和应用知识的能力，结合不同学科、不同知识点对企业管理中的问题进行分析和诊断；培养学生的理论思辨能力、系统思考能力，将理论知识与实际相结合，解决企业实践中存在的问题。

（3）思政目标：随着经济社会发展和人民生活水平的提高，人民群众对干净的水、清新的空气、安全的食品、优美的环境等的要求越来越高，生态环境在群众生活幸福指数中的地位不断凸显，环境问题日益成为重要的民生问题。习近平总书记指出，"人与自然是生命共同体，人类必须敬畏自然、尊重自然、顺应自然、保护自然"，提出了"人与自然和谐共生"与"山水林田湖草是生命共同体"等理念，要求像保护眼睛一样保护生态环境，像对待生命一样对待生态环境，企业的发展、行业的升级都要将坚持履行社会责任，这样国民经济和社会进步才能实现可持续发展。

二、启发思考题

➢ 青城山六善酒店所处的行业及其产品具有哪些特点?
➢ 对都江堰市青城山地区发展康养旅游目的地进行简要的环境分析。
➢ 青城山六善酒店是如何将养生健康与可持续发展相结合的?
➢ 青城山六善酒店的发展经营策略有哪些创新之处?

三、分析思路

本案例以典型的避世、奢华、疗愈型高端度假酒店——青城山六善酒店为研究对象,介绍了六善酒店集团的品牌历史和都江堰市青城山镇发展康养旅游的现状,重点分析了青城山六善酒店返璞归真、可持续发展的经营理念,以及酒店如何通过差异化营销创新来应对新冠肺炎疫情所带来的挑战和机遇。具体分析思路与步骤如图1所示。

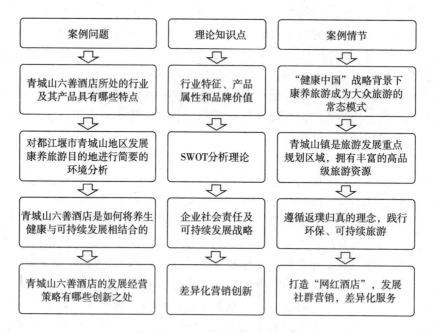

图1　案例分析思路与步骤

四、理论依据与分析

本案例涉及酒店管理、战略管理、市场营销学等多学科的诸多知识点，与案例不同部分所讨论的重点及次重点相对应设计了主要的理论依据和相关理论依据，逐步拓展、层层递进，教师可根据所教授学科和课程进度灵活安排讨论内容。

1. 青城山六善酒店所处的行业及其产品具有哪些特点

（1）理论依据。

1）产品属性。产品属性是指产品本身所固有的性质，是产品在不同领域差异性（不同于其他产品的性质）的集合。也就是说，产品属性是产品性质的集合，是产品差异性的集合。产品属性的决定性因素包括：消费者需求因素、消费者特性、市场竞争、价格档次、渠道特性、社会属性、安全属性、法律政策。呈现在消费者眼前的产品就是这些不同属性交互作用的结果。

2）行业特性。行业划分依据是指根据所从事行业的业务特点、对社会的贡献程度等对行业进行分类。行业特性指的是行业所呈现出来的有别于其他行业的特质。针对行业特性的分析需要考虑行业的市场区域范围、规模特征、行业进入壁垒、市场成熟程度、市场增长速度、行业集中度、销售渠道等。关于行业特性的分析有助于理解市场格局以及目标企业在其中所处的位置，了解企业的市场竞争优势和劣势。

3）马斯洛的需求理论。马斯洛需求层次理论是人本主义科学的理论之一，由美国心理学家 Abraham Harold Maslow 于 1943 年提出。他将人类需求像金字塔一样从低到高按层次分为五种，分别是：生理需求、安全需求、社交需求、尊重需求和自我实现（见图2）。人都潜藏着这五种不同层次的需求，这五种需求在不同的时期表现出来的迫切程度不一样，每个时期最迫切的需要才是激励人行动的主要动力。低层次的需求基本得到满足以后，其发挥的激励作用会降低，进而被高层次的需求取代。

（2）案例分析。

产品属性可以分为功能型与非功能型，功能型满足消费者的理性诉求，即购买这项产品的目的是希望其功能特性能满足基本的诉求，非功能属性满足消费者的感性诉求。图3体现了康养酒店属性和康养旅游行业特征。康养酒店是以改善生活方式和全面健康提升为目标，实现健康养生与旅游度假的完美结合，实现非医疗化、非侵入式的健康服务体系与酒店管理体系相结合的有形平台。

自2020年新冠肺炎疫情暴发以来，全世界都不得不放慢脚步，康养酒店提供的有形产品则是如健康管理、睡眠监测、水疗、食疗等康养服务套餐，客房只是其中的一部分非核心内容。以旨在为宾客带来身、心、灵共同和谐的青城山六善酒店为例，可持续发展、与自然和谐共处则是康养酒店非功能型属性的体现，酒店所提供的各项服务也与马斯洛的需求金字塔中五个层级的需求相对应。

随着"健康中国"正式成为中国发展的战略之一，康养旅游已经成为新常态下旅

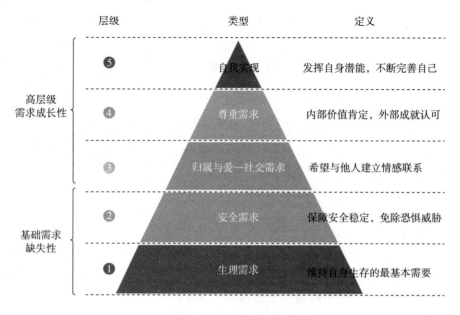

图2　马斯洛的需求金字塔

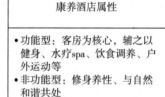

康养酒店属性	康养旅游行业特征
• 功能型：客房为核心，辅之以健身、水疗spa、饮食调养、户外运动等 • 非功能型：修身养性、与自然和谐共处	• 以良好的自然气候为基础 • 不同的游客群体对于康养旅游有着差异化的需求 • 能够与酒店、餐饮等行业联动，衍生出诸如康养酒店、食疗餐厅等众多新旅游产品

图3　康养酒店属性和康养旅游行业特征

游服务业发展的重要引擎。康养产业迎来发展机遇，"康养+"成为文旅产业的重要构成部分，康养旅游也逐渐成为大众旅游的常态模式之一。

2. 对都江堰市青城山地区发展康养旅游目的地进行简要的环境分析

（1）理论依据。

1）布哈里斯"6A"模型。布哈里斯"6A"模型从旅游吸引物、交通、设施和服务、包价服务、活动、辅助性服务六个方面分析了旅游目的地构成要素与特征（见表1）。

表1　布哈里斯"6A"模型

旅游吸引物（Attractions）	自然风景、人造景观、人工物品、主题公园、遗产、特殊事件等
交通（Accessibility）	整个旅游交通系统，包括道路、终端设施和交通工具等
设施和服务（Amenities）	住宿业和餐饮业设施、零售业、其他游客服务设施

包价服务（Available Package）	预先由旅游中间商和相关负责人安排好的旅游服务
活动（Activities）	包括所有的目的地活动，以及游客在游览期间所进行的各种消费活动
辅助性服务（Ancillary Service）	各种游客服务，如银行、通信设施、邮政、报纸、医院等

2）SWOT 分析。SWOT 分析是基于内外部竞争环境和竞争条件下的态势分析，就是与研究对象密切相关的各种主要内部优势、劣势及外部的机会和威胁等，S 代表 Strength，指的是研究对象目前的优势；W 代表 Weakness，指的是研究对象目前的劣势；O 代表 Opportunities，指的是研究对象目前面临的机会；T 代表 Threatens，指的是研究对象目前面临的威胁。通过调查研究的方式将以上四个方面逐一列举出来，并依照矩阵形式排列，然后用系统分析的思想，把各种因素相互匹配起来加以分析，从中得出一系列相应的结论，而结论通常带有一定的决策性。

（2）案例分析。

根据案例正文及其他相关素材，基于布哈里斯"6A"模型对青城山地区的旅游资源进行归类，并结合 SWOT 分析法，对都江堰市青城山地区发展康养旅游目的地进行简要的环境分析如图 4 所示，青城山发展康养旅游目的地的优势多于劣势，机会大于威胁。

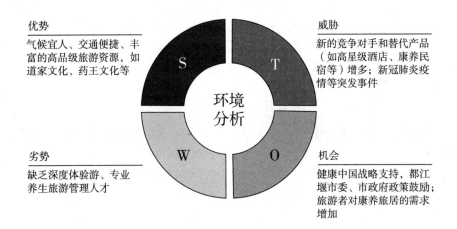

图 4 都江堰市青城山地区发展康养旅游目的地环境分析

3. 青城山六善酒店是如何将养生健康与可持续发展相结合的

（1）理论依据。

1）企业核心价值观。企业核心价值观是指企业所持有的终极信念，是企业哲学中起主导性作用的重要组成部分，是企业在发展中处理和解决内外矛盾的一系列参考准则，如企业对市场、客户、员工等的看法或态度，表明了企业的生存立场。企业的核心价值观包含判断善恶的标准，企业员工群体对企业愿景和使命的认同以及基于这种认同对目标的追求。企业的核心价值观是在长期经营活动中形成的，是对其成长环境、能力、经验的归纳与变革，伴随企业的历史而生。它不仅与企业所处的国家、地区、行业等有关，而且与企业的创建者、关键领导者以及所处的生命周期有关。

2）可持续发展战略。可持续发展战略是指企业在追求自我生存和永续发展的过程中，既要考虑企业经营目标的实现和提高企业市场地位，又要保持企业在已领先的竞争领域和未来扩张的经营环境中始终保持持续的盈利增长和能力的提高，保证企业在相当长的时间内长盛不衰。

3）企业社会责任。企业社会责任（Corporate Social Responsibility, CSR），是指企业在创造利润、对股东和员工承担法律责任的同时，还要承担对消费者、社区和环境的责任，企业的社会责任要求企业必须超越把利润作为唯一目标的传统理念，强调要在生产过程中对人的价值的关注，强调对环境、对消费者、对社会的贡献。

（2）案例分析。

六善酒店集团的核心价值观包括以下几个方面：殷勤的待客之道；精心设计的完美体验；立足本地，放眼全球；关怀与责任；新颖独特，妙趣横生；引领健康生活。六善品牌的特色是纯正、个性化及可持续发展。青城山六善酒店也在日常经营中践行"纯正、个性化、可持续发展、与自然和谐共处以及宾至如归"的文化。秉承六善的环保理念，青城山六善酒店致力于改善因酒店运营导致的生态影响和碳足迹，将个人健康的可持续发展与自然环境的绿色发展相结合，如酒店采用节能节水设施，用玻璃瓶装水取代一次性塑料瓶装水，最大限度地减少酒店运营对环境产生的影响。集团在当地设立青城山六善酒店可持续基金会，定向支持一个羌寨村庄，这些都体现了六善酒店对企业社会责任的履行。

4. 青城山六善酒店的发展经营策略有哪些创新之处

（1）理论依据。

1）差异化服务。差异化服务是指在业务开发与推广上，努力提供多种业务应用，为满足客户的不同需求而提供的个性化服务与资费选择，是一种市场细分的营销策略（精准营销）。实施差异化策略创新的主要方式有以客户群为基础的差异化策略、以年龄为基础的差异化服务策略及以付费方式和业务功能为基础的差异化策略。

2）社群营销。社群营销是在网络社区营销及社会化媒体营销基础上发展起来的用户连接及交流更为紧密的网络营销方式。网络社群营销的方式，主要通过连接、沟通等方式实现用户价值，营销方式人性化，不仅受用户欢迎，还可能成为继续传播者。

3）影响力营销。注意力经济时代，影响力营销依赖于影响者的可信度，以及利用他们赢得的信任和他们与追随者建立的关系，但它真正的价值在于网络效应。

（2）案例分析。

旅游酒店业作为服务业的重要组成部分，受新冠肺炎疫情影响，酒店业营业收入大幅下降，消费者的行为和心理也发生了重大变化。传统的酒店营销策略不再适用于疫情常态化的市场形势。酒店企业应及时根据市场变化，制定与市场环境相适应的营销策略，以满足新的市场环境和顾客需求。青城山六善水疗中心从持续数天的养生疗程到各项舒缓身心的项目，以至瑜伽、太极等活动，一应俱全，不同类型的宾客总能从中找到称心之选，此外，不同年龄段的客户也能享受到不同的服务，如为亲子家庭中的小朋友打造的儿童俱乐部，这都是青城山六善酒店提供差异化服务的体现。此外，"网红酒店"是在这个喧嚣的"网红经济"时代诞生的一项新生事物，"网红酒店"大多是通过社交媒体和一些网红的个人推广而走红。这些在社交媒体上拥有大量粉丝、有影响力的个人通常会对粉丝的购买决策产生强烈影响，在决定旅游目的地或入住酒店时，消费者更可能相信个人推荐，而不是传统营销平台上所投放的广告。影响力营销、社交媒体和内容营销的结合正在重新定义口碑营销渠道，以一种更真实的方式将酒店推广至客群。通过网红、明星在社交媒体打卡、推广以及建立用户微信社群，正是影响力营销和社群营销在泛服务业的应用。

五、关键要点

（1）学生需要提前了解康养旅游、康养酒店的特点及发展现状。

（2）了解六善酒店集团的品牌历史和青城山六善酒店的可持续发展理念。

（3）引导学生思考青城山六善酒店在后疫情时代经营策略的创新之处，培养和启发学生分析和解决问题的能力。

（4）为达到较好的讨论效果，曾经体验过康养旅游或是入住过康养酒店的同学建议均匀分配到各个小组。

六、建议课堂计划

本案例拟运用于《酒店运营管理》课程或涉及此部分相关知识点的本科专业课程如《战略管理》等课堂教学。通过教师的指导，根据教学目的要求，组织学生对案例的调查、阅读、思考分析、讨论和交流等活动，教授学生分析问题和解决问题的方法或道理，进而提高学生分析问题和解决问题的能力，加深学生对课程基本原理和理论知识点的理解。案例教学的本质是理论与实践相结合的互动式教学，其主要目的不仅在于教授专业知识，还需调动学生的学习热情。本案例通过组织小组讨论，能够激发学生的创造性和批判性思维，提高学生的分析能力、决策能力、协调能力、表达能力。

本案例在课程教学中的运用时间应控制在90分钟。

1. 课前准备

（1）准备工作：通过课程知识的讲授与分享，让学生了解基本的理论知识，使学生具备基本的案例分析方法。提前分发案例（含思考索引及思考题），按每组6~8人的标准对学生进行分组。

（2）课前要求：请学生提前阅读案例，善用互联网资源对酒店的基本信息进行检索，认真阅读思考索引并针对思考题列出大纲或思维导图。

2. 课中计划

（1）课堂热场，通过播放视频和对相关背景及课程知识点的简短介绍引入案例主题（5分钟）。

（2）随机抽选3~5名学生结合课前准备工作对案例内容进行简要概括介绍（5分钟）。

（3）各小组对案例进行讨论、分析和分享，可针对思考问题的部分或全部，也可针对案例中涉及的其他方面的问题。基本流程为小组汇报，教师在整个讨论过程中整理记录分享要点，并给予适度引导（60分钟）。

（4）教师对学生的意见进行整理归纳，并补充小组汇报中未涉及的内容，必要时引发二次讨论，共同归纳本次课程的知识点，形成完整的课堂体系（20分钟）。

3. 课堂提问逻辑

案例讨论课堂开始之前教师先抛出引导问题，在学生进行课堂讨论的过程中，让学生自主提出疑问和困惑并通过讨论寻找答案，针对学生对案例的疑问进行解答。学生汇报案例讨论结果的过程中，教师可以和学生共同讨论，讨论内容集中在与案例相关的关键知识点上。

4. 课后计划

（1）要求学生以小组为单位，根据案例内容，结合课程相关知识点，完成一份格式规范的案例分析报告，以文档报告形式提交，字数要求不少于3000字。

（2）邀请案例企业管理者进行实时互动，分享企业实际操作中的思路困惑和解决方案。

参考文献

［1］曹旭平，黄湘萌，汪浩，王剑华. 市场营销学［M］. 北京：人民邮电出版社，2017.

［2］［美］凯文·莱恩·凯勒. 战略品牌管理［M］. 吴水龙，何云，译. 北京：中国人民大学出版社，2009.

［3］冯丽云. 品牌营销［M］. 北京：经济管理出版社，2008.

［4］熊爱华. 品牌生态系统协同进化研究［M］. 北京：经济科学出版社，2012.

［5］张明立，冯宁. 品牌管理［M］. 北京：北京交通大学出版社，2010.

［6］周志民. 品牌管理［M］. 天津：南开大学出版社，2008.

华住集团：信息化浪潮下的成长与扩张

一、教学目标与用途

1. 适用课程

本案例适用于酒店管理《商业数据分析》课程或涉及此部分相关知识点的专业课程，如《酒店管理》等课堂教学。

2. 适用对象

本案例主要用于《商业数据分析》课程的本科阶段教学环节，也适用于酒店品牌管理、酒店并购等管理类专业学位的教学实践项目。

3. 教学目标

（1）通过案例学习，对酒店连锁集团的所面临的时代背景和宏观政策背景有基本的了解，了解酒店集团行业的发展现状和未来的发展趋势。

（2）辩证地理解企业的发展现实需求和企业面临的社会责任，包括对用户隐私信息的保护，用户的权益的保障，如何提升产品质量、如何提高服务水平以及如何履行社会责任。

（3）深刻理解酒店行业的信息化转型的必要性和基本路径。能掌握企业信息化发展的主要手段、如何服务于企业降本增效，如何帮助企业快速扩张，有效选址。

（4）理解企业在发展和扩张的过程中的企业并购、收购等行为的动因，以及主要的内外驱动因素。

二、启发思考题

➢ 华住集团并购桔子水晶属于横向一体化还是纵向一体化？

➢ 华住集团并购桔子水晶的动机属于什么类型的战略并购？

➢ 日益凸显的关店现象，带来了一系列经营管理问题，一方面，在新型市场会造成品牌形象的损失；另一方面，也会加剧加盟商或者的损失和对于风险的把控。华住集团应如何避免失败选址造成的损失？国际上的零售巨头是否有成功的经验供华住集团参考？

➤ 酒店行业为何要建立独立 App？华住会 App 的会员绑定信息给华住集团带来极大的引流效应，如何利用好用户资源，提高用户黏性？面对用户隐私信息，如何保障用户权益？

三、分析思路

本案例通过对华住集团已取得的成绩进行梳理，分析其背后原因是华住集团对数字经济的重视和在管理运营中的有效应用。通过对比华住集团在创立、发展过程中运用数字技术所不断产生的新管理模式和管理方法，进一步梳理公司在数字经济的加持的平台化转型和全球化品牌战略。随后，案例分析以华住集团在数字化转型中遇到了诸多难题，引出酒店信息化升级与优质产品供给之间的联系，并厘清华住集团打造一体化优势的品牌效应的具体措施，形成战略适配和落地的作用机理。此外，根据华住集团对数字化转型、精细化选址的探索与实践，分析数字化对酒店选址这一重要管理内涵的升级路径。本案例以国内最大的连锁酒店集团华住集团为例，启发学生思考如何在消费升级和信息化背景下提高选址的效率和成功率。本案例分析思路与步骤，如图 1 所示。

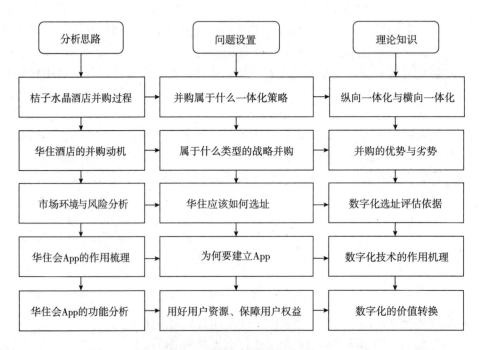

图1　案例分析思路与步骤

四、理论依据与案例分析

1. 华住集团并购桔子水晶属于横向一体化还是纵向一体化

企业一体化行为是指企业有目的地将互相密切联系的经营活动纳入企业体系之中，组成一个统一经济实体的控制和支配过程。一体化行为分为横向一体化和纵向一体化。

横向一体化是指把与本企业处在生产营销链上同一个阶段具有不同资源优势的企业单位联合起来形成一个经济体。横向一体化的实现途径包括收购、兼并、基于契约关系的分包经营和许可证及特许权经营、基于产权关系的合资经营等。源起市场营销和战略管理，又称"水平一体化"或"整合一体化"，是指企业收购或兼并同类产品生产企业以扩大经营规模的成长战略。其优势是实现了规模经济、降低了产品成本、巩固了市场地位、提高了竞争优势、减少了竞争对手。其实质则是提高系统的结构级别水平一体化，即开展那些与企业当前业务相竞争或相互补充的活动。

纵向一体化是指与企业产品的用户或原料的供应单位相联合或自行向这些经营领域扩展，就是指企业在现有业务的基础上，向现有业务的上游或下游发展，形成供产、产销或供产销一体化，以扩大现有业务范围的企业经营行为。华住集团并购桔子水晶属于横向一体化行为。

酒店并购的动因主要包括以下四个：一是市场寻求。这类动机是酒店企业快速发展形成规模的最原始动力，存在成本优势的行业和发展阶段最为明显。二是资源寻求。在以投资驱动和消费导向的酒店行业中，公司对地理位置、物业、地域准入等资源的依赖性较强，催生企业将并购作为获取资源的重要手段。三是战略资产寻求。战略资产是指公司层面上能创造并保持相对竞争优势的独特资源和能力。这些资源和能力很难通过短期创造或模仿，因此并购成为获取战略资产最有效便捷的途径。四是协同效应寻求。这类动因是企业并购最根本的动力，通过有效整合，新公司的绩效应当大于各个公司单独经营的绩效之和。

在并购桔子水晶后，华住集团可以利用其品牌影响力，实施"中档型"和"经济型"双品牌战略，并可以开始逐步进入高档酒店领域，以更好地满足消费者的需求。尤其是在华住集团长期主导品牌为汉庭等经济型酒店，"中档型"品牌全季酒店所占市场份额比重还不高，影响力不足的情况下，桔子水晶酒店"中档型"品牌的引入与经验学习，可以促进华住集团的转型，更快地适应市场需求的变化。

2. 华住集团并购桔子水晶的动机属于什么类型的战略并购

企业在发展过程中，可以利用企业的内部资源和生产能力实现规模扩张和生产能力的提升，如新建投资；也可以利用外部源实现规模扩张和生产能力的提升，如并购。新建投资和并购是具有代表性的两种相互可以替代的企业扩张途径。新建投资，也称绿地或创建投资，是指投资者投入资金或生产要素设立新的企业，一般新建投资的企业由投资者完全占有。并购是合并（Merger）与收购（Acquisition）的合称。合并是指两家公司同意在相对平等的基础上两者经营进行整合。收购是指一家公司买另公司的全部或者部分股权，并将被收购公司的业务纳入其战略组合。

新建投资的优点主要包括：第一，有利于选择符合企业战略意图的投资区位和投资规模；第二，不存在财务、文化整合的冲突和风险；第三，对企业的控制相对比较容易；第四，更易于获得目标市场地区政府和社会各界的支持。但是，相对于收购投资，新建同样具有一些缺点：第一，达到目的需要的时间较长；第二，难以尽快找到合适的人力资源；第三，品牌和销售渠道建设、客户群体培育都需要较长时间；第四，初期经营损失可能性大，难以实现盈利。

收购投资相对于新建而言，其优点包括：第一，可以加快进入目标市场的速度；第二，能够获得战略资产；第三，不增加市供给，不会恶化市场竞争关系，不会与地方企业产生摩擦；第四，容易实现规模经济和范围经济；第五，提升行业整体资源利用效率。相对于新建投资，收购投资也具有一定的劣势：第一，对收购对象企业的估值较难；第二，成本预算和控制程度较难把握；第三，需要更高的成本进行收购后整合；第四，企业文化之间可能存在冲突。

对于桔子水晶的收购属于整合型并购，有助于完善品牌矩阵和资源整合，减少竞争对手同时增加品牌集团的知名度和影响力。通过一系列并购战略的实施，华住集团已经完成了上万家门店和涵盖高中低端全系列覆盖的产品供给。目前，华住集团的规模在全世界排名第八，在酒店住宿业市值排名第三，华住集团打造从经济型到高端、标准到非标的多元化品牌矩阵，力求让任何消费者都有适合自身的选择。

3. 日益凸显的关店现象，带来了一系列经营管理问题

一方面，在新型市场会造成品牌形象的损失；另一方面，也会加剧加盟商或者的损失和对于风险的把控。华住集团应如何避免失败选址造成的损失？国际上的零售巨头是否有成功的经验供华住集团参考。

酒店行业是一个劳动密集型产业，如何用数字化手段改变生产方式、管理方式和组织方式是非常大的挑战。

近年来，随着华住旗下酒店数量的不断增长，各区域市场业务范围的不断扩大，如何制定宏观规划策略、如何定位城市焦点区域，形成品牌聚集效应，是企业快速扩张、占领新型市场时面临的重要问题，错误的选址不仅会导致门店亏损闭店，甚至会使企业丧失新市场口碑。然而传统意义上的门店选址依赖于门店开发人员的主观经验，已无法支撑华住集团的大规模开店速度及持续稳健盈利诉求。

位置智能激活沉睡数字资产。华住企业内部分散了大量的门店和经营数据，这些数据通常包含位置信息，是宝贵的数据资产，如何打通信息孤岛，激活位置信息，构建企业级地图系统是华住集团数字化转型迫切需要解决的问题之一。基于企业级 GIS 系统可以进行全国一盘棋的布局，帮助决策层通过地图宏观了解市场开发情况；摆脱传统报表局限，从地图视角快速查看各市场开店完成情况和经营业绩报表；借助多种空间分析工具，辨识焦点区域挖掘潜力市场。

整合多源数据科学选址。基于 GIS 的空间位置智能平台，整合经济房价、交通设施、人口客流、聚客点、竞争品牌等多源数据，提供制图和可视化、分析以及数据管

理等综合数字化平台工具。叠加城市人口、交通、商业和社区等多维数据，洞悉城市核心商业区域；结合机器学习模型搭建商区推荐和点址评估模型，快速定量研判区域和门店优劣，为网络规划和开发用户提供科学选址评估依据。

数字化转型是酒店行业的重要契机。华住集团在下沉和扩张的同时，也注重兼顾开店的成功率，聚焦效率的打法使华住集团快速恢复，在行业内脱颖而出。聚焦效率主要指用技术赋能获客、运营和管理三方面效率的提升，门店选址同样依赖效率提升。

4. 酒店行业为何要建立独立 App？华住会 App 的会员绑定信息给华住集团带来极大的引流效应，如何利用好用户资源，提高用户黏性？面对用户隐私信息，如何保障用户权益

单次营销仅换来单次消费，酒店行业面临的痛点：第一，用户感知价值不足。市场现有各类型酒店之间同质化现象严重，用户难以感知品牌价值，无法满足多元化的用户需求，因此营销效率低、复购率低；没有培养用户的使用习惯，给予用户的路径引导不够清晰且对用户的激励不足；OTA 平台的介入，集众家于一处，消费者拥有海量选择，转换成本低。

第二，完全竞争下顾客唯价格是从，酒店体验难以有动力改善，用户留存差。激烈的竞争成就了买方市场，消费者选择众多，酒店之间为了吸引顾客不断进行价格竞争，导致了各大酒店因资金紧张而放弃维护用户体验，间接影响了用户留存度。

第三，随着连锁化水平提升，酒店品牌竞争只会愈演愈烈，一味地打价格战并非长久之计，于是倒逼酒店在同等价位下提供更多的附加价值，客户资源和订房系统成为酒店集团第一竞争力，会员电商正是因此而存在。

酒店行业之所以如此热衷于把客户变成自己的会员，是为了将公域流量引流到私域进行闭环运营，形成会员驱动的增长飞轮。

（1）掌握用户消费习惯。会员电商是企业对自身吸纳的会员进行消费数据分析、发掘消费习惯等有价值的信息的有效方式企业通过会员制收集有效的消费数据，并进行汇总、分析，从而针对不同的顾客提供不同并且有效的营销手段，可以达到提高营销效果、提高投入产出比、维护顾客忠诚度、提高品牌忠诚度的目的。会员电商能够充分考虑消费者的满意度、参与度，以及企业与消费者之间的互动，酒店集团可以通过经营这种互动提高消费者对企业的好感，从而长久地提升企业利润。

（2）加强渠道掌控力。酒店需要依靠 OTA（Online Travel Agency）的大量流量才能持续获客，且 OTA 平台要向酒店收取高达 15%~25% 的佣金。流量成本随着渠道和市场变化不受控，酒店处在附庸位置。随着流量价格的不断攀升，盈利能力持续下降，酒店缺乏自己的忠诚顾客也难塑造品牌。在失去对客户渠道控制权的情况下品牌打造不可能完成，面对渠道问题，最好的解决办法就是建立自己的客户渠道，沉淀自身的客户资料，建立自己的数据分析体系，不能长期依赖于 OTA 平台。

（3）降低淡旺季波动。淡季营收差、营销成本不可控等因素蚕食企业的稳定现金流。暑期的旅游旺季，出行需求提高，酒店业也因此受到旺季的影响；2019 年的住宿业务营收明显高于 2020 年，不可控因素的发生让住宿业措手不及，酒店集团需要更敏捷的制度体系来应对诸如此类的突发事件。在消费升级的大背景下，对酒店业的运营

提出了更高的要求，未来行业需要增加更多的消费场景，通过线上新零售来带动平时收入，通过调整业务布局来平衡旅行淡旺季的波动。

如何用好用户资源，提高用户黏性，华住会利用 DTC 理念打造会员体系：

（1）全渠道引流触达用户。针对散客，只要注册成为会员就能免费上网，免费使用充电宝。还能通过企业渠道引流，将企业差旅系统与华住直连，订酒店、费用结算、发票、续住等烦琐的问题一键搞定，不用自己操心，而且华住会员住宿所得积分能归到自己的账户下，而非公司。因此，有很多人在出差时入住华住酒店并加入会员，且自己出游时依旧选择华住。

（2）全员营销计划激活用户。受邀体验/付费购买快速转换用户为会员；创造越来越多入住场景数字化触点，不断提升会员活跃度。如果是铂金会员，则有两个金会员的邀请名额，也就是说，直接跨过金、银、玫瑰金会员直接变成金会员（见图2）。季琦说："华住希望未来每年有 3 亿人次入住旗下酒店，把住客的预订习惯和喜好等记录下来进行分析，推动更好的服务。"因此华住会以会员为中心，创造了许多入住场景的数字化触点。

图 2　酒店层级会员体系安排

（3）会员制电商转化为会员。按不同会员等级价格优惠与套餐来预订，个性化优惠与套餐实现从预订到入住的无缝体验。会员消费与活跃积分可以立减实惠，会员的积分制度，每消费 1 元得 1 积分，每 100 积分可当 1 元现金抵扣。积分兑换现金可以用于抵扣房费，也可以在华住会 App 的商城购买商品、兑换福利等。华住打破了传统"积分制"相对孤立和古板的模式，把积分打造成一种内部流通"货币"，可在多种场景消费或赚取：需求→奖励→需求，一条利滚利闭环就形成了。

（4）会员权益实现留存。层级会员权益（如免费/加倍积分/增值服务），为会员提供专属的折扣优惠，增强用户黏性，刺激用户持续消费。专属的品牌增值服务和福利提升价值体验，给会员特权福利，增强品牌认可度，构建品牌良好口碑（见图3）。

图 3　华住会 App 功能简介

从华住会 App 的内容来看，华住集团的会员系统主要实现了以下战略目的：

（1）华住会驱动了用户活跃并提升价值贡献。DTC 自有渠道营收贡献为 85%，全球同行业最高，销售费用率行业最低；华住会员贡献 76% 间夜量，同行业最高。其中金卡、铂金卡会员占会员预订 73% 以上；领先行业解决一线运营难点和用户痛点，人房比 0.17 业内最低，服务人员薪资比行业平均高 32%，用户入住体验 NPS 高 40%，RevPAR 领先行业其他竞争对手。

（2）持续带来了体验数字化和流量回报力。会员规模不断增长：2016~2020 年会员人数增速维持在两位数以上，5 年平均增速达 29%，远高于同行。截至 2021 年初，拥有 7 亿可免费触达的私域会员。会员的夜间比持续攀升，会员贡献夜间量比达 75%，位列全球十大酒店集团第一，会员规模的商业价值被持续兑现。

营业费用率优势显著，会员贡献拉动 DTC 营收提升并降低整体营业费用率，10 年营业费用率中位数 25%，远低竞争对手，节省的成本可让利于会员，实现会员获客和留存持续增长。

从如何保障信息安全和顾客隐私来看，华住集团的数字化进程符合我国网络安全法规定，网络运营者应当采取技术措施和其他必要措施，确保其收集的个人信息安全，防止信息泄露、损毁、丢失。专家认为，应加强对企业的监督和约束，倒逼其有效承担信息安全保护责任。公司从源头收集端加强防控和信息收集的规范是非常必要的。企业经营者收集、使用消费者个人信息，应当遵循合法、正当、必要的原则，明示收集、使用信息的目的、方式和范围，并经消费者同意。

一是保障知情，即要求酒店通过明确易懂的方式告知消费者，酒店收集了其哪些信息、为什么收集这些信息，以及通过哪些方式收集这些信息，确保消费者知晓。

二是满足必要，即收集个人信息的范围应当与服务存在直接、必要的关联。例如，酒店可以基于实名入住的目的，要求消费者提供姓名、身份证号，也可以要求消费者出示健康码，但酒店基于基础的服务内容，在没有合理理由的情况下，可能不得要求消费者提供工作单位或者"指纹"等信息。又如，在消费者办理入住手续时，酒店可能要求消费者提供手机号码，但如果酒店无法向消费者说明收集该信息与服务内容的关联以及必要性，则即便消费者拒绝提供，酒店亦不应拒绝向其提供入住相关的主要服务。

三是针对敏感信息的合规要求：①强化提示。应当将收集"身份证、人脸、银行卡"等具体敏感个人信息所分别具有的特定目的，关联必要性，以及对个人权益的影响等内容，向消费者作出显著提示，如通过系统弹窗、签署告知书等方式。②强化防护。应对敏感个人信息采取更为严格的防护措施，如考虑自收集端开始就对这些信息进行加密、隔离，并进行物理和软件层面的防病毒木马攻击、入侵等。③强化授权。对于敏感个人信息，法律要求应当取得个人的单独同意，这一合规要求可以通过单独的弹窗或签署单独承诺书等方式进行提示并获得消费者主动同意来实现。

四是要引入防泄密软件这从源头上保障数据安全和使用安全的软件系统。包含了文件透明加解密、内部文件流转、密级管控、离线管理、文件外发管理、灵活的审批流程、工作模式切换、服务器白名单等功能，并全面覆盖 Mac、Windows、Linux 系统。

从根本上严防信息外泄，保障信息安全。

五、建议课堂计划

本案例主要用于《商业数据分析》课程的教学环节中，主要与该课程中的商业数据获取、数据探索与分析、企业数字化转型实践案例、酒店战略管理分析等知识要点相匹配。本案例在课程教学中的运用时间应控制在120分钟。

1. 课前计划

（1）准备工作：提前分发案例（含思考索引及思考题），将学生分组，每组6~8人。

（2）课前要求：请学生认真完成案例阅读，并就思考题进行初步思考及相关内容搜索。

2. 课中计划

（1）课堂热场，通过简短介绍引入案例主题（5分钟）。

（2）随机抽选3~4名学生对案例进行简要概括介绍（5分钟）。

（3）组织开展案例教学，抛出问题，各小组圆桌讨论，共同探讨，要求各小组在白板上写下答案（60分钟）。

（4）引领学生进行小组间讨论，共同归纳本次课程的知识点，并形成体系（20分钟）。

3. 课后计划

要求学生以小组形式根据案例内容，整合已学知识点内容，完成一份案例分析报告，以文档报告形式提交，字数为2000字，以此激励学生深入分析思考，提出更具有深度的观点。

六、案例分析补充材料

1. 华住会"成与败"

华住会成功绑定了大量的会员，为企业创造了大量的复购常客，但也面临着三个问题。

首先，如何权衡会员推广与常客筛选的问题。"华住会"会员入会门槛几乎为0，住店顾客在办理入住服务时，即由工作人员建议自动绑定手机号和个人信息，处于较为被动的状态成为会员。相较于传统的充值或者办理常客卡的入会方式，这种入会形式是否真的能筛选出常客？会员的满意度如何？其再次入住的概率如何保障？

其次，如何权衡好营销推广与会员权益保障。由于大部分用户对会员计划的细节没有认真研读，只从前台人员或者推广消息中了解到一些优惠政策，导致用户在后期想要兑现优惠信息时会遇到使用限制，这会给用户产生名不符实的不良印象。比如，会员计划中会有细则表明，会员本人通过"华住会"平台预订"华住会"权益适用酒店并最终入住方可享受权益，即需要同时满足"华住会"平台预订、酒店支持权益、会员本人入住三个条件才能享受权益。针对这种会员权益，从集团本身考虑是为了更好地促进用户的入住体验，最大程度地营销酒店房间而制定的，但由于这些权益本身的限制较多，对价格相对较为敏感的普通用户尤其是商旅类用户不可能花大量精力研究哪些权益适用于哪些酒店，以至于稍有疏忽就无法享受相关权益。这些文字类的条款很大程度上限制了会员权益的灵活性和适用性，给许多用户造成了优惠权益并不优惠的错觉，极大地影响了入住体验和常客比例。

再次，特色权益特点不突出问题。各大酒店集团均已推出各自的会员权益计划，华住集团对于会员级别、积分积累和积分兑换方式等内容与其他集团大同小异。对比首旅和锦江的会员权益，"华住会"权益并无大的亮点特色，其在积分积累和积分互通方面显得较为单一，尚未考虑与其他餐饮、交通、娱乐、景区游览等业态开展合作，并且与较为常见的诸如航空公司飞行里程兑换和银行信用卡消费积分兑换的互通都没有实现。这在品牌跨界合作，网红爆品以及流量当道的时代显得过于保守和不懂变通。在积分兑换方面，虽然开通了积分兑换酒店客房，但商旅类顾客对于积分兑换客房的需求并不明显；华住会 App 也支持积分兑换商城商品，但其商城内的品类单一，门槛较高，也限制了很多客户的兑换意愿，导致积分系统有时往往形同鸡肋。

2."强制入会"引发的争议

某顾客在第三方平台预订了某汉庭店，酒店入住时被告知不能享受免费早餐，须强制注册会员，且费用无须体现在明细里，但开具发票时其他消费产品则必须显示明细，这种财务上的区别使顾客费解。此外，酒店入住和免费使用 Wi-Fi 则必须要通过微信扫码，输入个人信息强制入会。事实上，成为会员还会导致用户的隐私被暴露的风险。

2018 年华住集团被曝出约 5 亿条"住宿记录"数据被泄露，在暗网中以 8 比特币打包价在境外兜售。此次事件造成巨大的舆论压力和信任危机，为何华住集团不惜以业绩考核为目标将会员信息强行纳入其内部数据体系中？

华住集团宁可冒着巨大安全风险，置广大公众隐私信息安全于不顾，也要强行将顾客数据纳入其内部会员体系中，与华住集团的经营战略有巨大的关系。一手创办了 OTA 头部企业携程的季琦，深知酒店行业与三方平台之间的竞合关系。作为致力于打造万家门店的独立酒店集团，不希望自己的预订渠道和会员系统过度依赖于 OTA 企业。事实上，华住集团的直销渠道的收入一直高于非直销渠道的收入，利润的比例则更明显高于非直销渠道。考虑到租金、人力等成本，RevPAR（每间可提供出租房收入）都在下降。这暴露出华住集团对于酒店常客计划的一些弊端。

庞大的会员体系造就了华住集团的业绩，据华住官方统计数据，会员贡献率为78%，直销比例高达 87%。这一数字显著高于行业水平，比依靠三方预订平台的酒店有更好的直销比例和会员贡献率。

3. GIS 和数字化技术支持星巴克中国的发展与扩张

星巴克的成功离不开对门店位置的优化选址，对目标客群的精准判断，对消费场景消费习惯的培育。

（1）门店的扩张伴随着经济的发展、消费水平的提高和城市化进程的加速。随着我国 4 亿中产阶级的消费水平不断上升，星巴克的门店覆盖密度也不断攀升。在北上广深一线和准一线城市尤为明显。截至 2019 年 1 月，上海市现在已经超过 689 家，占整个中国门店总量的 20%。在上海，平均每 3.5 万人拥有一家星巴克，在纽约，则是每 2.4 万人拥有一家星巴克。

（2）目标群体由 80 后的"白领"群体转向大学生、年轻人群体。根据星巴克自己的数据，星巴克频繁消费用户中 77% 是 1980 年后出生的。喝咖啡在中国实在不是一个普遍的习惯，更早赶上的也是速溶咖啡。现在，品牌更愿意谈的是"年轻人"，而不局限在白领，是因为购买力并不直接与赚钱能力挂钩，大学生乃至更年轻的群体，同样有着强烈的消费需求和能力。

（3）消费习惯培育和商务环境助力。在进入中国的时候，星巴克也将"第三空间"的概念一并带了进来：这里是家和公司以外的另一个空间。消费者在这里不只是喝咖啡，还可以等人、聊天、工作、谈生意。这种理念正不断地被客户群体广泛接受。

1）地图助力星巴克中国实现科学扩张。星巴克中国在以高速、多层次、多渠道纵深发展的大背景下，也在面临比以往更多的多层次竞争。对门店的市场规划和选址决策关乎着星巴克中国的业务能否持续稳定和发展。

2019 年，星巴克把国内市场规划及选址的业务需求与地理信息系统（Geographical Information Science，GIS）技术进行了整合。这种整合不是简单地将商业分析和地图功能叠加，而是既有业务系统与地图系统的双向耦合。一方面，通过 GIS 把星巴克日常网格规划业务融入地图系统中，该系统可以为星巴克日常工作提供 GIS 系统和地图功能工具，满足门店选址、经营分析、数据分析、专题图制作以及成果分享等日常业务需求，进行决策辅助和技术支撑。另一方面，GIS 系统也对接了既有流程管理系统，满足网络规划与选址业务中各部门的位置信息的协作需求和业务流转需求，成为业务工作流中的重要一环。

整合过后，星巴克伙伴们得以方便地在地图平台上进行各类数据的多维可视化展示与渲染；便捷地对各类业务和私有矢量数据进行位置和属性的编辑；利用强大的空间分析和统计工具挖掘数据背后的空间属性，进行深层次的分析以发现更大的价值（如对门店的经营、财务动态数据进行四维展示）；还可进行门店/区域的报表制作、成果分享等。有了 GIS 的参与，选址决策变得更加直观、准确。从现场采集数据的部门，到制定战略方向的部门，每一个参与门店选址的星巴克员工，都感受到了通过地图而不是传统表格的方式来进行工作的高效。

2）星巴克面临着新的竞争环境。星巴克高速扩张的同时，市场竞争也愈加激烈。中国市场事实上已经开始出现了饱和的迹象，至少在一、二线城市星巴克咖啡随处可见——星巴克 2018 财年第三季度（2018 年 4 月 1 日至 6 月 30 日）的财报显示，其中国区同店销售下降了 2%，这是星巴克进入中国市场九年以来首次下滑，是当季全球表现最差的市场之一。

2019 年 1 月，星巴克用"我们的 20 岁从喜欢咖啡开始"讲述了品牌进入中国 20 周年的故事。正努力变成一个正值年轻的少年形象，朝气蓬勃还有梦想。毕竟在经历了过去 20 年中国市场的开拓之后，它需要找到更多吸引消费者的东西。

曾经在中国消费者心中遥不可及的星巴克，如今变得更迫切地想与消费者建立关联，来继续维持一种吸引力。如何建立顾客消费行为地理画像更了解自己的顾客，如何锁定目标客群从而制定精准的产品营销和会员招募计划，是新竞争环境下需要迫切解决的问题。

3）地图助力星巴克中国更好了解客户。星巴克中国在市场规划科学决策的背景下，基于 GIS 系统的竞争对手分析，市场容量判断，对消费者行为和用户画像梳理以及各类 POI 数据灵活使用，可以帮助网络规划团队提高工作效率，提高预测的准确性和决策的科学性。

借助地理编码工具，可以快速将大批量的顾客登记文本地址转化为经纬度坐标，进而将顾客的分布情况以多种形式展示在地图上。结合人口和人流数据，可以掌握各区域会员渗透情况，研判人群特点和空间分布状况挖掘重点潜在会员招募区域，制定更有效的会员发展策略。

将顾客的消费记录与其地理位置进行关联以便了解每一个商品品类在各个区域或者门店的受欢迎程度，制定更有地域针对性的产品营销策略，进而优化库存配置提高产品销量，提升投资回报率。

参考文献

［1］冷汗青. 基于消费者视角的华住酒店集团"华住会"常客计划研究［J］. 商展经济，2021（11）：49-51.

［2］李玏，吴雨桐，余纯琦. 中国酒店业面临的改革的难题与途径分析［J］. 四川广播电视大学，2018，21（10）：121-123.

［3］王昕. 经济型酒店网络服务场景对消费者购买意愿的影响研究［D］. 上海：上海师范大学，2019.

［4］周光宇."华住酒店"收购"桔子酒店"案例分析［D］. 广东：广东财经大学，2019.

亚朵酒店：新媒体时代下的人文酒店

一、教学目标与用途

1. 适用的课程和教学对象

本案例回顾了亚朵酒店集团的发展历程，使学生深入了解酒店集团或企业的战略制定流程，以及基本战略的品牌管理等问题。重点聚焦在酒店集团的整体战略制定过程中的环境分析、自身发展过程中的品牌定位、品牌形象塑造、品牌产品链设计与延伸以及市场营销策略制定等方面决策的各类理论和工具介绍及应用等。因此，本案例适用于《旅游市场营销》和《酒店战略管理》的课程教学，是一个具有综合性及实用性的市场营销及战略管理案例，能够与上述课程中"酒店环境分析"部分的"酒店外部环境分析"和"酒店内部环境分析""酒店营销策略制定""酒店品牌构建及管理""产品链延伸"等章节及主题内容配套使用，也可作为课程教学结束后的综合性案例分析考察使用。

本案例对学生的基础性专业知识具有一定要求，学生应具备对市场营销和战略管理等专业课程的基本概念和理论的一定理解和触及。例如，酒店和其他行业企业的战略制定流程、环境分析理论及工具、品牌形象概念及塑造、品牌定位及在定位的概念及方法，以及酒店和其他行业企业的战略选择等基础知识。与此同时，本案例选择企业隶属于泛服务行业中的酒店行业，因此，当学生具备相关泛服务行业或服务营销行业的工作经验时，学生将能够更好地对本案例进行分析。综上所述，本案例适用人群为具有一定泛服务行业及其他相关行业工作经验的学员及管理者，主要为 MBA、MTA 和 EMBA 学生。同时，酒店管理、工商管理等各本科专业相关课程也同样适用。

2. 教学目标

通过对本案例的学习及课堂小组讨论，学生应达到如下要求：

（1）学生应能够分析出亚朵酒店集团在发展过程中遇到的问题和威胁，并采用 SWOT 分析方法剖析其内外部环境，并识别其面临的机遇及威胁。

（2）学生应能够辨析品牌定位及品牌形象，并能够清楚地描述出亚朵酒店集团的品牌定位和品牌形象。

（3）学生应能够分析亚朵酒店集团品牌定位流程，并针对未来亚朵酒店集团的品牌定位提出自己的想法及后续改进措施。

（4）学生能够理解亚朵酒店集团如何打造出"人文酒店"这一品牌形象，并分析其品牌形象的形成过程。

（5）学生能够理解亚朵酒店集团如何利用自身优势联合其他品牌，打造商务型酒店中风格独特的人文酒店。

（6）学生能够以当前新冠肺炎疫情时期亚朵酒店集团存在的主要问题做出相应的营销策划方案。

本案例意在有效地帮助学生更好地了解并掌握市场营销和竞争战略中所涉及的相关知识，提高学生自主学习的能力和分析综合性管理案例的能力。同时，本案例的分析结果具有一定开放性，并没有所谓的固定分析结果，换言之，可能会出现不同的分析方案，这也能够有助于培养学生的理解能力及小组沟通协作能力。

二、启发思考题

➤ 根据企业战略管理的相关理论，分析亚朵集团如何创建"以人文情怀为核心的商务酒店"。

➤ 在新冠肺炎疫情防控期间，亚朵集团的"安心工程"是如何打造的？亚朵集团又是如何管控酒店的卫生安全的？

➤ 线下体验线上购买形式的亚朵酒店附加服务的推出是否能够提升其利润及知名度，对其品牌忠诚度的培养是否有正向作用？

➤ 亚朵集团与各大知名 IP 合作，是否能够提升其市场营销的成功率，并对其品牌知名度的扩大形成促进作用？结合亚朵集团市场定位，分析亚朵集团应与哪些品牌合作。

➤ 假设你是亚朵集团营销部的一员，在后续集团发展中，亚朵酒店集团将面临怎样的机遇与挑战，又将如何革新其市场定位以应对后续发展？

三、分析思路

本案例是一个较为复杂且涉及内容跨越时间较长的案例，并涉及酒店营销战略制定、动态发展、实现过程以及品牌管理升级等内容的复杂型案例。基于此，由于本案例自身涵盖内容较为丰富，在使用过程中，教师可以依据其自身课堂教学目标及需求、学生学习分析能力，以实际情况为根据灵活应用本案例。以下为本案例提供的可供参考的分析思路。

1. 战略管理视角

战略管理是一个过程性活动。企业通过这一过程,充分地分析和了解其内部具备的资源以及外部环境,树立战略方向,创建出能够推进企业沿着这一方向前进的战略,并贯彻这些战略。同时,战略管理的流程是较为复杂的,且整个流程须遵循一定的逻辑顺序。典型的战略活动顺序如下:①对企业所处宏观环境和运营环境(统称为外部环境)的形势分析,以及内部资源(又称内部环境)分析及内部和外部的利益相关者分析;②确定战略方向,具体体现在使命陈述和组织愿景中,同时还应重视企业价值观的表达,企业价值观传达出企业运营管理活动中秉持的行为准则;③形成企业的具体战略,包括企业层面的战略与重组、业务单位层面的战略规划以及企业家精神导向和创新战略;④战略实施,包括设置组织结构、控制组织流程、管理与利益相关者的关系以及管理资源以获取并发展竞争优势。

在一般情况下,特别是当一个企业正投身于正式的战略规划项目时,这些战略管理活动会按照上述的顺序进行。但是,有时战略规划活动也会按照其他顺序进行,或同时进行。在战略管理过程中,企业往往会重新回到早期的活动阶段,如战略方向制定或基本战略形成,收集新的相关信息并变更原有设想。总而言之,企业会从其之前的行动和运营环境影响因素中获取新的信息,得到新的认识,并作出修正其行为的反应。由此可知,所有企业的战略管理过程并是不刻板的。然而,各种战略活动的进展,从分析到计划、再到实施和控制能够为战略管理的分析研究提供逻辑线索,但也要注意不同类型的企业实施战略管理的方式存在一定差异。

结合战略管理的相关理论知识及工具,评价亚朵酒店集团及其旗下酒店的发展情况,分析亚朵酒店集团在不同发展阶段所面临的主要环境,评价亚朵酒店集团管理团队在面临这些环境时所做的决策,以及依托于现在疫情常态化的发展环境,对亚朵酒店集团未来的发展机遇、挑战、优势及劣势进行分析评估。

2. 产品管理视角

如今,随着产品和服务的日益商品化,许多企业正在创造高水平的顾客价值。同时,为了实现产品的差异化,企业通过品牌和公司来创造和管理客户体验。酒店管理中的产品主要分为核心产品、辅助产品、支持性产品和扩展性产品四个层次。辅助产品与支持性产品之间的界限十分模糊,一个细分市场的支持性产品也可能会成为另一个细分市场的辅助产品。作为酒店企业则应该选择不容易被模仿的支持性产品,也应该以专业的方式提供支持性服务。总而言之,支持性产品只有在适当地规划和实施后才能形成竞争优势,也必须达到或超过客户的期望才能产生积极的效果。至于扩展性产品,则涵盖可获得性、氛围、顾客与服务交付系统的互动、顾客间互动和顾客参与,这些要素与核心、辅助、支持性产品相结合,以提供更优质的产品。从管理的角度来讲,核心产品是使业务得以存在的产品,辅助产品是为目标市场提供核心产品所必需的,支持性产品则可以帮助定位产品,扩展性产品则是将提供什么与如何提供结合在一起。

结合产品管理的相关理论知识及工具,评价亚朵酒店集团及其旗下酒店的产品开发和设计情况，分析亚朵酒店集团在不同发展阶段产品的特点，评价亚朵酒店集团管理团队在不同发展阶段所做的产品开发和设计决策，以及依托于现在疫情常态化的发展环境，对亚朵酒店集团未来产品开发和设计进行分析评估。

3. 品牌化战略视角

品牌（Brand）是指用于识别商家的商品或服务，并将其与竞争对手区分开来的名称、术语、标志、符号、图案或以上所有元素的集合。品牌也可被视为一个企业最具持续相关的资产，比企业的特色产品和设备都更为持久。品牌化（Branding）则是赋予产品和服务品牌力量的过程，为了创造产品间的差异，这一过程必须谨慎地运行与管理。强势的品牌具有较为明显的营销优势，包括且不局限于更好的产品性能的感知、更高的忠诚度、在营销竞争和市场危机中更低的脆弱性、更高的利润、顾客对价格上涨的非弹性响应以及其对价格下降的弹性响应、更多地来自供应商的合作与支持、更多地来自中介的支持、更强的营销传播效应和更多的品牌延伸机会。

当一个品牌具有影响力时，说明其具备较高的品牌资产。品牌资产（Brand Equity）是赋予产品和服务的附加价值，这能够反映在消费者对品牌的看法、感觉和行为方式上，以及反映在品牌对企业的定价、市场份额和营利能力等的影响上。同时，品牌资产也是衡量品牌获取消费者偏好和忠诚度的能力。对于同类产品，拥有品牌的产品比无品牌产品更容易被消费者所接受，在此种情况下，品牌拥有正向的品牌资产，反之则会被视为一种负向的品牌资产。

品牌定位是对企业的产品进行设计，并清晰鲜明地向目标顾客群体表达该产品与其他产品的共同点及差异点，从而助其能够在目标顾客群体心目中占有一个独特的、有价值的位置的行动，使目标顾客群体能够清晰地了解该产品提供的利益和价值是什么。以这种一致性宣传品牌含义的方式，能够让上述品牌资产得到强化。为在目标顾客群体的认知中树立鲜明的品牌形象，品牌一般会定位在三个等级的任意一个层次上，即最低层次、较高层次及最高层次。最低层次中品牌被定位在产品属性的角色上，一般来讲，竞争者可以很容易地实现复制，并且顾客并不会对产品属性产生兴趣，而是会对产品属性所带来的价值感兴趣。较高层次的品牌定位是将名称和预期的价值相联系，在酒店服务业中，这些预期价值往往与顾客服务或体验相关联。最高层次的品牌定位则超越了上述的产品属性和价值定位，此层次的品牌定位着重强调强大的信念和价值。成功的品牌能够在更深层次的情感上吸引顾客。同时，在构建品牌定位时，企业应当建立品牌的愿景、使命以及价值。品牌承诺（Brand Promise）即企业明确品牌从事的业务是什么并且能够为消费者提供什么的愿景。因此，品牌承诺应当是简练且实际的。

品牌化战略视角下，适宜的、恰当的品牌名称对产品的成功具有正向影响作用。在选择品牌名称时首先要对产品、产品价值、目标市场以及营销战略进行细致的回顾。适宜恰当的品牌名称需满足以下几个条件：①品牌名称需体现产品价值和品质特点；②品牌名称需易于发音、辨识和方便记忆；③品牌名称需是特别的、独特的；④品牌名称需是具有延伸性的；⑤品牌名称需易于翻译成外文；⑥品牌名称应是可以注册且能够受到法律保护的。

　　企业能够通过运用品牌联合（Co-branding）和要素品牌化（Ingredient Branding）发挥其品牌的杠杆作用，以此提高现有品牌的影响力。品牌联合，又可被称为"双品牌"，有助于两个品牌实现优势互补。品牌联合存在两种形式，一种是创建联合品牌，另一种是"同一公司或零售品牌联合"，即指两家零售企业使用共同的场所来达到空间利用效率及利润最大化。品牌联合的最大优势在于能够依赖于不同的品牌产品，使其更受顾客群体的信赖。品牌联合不但有助于企业在现有市场上提高份额和销量，还有助于品牌开拓新渠道，为其挖掘新顾客群体提供了机会。而两个大众熟知的品牌的高效结合有利于降低产品的生产成本。要素品牌化则是品牌联合的特例。要素品牌化有助于传递产品质量的独特性、产品的重要信息。并且，要素品牌化中的一种有效的措施即为对自有品牌元素的宣传和推广。在运营得当的条件下，企业应用自有品牌的元素是具有重要意义的，因为公司对其自有品牌拥有更强大的控制权。

　　众所周知，单个品牌的延伸空间是较为有限的，并且企业相同品牌的所有细分目标顾客群体对其感受和喜好程度不尽相同。这就要求企业需要多元化的品牌聚焦和服务不同的细分市场，引入多元化品牌的原因还包括：①吸引追求多样性的顾客，以降低顾客转而选择其他品牌的可能性；②促进企业内部竞争；③有助于企业在广告宣传、销售、推销和物流等方面获取规模效益。品牌组合即是指所有品牌、特殊品牌类型或者细分市场的组合。理想的品牌组合中的每一个品牌都能够将价值和功能最大限度地体现出来。设计品牌组合的基础原则在于市场覆盖率最大化，防止遗漏潜在顾客，但同时也要尽量减少品牌的重叠部分，避免企业品牌间为争夺客源而相互竞争。由此可见，每个品牌都需要被清晰、差异化地定位，吸引一群极具规模的细分顾客群体，以此抵消其营销和生产成本。企业应谨慎地管理品牌组合，以识别弱品牌，并剔除不盈利的品牌，差异化的品牌产品线极有可能具有同类竞争强的特点，需要进行一定的精简。

　　4. P营销理论视角

　　"7P"营销理论是由传统的"4P"理论发展而来的，其中"4P"包含价格策略（Price）、渠道策略（Place）、促销策略（Promotion）和产品策略（Product）。但是传统的"4P"理论中的营销组合理论未将顾客互动问题纳入进来，因此在此基础上，再次加入"3P"，即过程（Process）、有形环境（Physical Environment）和人（People）。在竞争激烈的服务市场上，"7P"反映了服务的内在特性，确保企业制度能够满足顾客需求、获得利润的营销战略。结合酒店行业在这7个组合层面的行业特点，对亚朵酒店集团现有的营销方案进行评价，并对其未来的营销方案修改及前进方向提出检验。同时，结合互联网时代的优势，对亚朵酒店集团现有的营销渠道做出批判性分析，并提出具体的可行性建议。

四、理论依据与分析

　　本案例涉及诸多理论点，因此依据案例讨论的重点、次重点以及其他相关内容，设计了主要的理论依据和相关理论依据，按步骤实现拓展和推进。教学过程中，教师可根据教学时间和教学内容的实际情况自行安排讨论内容。

1. 根据企业战略管理的相关理论，分析亚朵集团是如何创建"以人文情怀为核心的商务酒店"

（1）理论依据。

企业战略管理是在充分占有信息的基础上的一个系统的决策过程。战略管理是一个相对复杂的过程，也需要遵循一定的逻辑顺序并完成规定动作，这其中需要包含若干环节，并最终构建出一套完整的战略管理评价体系。

1）环境、利益相关者和组织资源分析。"知己知彼，百战不殆。"战略管理主要是为了充分发挥企业内部的资源能力，将其自身的知识和文化等资源优势与外部环境相匹配。只有当企业充分了解其现有的在社会环境中的运行情况，并能够与企业发展的愿景、使命和价值，以及其现有的业务等相匹配才能使企业获得可持续的竞争优势。因此，战略管理的过程中，首先应充分了解企业所处的内外环境，在此基础上，挖掘企业的核心竞争力，明确企业的战略方向、途径和手段。由此可见，企业战略环境分析是战略管理中的关键性环节，是为了实现企业发展目标与内外环境变化以及企业能力的动态平衡（见图1）。其中，企业内部环境又被称为企业内部条件，是指企业内部资源（有形资源和无形资源）的总和。企业外部环境主要由宏观环境和微观环境组成。宏观环境主要包括社会文化（Social Cultural）、技术（Technological）、经济（Economic）、环境（Environmental）和政治（Politic），简称为STEEP。

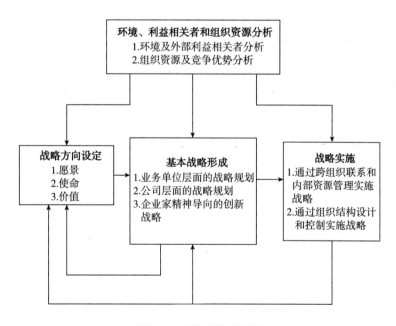

图1　企业战略管理过程

微观环境是指企业生存和发展所处的具体行业环境，主要通过对波特五力模型进行分析。波特五力模型涵盖行业潜在进入者、可替代品、消费者议价能力、供应商议价能力以及现有竞争者。

企业内部环境主要包括企业的有形资源和无形资源。它具体地反映出企业所拥有的客观物质条件和企业的综合能力，也是企业参与市场竞争的内部基础。内部环境分析主要从企业资源角度展开，分为财务资源、人力资源、知识资源、一般性运营资源以及有形资源。

2）最佳战略方案选择。在战略管理过程中，根据企业战略的一致性、协调性、可行性评价和选择构建的战略。一致性是指战略需与企业的目标和决策相一致。可行性是指战略的制定需考虑到其自身是否具备足够的资源，以及是否会给企业带来无法解决的后续问题。

（2）案例分析。

根据企业战略管理的相关理论知识，基于亚朵酒店的发展目标、业务内容和所处的宏观环境、微观环境以及初创时期所具备的内部资源对亚朵酒店的发展战略进行分析，最终决定以人文为核心发展亚朵酒店。

1）环境、利益相关者和组织资源分析。

①宏观环境分析：本案例主要从社会文化环境、技术环境、经济环境、生态环境以及政治环境对影响亚朵集团的战略决策外部宏观环境进行分析（见图2）。在分析过程中，教师可引导学生针对每一要素进行资料收集和深入分析。

社会文化环境	技术环境	经济环境	生态环境	政治环境
我国居民受教育水平呈普遍上升态势，对精神文化生活的追求不断提高，因此各类居民对于参与旅行活动也具有更为积极的意见和态度，对酒店质量的要求也显著提高，这为亚朵酒店发展人文酒店提供了良好的社会文化环境	我国互联网技术的不断普及，以及社交网站的广泛应用，为酒店推广自身产品和服务提供了新渠道，也为酒店创新产品及服务提供了新的技术支持	我国国内经济发展水平稳步提升，居民可支配收入也有显著增长，产业结构优化升级，特别是第三产业中的酒店业也处于转型升级时期，跨区域的商业发展为酒店业提供了更多的发展机会	我国对生态环境的关注逐年提高，对酒店日常运营使用的设备产品提出新的要求，新建酒店能够抓住时机，以新的运营方式杀出路来	国家政策导向，国家支持和保障第三产业发展

图2　亚朵酒店宏观环境分析

②微观环境分析：本案例从潜在进入者、供应商、消费者、替代品以及行业中现有企业之间的战争五大竞争力对亚朵酒店的微观环境进行分析（见图3）。

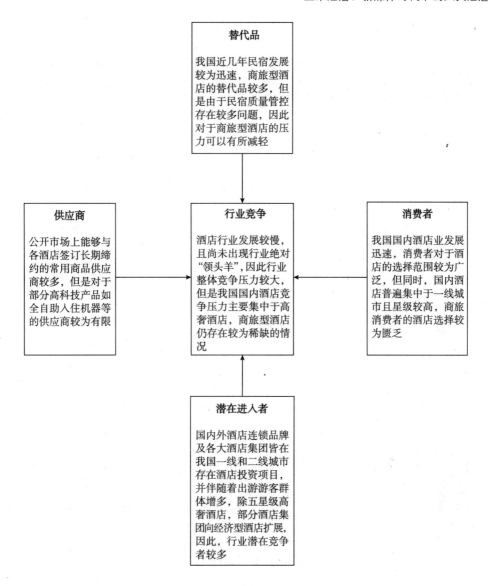

图3 亚朵酒店微观环境分析

2）内部环境分析。根据案例内容，对亚朵酒店集团的内部环境分析主要从财务资源、人力资源、有形资源、知识资源和一般性运营资源五个维度进行（见图4）。

3）最佳战略方案选择。根据案例内容，结合企业的内外部环境分析，发展以人文酒店为核心的亚朵酒店集团符合一致性、协调性和可行性的战略评价标准（见图5）。

2. 在新冠肺炎疫情期间，亚朵集团的"安心工程"是如何打造的？亚朵酒店又是如何管控酒店的卫生安全的

（1）理论依据。

品牌形象是品牌属性、名称、包装、价格、声誉和广告形式等无形资源的综合。

财务资源
1.较强的现金流
2.健康的资产负债情况
3.优秀的业绩表现
4.与金融机构如银行等构建良好的关系
人力资源
1.优秀的首席执行官
2.经验丰富的管理者
3.训练有素且积极忠诚的员工
4.能带来高业绩的组织结构及文化
知识资源
1.优秀的产品开发设计水平
2.创新过程及杰出的组织创业精神
3.有效的组织学习过程
4.良好的组织学习环境
有形资源
1.先进的建造和机器
2.优良的地理位置
3.广受好评的产品及服务
4.具有优越性的价值增值处理环节
一般性的资源
1.良好的声誉及品牌
2.与其利益相关者关系良好
3.独特的运营模式
4.与大众喜爱品牌的合作产品及服务

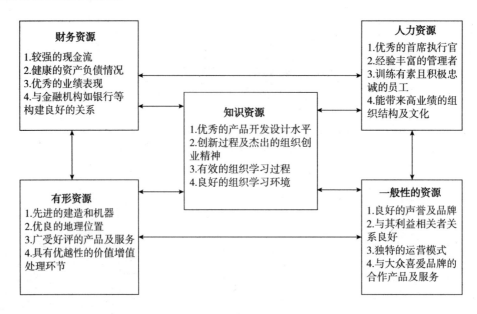

图 4 亚朵酒店内部环境分析

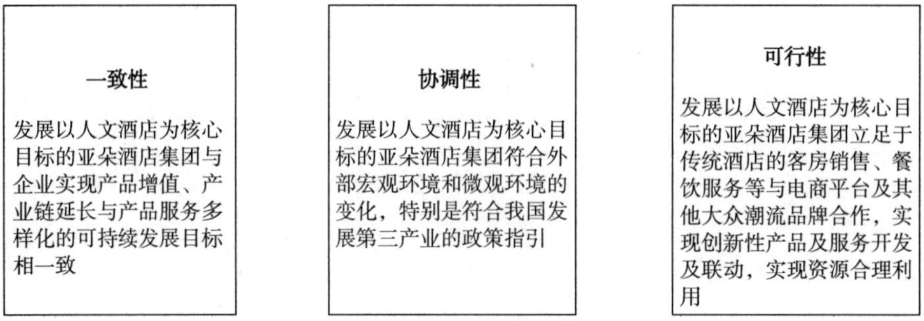

一致性
发展以人文酒店为核心目标的亚朵酒店集团与企业实现产品增值、产业链延长与产品服务多样化的可持续发展目标相一致
协调性
发展以人文酒店为核心目标的亚朵酒店集团符合外部宏观环境和微观环境的变化，特别是符合我国发展第三产业的政策指引
可行性
发展以人文酒店为核心目标的亚朵酒店集团立足于传统酒店的客房销售、餐饮服务等与电商平台及其他大众潮流品牌合作，实现创新性产品及服务开发及联动，实现资源合理利用

图 5 亚朵酒店战略选择评价标准分析

品牌形象也是消费者对品牌感知的总和，是根据消费者对品牌的推断而形成的。随着现代商业的不断发展，企业间的竞争逐渐转向品牌竞争，其核心在于塑造一个广受消费者认可的品牌形象。在此过程中，应当坚持创造具有差异性的、个性化的、考量周全的、长期坚持的原则。

塑造品牌形象需要以品牌形象塑造的原则为指导，在品牌定位基础上，需确立品牌个性，并根据品牌定位确定表现品牌形象的外显性元素和内隐性元素，再充分运用整合营销手段，向目标消费者群体传递品牌形象信息，以期在目标消费者群体心中确立一个独特鲜明的、充分反映其品牌核心价值的品牌形象。在一段时期后，依靠与消费者沟通交流，以品牌知名度、品牌认知度、品牌联想以及品牌忠诚度等为指标检验品牌形象塑造的实施效果，反馈品牌形象的塑造措施的实施效果，在此基础上进行品牌形象的改进及强化。

（2）案例分析。

根据案例内容对亚朵酒店集团发展过程的分析，结合相关理论，可以得知亚朵酒店集团在打造其品牌形象过程中密切围绕亚朵酒店品牌定位，品牌形象塑造方向较为明确清晰，其品牌形象表现元素也把握得较为恰当。然而与此同时，亚朵酒店集团在其品牌形象塑造过程中也存在着整合传播渠道的手段有限，品牌特色表述不清、形象混乱，对其品牌形象塑造成果的评价和反馈不及时等问题。

首先，从亚朵酒店集团品牌形象的优点着手进行分析。自亚朵酒店集团成立初期起，亚朵酒店结合自身优势，以商务旅行客人为主要消费群体，以"体验派"为核心，舍弃了商务旅行客人使用率较低的行政酒廊和游泳池等配套设施，将更多的资源投入到商务旅行客人较为重视的产品和服务商，如升级床垫、枕头等，打造符合商旅客人需求的服务，吸引了一批商务旅行客人。实践证明，亚朵酒店集团的品牌形象既匹配了其自身资源，充分发挥自身资源，又围绕其品牌定位塑造，拓宽了商旅客人市场。亚朵酒店集团品牌形象塑造具有明确的方向，且具有鲜明的个性。亚朵酒店集团以"体验派"的"人文酒店"为核心，在此理念下，将酒店经营思路从"经营房间"转向"经营客群"，从目标消费者群体需求出发搭建房间布局和整体服务体系，将亚朵酒店打造成为可加载内容的空间，提升为生活方式的载体，让消费者在住宿过程中，通过精准的个性化服务产品，触发消费者的亚朵印象。同时，加入百分百奉茶、便签诗文、暖心水及路早等一系列特色服务，强化其"体验派"商务酒店的品牌形象。由此可以看出，亚朵酒店能够从体验派人文酒店这一品牌形象方向，宣传其品牌个性，并通过一系列特色服务雕刻其品牌形象。亚朵酒店集团在其品牌形象表现元素方面的把握也相当恰当。品牌形象表现元素含有外显性和内隐性两类，外显性元素一般包括品牌的名称、标志、标识语、象征物和包装等，这些元素会构成一套品牌符号的邮寄系统。而内隐性元素一般包括质量、技术、服务和文化四个方面。亚朵酒店的名字易读易记，较为顺口，其英文名称"ATOUR"可被理解为"一次旅程"，切合商旅人士的住宿需求来源。另外，体验派的、精简的、舒适的酒店空间设计布局丰富了品牌的形象。亚朵酒店的内隐性元素也把握得当，根据商旅人士的深层需求不断丰富其产品及服务，如2018年起推出的"安心工程"，也为酒店发展注入了新的活力。

其次，亚朵酒店集团在品牌形象塑造的过程中也存在着不足之处。亚朵酒店集团整合传播手段存在一定局限性，其酒店的品牌形象传播具有延时性，也造成了部分目标消费群体未成为入店住客。亚朵酒店集团特色不清、品牌形象混乱。亚朵酒店集团不仅针对商旅人士提供特色服务，同时为吸引年轻群体开展IP联名合作，如"恋与制作人"和"不眠之夜"等，导致消费者对亚朵酒店集团的印象分散不统一，进而影响到了消费者对其集团下不同酒店的入住率和重住率。并且亚朵酒店集团对消费者关于品牌形象的有效性的评价和反馈收集不及时，导致与部分消费者的沟通不畅，反馈未及时落实。

亚朵酒店集团的"安心工程"并非是针对新冠肺炎疫情构建的，在2018年酒店业频繁爆出酒店卫生风波时为重建消费者对酒店业的信任，重拾信心。在这之中，亚朵酒店不断完善，为住客提供了自行消毒所需的酒精棉片。但是针对疫情常态化，亚朵酒店应该通过调查问卷和深入访谈等方式，向其目标消费群体和会员，结合社交平台上相关问题的讨论，完善其"安心工程"的政策及操作流程，如提供消毒泡腾片、医用口罩、调整排风系统等。

3. 线下体验线上购买形式的亚朵酒店附加服务的推出是否能够提升其利润及知名度，对其品牌忠诚度的培养是否有正向作用

（1）理论依据。

产品是指提供给市场并引起关注的、能够获取的、具备用途的且用于消费的并能够满足消费者需求或期望的任何物品。这些物品涵盖有形物体、服务、场所、组织以及理念。酒店管理中的产品主要分为核心产品、辅助产品、支持性产品和扩展性产品四个层次。其中，核心产品（Core Product）是最基础的产品，即是顾客真正需求的。辅助产品（Facilitating Product）是顾客在使用核心产品时必须存在的产品和服务，在设计产品时需要了解目标市场的需求和所需求的辅助产品。支持性产品（Supporting Product）是额外的产品，为核心产品增值，并帮助其余竞争对手的产品区分开来。作为酒店企业则应该选择不容易被模仿的支持性产品，也应该以专业的方式提供支持性服务。

（2）案例分析。

亚朵酒店集团是我国首家开展场景零售业务的连锁酒店，在酒店服务中，将原有的住宿空间内的配套用品转入线上购买，形成特色的场景零售产品。在传统酒店业务中，住宿服务和餐饮服务是酒店业的核心服务产品，信息服务、订单处理、账单服务等是酒店业的辅助服务产品，而场景零售业务则是亚朵酒店集团基于现今消费者购买习惯的转变应运而生的支持性产品。消费者可以在酒店入住时切实体验到场景中的零售商品，如床垫、四件套、香薰用品等，通过扫码方式进入小程序下单购买，实现"所用即所购"，这种场景零售产品的嵌入并不会违和。并且亚朵酒店将场景零售产品购买情境扩展到酒店之外，即消费者即使并未入住，也可以购买交付。而场景零售服务，突破了酒店坪效天花板，延展了酒店的核心服务产品，为传统的核心服务产品带来了额外的效益。

4. 亚朵集团与各大知名IP合作，是否能够提升其市场营销的成功率，并对其品牌知名度的扩大形成促进作用？结合亚朵集团市场定位，分析亚朵集团应与哪些品牌合作

（1）理论依据。

营销策划的目的在于应用科学方法和创新思维，基于企业现有营销状况，为满足消费者需求，改变企业现状，针对企业日后的营销发展做出的战略性决策和指导。营销策划主要包括营销环境分析和营销策略计划两个方面。

首先，营销环境分析是为后续营销策略计划的提出夯实基础。企业可以应用SWOT分析法对现有的营销环境进行具体分析。SWOT分析法主要包括企业的优势（Strengths）、劣势（Weaknesses）、机会（Opportunities）以及威胁（Threats）。优势和劣势的分析主要聚焦于企业自身的实力和与其竞争者的比较，而机会和威胁的分析则聚焦于外部环境的变化及其对企业的潜在影响上。SWOT分析有助于企业将自身资源和

业务活动集中于自己的强项和机会更多的领域。

其次，营销策略涵盖商品和服务的创意、制造、分销以及售后服务的各个环节，也就是设计营销活动的"7P"，即价格策略（Price）、渠道策略（Place）、促销策略（Promotion）、产品策略（Product）、过程（Process）、有形环境（Physical environment）和人（People）。具体来讲，在营销策略中需注重产品的独特性及功能诉求，根据不同的市场定位，制定不同的价格策略，并在过程之中注重经销商的关系和培育，建立有效的分销渠道。促销则是需要选取有效的渠道帮助消费者了解和关注企业的产品信息，激发其购买意愿并促进其购买行为。同时，在营销过程中应注重过程管理，创建符合消费者期待的环境和服务。

（2）案例分析。

目前亚朵酒店集团在 IP 合作方面存在以下几个问题：①IP 联名的知名度和吸引力还未达到预期水平，具有深入挖掘的空间；②IP 联名整体特色不够鲜明，定位未能满足消费者期待；③IP 联名的特色有些混杂、主题过多、阶段性较强，尚未形成大量的、长期、持续和稳定的客流。在此情况下，应用 SWOT 分析法对现有的营销环境进行分析，并以此为基础提出后续的 IP 合作计划（见表 1）。

表 1　SWOT 分析

优势	劣势
● 亚朵酒店集团会员黏度较高，客源较为稳定 ● 亚朵酒店集团各酒店地理位置优越 ● 酒店管理层重视品牌推广，活动营销经验丰富	● 目前知名度较老牌酒店低 ● 品牌形象特色混乱，特色不够鲜明 ● 市场营销策略效果不理想 ● 过度依赖于商旅人士这一单一市场
机遇	威胁
● 社交平台的蓬勃发展为亚朵酒店集团宣传品牌，提高知名度提供了技术和渠道的支持和保障 ● 我国国内经济发展，人均可支配收入增加 ● 青年群体新消费意愿增加，为 IP 酒店产品提供广大客源	● 新冠肺炎疫情暴发，经济发展放缓，整体旅游业发展环境较差，跨区域活动减少 ● 酒店市场竞争激烈，其他酒店品牌分流严重

在制定后续 IP 酒店及产品服务的营销策略时，最先一步是要确定 IP 酒店及产品服务的目标市场。在此之前，亚朵酒店集团的主要联合先锋品牌打造 IP 主题酒店，如戏剧主题酒店、篮球主题酒店及网易云音乐酒店，同时，戏剧主题酒店还连同"恋与制作人"推出沉浸式 IP 下午茶。由此可见，亚朵酒店集团的 IP 合作的目标市场为追求时尚风潮的年轻群体。而此类消费者尽管消费意愿高，但是支付能力较中年消费群体低，因此，在制定相应价格时需注意不宜过高。并且，亚朵酒店集团主要固定客源为商旅客人，以往的 IP 合作目标群体与固定客源有所偏颇，这导致品牌形象不清，由此可见，今后的 IP 合作也应该考虑商旅人士的需求。而这也要求亚朵酒店集团的营销人员加强与消费者特别是会员之间的交流和沟通，需注重产品的独特性及功能诉求，根据不同的市场定位，制定不同的价格策略。同时，根据案例分析，亚朵酒店集团在宣传上存在不足，这也就要求在未来 IP 合作过程中注重经销商的关系和培育，建立有效

的分销渠道，需要选取有效的渠道让消费者了解和关注酒店 IP 的产品信息，激发其购买意愿并促进其购买行为。同时，在营销过程中应重视过程管理，创建符合消费者期待的环境和服务。

5. 假设你是亚朵集团营销部的一员，在后续集团发展中，亚朵酒店集团将面临怎样的机遇与挑战，又将如何革新其市场定位，以应对后续发展

（1）理论依据。

品牌再定位是对品牌的重新定位，意图摆脱现在的困境，使品牌获得新的增长和活力。但需注意的是，品牌再定位并不意味着对原有定位的全盘否定，而是在经过市场检验后，对原有品牌战略的取其精华去其糟粕。

为了更好地进行品牌定位，企业需要明确品牌的定位点。定位点是指企业选择、确定并提供给目标消费者的营销要素的某一特征。这一特征是目标消费者最为重视且具备相对明显竞争优势的利益或价值点，分为属性定位、利益定位和价值定位，企业可以从上述三种定位点中选择。品牌定位需要围绕供需两侧的属类定位（生产方）和价值定位（消费方）的两个基本问题进行考量：第一，企业的业务是什么或代表了什么？第二，消费者为什么购买该企业的产品？

（2）案例分析。

通过案例的分析和相关理论可以得出，亚朵酒店集团的定位是以体验为核心的商旅人文酒店。从属类定位的角度来讲，亚朵酒店集团在我国酒店行业发展迅速，截至2020 年底，亚朵酒店集团客房数量位于我国中高端连锁酒店最高位，因此在中高端酒店竞争中具有较强的竞争力。在此基础上，以提供个性化体验为核心，将亚朵酒店集团定位于商旅人文酒店显然是具有坚实的基础的。从价值定位角度讲，亚朵酒店集团推广的场景零售服务以及包括暖心水、路早等商旅特色服务，还有"安心工程"都能为商务人士的商旅住宿提供全方位的体验。对于目标消费者群体来讲，这些服务极具个性化、独特性和新奇性，并能够为消费者提供极强的吸引力。

自 2013 年以来，亚朵酒店集团以打造针对商旅消费者的酒店产品为主线，配合个性化服务、全方位服务、针对性服务，以全新的、专业化服务产品为商旅消费者提供独一无二的住宿体验，也为亚朵酒店集团带来了大量的客源。为了进一步引流扩大客户量，亚朵酒店集团开发了一系列产品和服务吸引消费者前来消费，扩大消费者目标群体。这之中包括了场景零售服务，开创了体验即购买的新型酒店产品零售模式，以及与多个风潮品牌合作开创 IP 酒店及产品，这些 IP 酒店及产品吸引了年轻消费者前来体验，也在一定程度上将亚朵酒店品牌推向大众。但是，在后续发展过程中，亚朵酒店集团扩展其市场占有率，向不同的目标市场发展，在 IP 合作中，亚朵酒店集团存在跟风现象，导致 IP 合作品牌过于繁杂，缺乏一致性和相关性，使消费者对亚朵酒店集团的品牌形象认知模糊，一定程度上影响了亚朵酒店的品牌定位有效性。

五、关键要点

（1）本案例在分析过程中要求学生对酒店行业的营销特点具有一定了解。

（2）学生需要具有对市场营销和战略管理相关理论的基本了解。

（3）如果学生具有较为丰富的行业工作经验和知识背景，建议结合其自身工作经验和恰当的理论背景分析案例的内容。

（4）为达到较好的讨论效果，建议将对酒店行业较为熟悉或具有酒店行业工作经验的学生均匀分配至各讨论组。

六、建议课堂计划

1. 课堂计划

本案例可以作为专门的案例讨论课进行。本案例内容较多，建议将整个案例课的课程时间控制在 90 分钟左右，可按照表 2 的时间进度对课堂进行计划安排：

表 2　课堂安排

时间安排	内容
课前布置 （提前 1~2 周）	向学生发放案例正文，课堂讨论问题，要求学生在课前完成阅读、资料收集以及初步思考，有条件的可以邀请亚朵酒店集团相关负责人开展线上或线下座谈
课堂热场 （5 分钟）	简要介绍我国疫情防控常态化背景下酒店行业的市场形势，案例酒店的基本情况，明确主题和案例讨论及教学安排、发言要求
分组讨论 （25 分钟）	将课堂讨论问题投影于屏幕上，将学生分成 6~8 人小组对案例思考问题进行讨论，在已有信息和搜集信息的基础上，集思广益，对案例内容产生更深刻的理解
案例分析 （50 分钟）	按照课堂讨论问题的顺序逐一引出问题并进行理论解释和引导分析；可以以小组代表、随机点名或二者结合的方式调动全体学生参与回答问题。教师在过程中需注意，在具体讨论分析时，所提的问题应该进一步细化，而不是生硬地按照课堂讨论问题的模式，需要让学生能够迅速理解和作答，一步步地深入引发学生思考
案例总结 （10 分钟）	教师可根据课堂讨论结果形成板书，通过适当引导，同学生一起归纳总结案例讨论的结果，梳理案例故事发展脉络和知识结构，进一步总结酒店品牌管理和战略管理的理论框架、关键因素等
课后计划 （课程结束后两周）	请学生对课堂讨论中提及的相关理论进行巩固思考，并从案例库中选取相似酒店案例，运用本案例所学理论、方法分析对案例进行分析并完成案例分析报告（4000 字左右）

2. 课堂提问逻辑

按照企业战略管理、营销管理的时间线及步骤，从战略管理环境分析着手，通过提出问题1引导学生对案例中所提及的企业环境描述进行总结和整理，并请学生回答出从初创时期起，亚朵酒店集团所处的发展环境是怎样的，具有哪些特点，这一部分的主要目的是引领学生再次复习案例内容，并加强学生的环境分析能力。

在完成环境分析后，需要进一步确定亚朵酒店集团品牌打造方向，并为之后酒店经营策略的提出提供分析基础。通过提出问题2，引导学生对亚朵酒店集团的品牌形象塑造过程中的优缺点进行剖析，并通过提出问题3增强学生对产品设计及品牌形象相关知识的认识。

确定方向后，应该开始制定具体的营销策略。教师提出问题4，向学生提出关于亚朵酒店集团的营销策略相关问题，要求学生对亚朵酒店集团的营销策略的优缺点进行分析，是否存在需要改进的地方，引导学生了解和学习品牌管理的相关知识。

市场是不断变化和发展的，在这过程中企业也面临着组织变革等机遇和挑战，也要求企业对其品牌战略进行重新定位和策略调整。教师提出问题5，引导学生对亚朵酒店集团的发展进行反思和总结，结合品牌定位、品牌再定位等相关知识，对亚朵酒店集团的案例进行具体的分析。

3. 板书设计

课堂板书设计可参考图6所示内容：

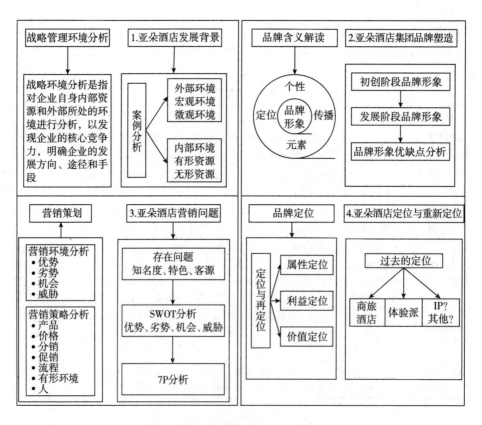

图6　课堂板书设计

4. 课堂总结

教师结合学生的自由发言过程中的亮点，对本案例课的知识点进行总结，并对重点知识内容进行强调，提醒学生在后续的案例分析中积极运用本课堂中的分析方法和要点。

参考文献

［1］郭永新，王高，齐二石．品牌、价格和促销对市场份额影响的模型研究［J］．管理科学学报，2007（2）：59-65.

［2］蒋璟萍．企业品牌战略中的文化因素及作用机制［J］．管理世界，2006（7）：149-150.

［3］于春玲，李飞，薛镭，陈浩．中国情境下成功品牌延伸影响因素的案例研究［J］．管理世界，2016（6）：147-162.

［4］徐岚，赵爽爽，崔楠，张留霞，赵津怡．故事设计模式对消费者品牌态度的影响［J］．管理世界，2020，36（10）：76-95.

［5］朱德武，陈培根．品牌延伸需要彻底的观念更新［J］．管理世界，2004（5）：147-148.

资海沉浮：开元酒店集团的金融之路

一、教学目标与用途

1. 适用课程

本案例主要适用于酒店金融类课程，如酒店房地产金融、酒店投融资管理。

2. 适用对象

本案例适用于酒店管理本科生。

3. 教学目标

通过对本案例的分析和讨论，结合对比案例，提供一个多案例比较的场景化思考空间，使学生能够更加深入地学习和领会酒店投融资中的相关理论和应用，以及投融资实践中的要点和注意事项。

具体的教学目标包括：

（1）了解融资工具及股票融资的优势。

（2）理解 IPO 的条件与流程。

（3）理解 REITs 在酒店行业的应用。

二、启发思考题

➢ 开元酒店为什么坚持 14 年之久要上市？

➢ IPO 需要满足什么条件？

➢ 酒店行业可以如何应用 REITs？

三、分析思路

围绕教学目标，对本案例的学习可以沿着"开元酒店集团的金融之路"这一主线，基于不同阶段的具体情境，结合相关理论和知识点对开元酒店集团的融资决策展开深入的分析和探讨。具体分析思路如图 1 所示。

（1）结合金融市场理论，了解股票融资及其优缺点。

（2）结合权益融资工具的相关知识点，理解股票的上市条件。

（3）结合资产证券化的相关知识点，理解 REITs 的运作。

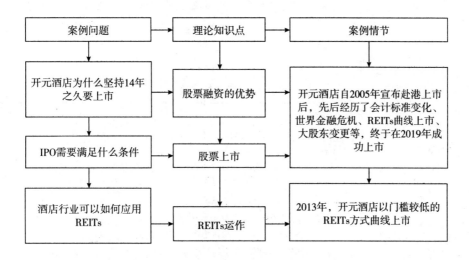

图 1　案例分析思路

四、理论依据与分析

1. 开元酒店为什么坚持 14 年之久要上市

（1）相关理论及背景知识。

针对这个问题，主要依据金融市场理论，引导学生识别酒店可以使用的基本融资工具及其优缺点。

房地产公司可以利用各种金融工具来融资。按照融资性质划分，融资工具可以分成两大类：一类是债务融资，包括贷款、债券、融资租赁、预收购房款等。债务融资形成的是企业的负债，需要还本付息，其支付的利息进入财务费用，可以在税前扣除。

正如新领域"资本结构与企业绩效关系"研究的开拓者——莫迪利亚尼和米勒,两人一致认为债务融资存在着"税盾效应"①。但是,债务融资也有其弊端,主要表现为:①债务融资筹集的资金具有使用上的时间性,需到期偿还;②企业采用债务融资方式获取资金,需支付债务利息,从而形成企业的固定负担;③仅流通性债券可以在市场上自由转让。

另一类是权益融资,包括股票、证券投资基金、房地产投资信托等。权益融资是通过扩大企业的所有权益,如吸引新的投资者、发行新股、追加投资等来实现,而不是出让所有权益或出卖股票,权益融资的后果是稀释了原有投资者对企业的控制权。Grossman 和 Hart(1986)指出,在股权融资模式下,股权投资者单纯的"逐利行为"所导致的所有权稀释甚至丧失,将削弱创始团队投资激励,甚至产生委托—代理问题。董静等(2017)也认为,股权融资方式存在丧失公司管理权与控制权的可能。

一般来说,股权融资方式预期收益较高,需要承担较高的融资成本,经营风险较大;而债务融资方式,经营风险比较小,预期收益也较少。企业融资的管理内容如表1所示。

表1 企业融资管理的主要内容

主要内容	情况说明
明确具体的财务目标	以实现企业价值最大化为最终目标,企业在具体经营管理过程中必须确定具体的财务目标,这样才能对有效实施财务的融资管理职能具有直接指导作用。这一具体的财务目标会受到企业当期的经济环境、法律环境、税收环境和金融环境的影响,在确定目标时一定要充分考虑企业内部和外部的各项财务关系,以保证在协调有效的基础上实现这一目标
科学预测企业的资金需求量	企业的财务部门必须根据企业具体的经营方针、发展阶段和投资规模,运用科学合理的预测方法,正确地测定企业在某一时期的资金需要量。资金不足或资金筹集过量都不利于企业的正常发展。在企业进行资金预测过程中,必须掌握正确的预测数据,采用正确的预测方法,如果发生预测错误,可能会直接导致企业财务管理失控,进而造成企业经营和投资的失败
选择合理的融资渠道和方式	融资渠道是指企业取得资金的来源;融资方式是企业取得资金的具体形式。在实务中,同一渠道的资金可以采用不同的方式取得,而同一融资方式又可以适用于不同的融资渠道,二者结合可以产生多种可供选择的融资组合。因此,有必要对二者的特点加以分析研究,以确定合理的融资组合
确保资金结构的合理性	资金结构是指企业负债资金和权益资金的比例关系,有时也被称为资本结构。由于不同的融资方式会带来不同的资金成本,并且对应不同的财务风险,因此,企业在将不同的融资渠道和方式进行组合时,必须充分考虑企业实际的经营和市场竞争力,适度负债,追求最佳的资本结构

在房地产行业的融资体系中,股票是资本市场上重要的金融资产,也是股东对企业的所有权凭证,代表着剩余索取权和剩余控制权。但是在房地产行业的融资体系中,股票融资并不占有重要地位。这是因为很多房地产企业难以达到上市的要求,而且股票融资特别是首次公开募股(IPO)的程序比较烦琐、耗时,难以快速筹集到资金,所

---

① 税盾效应(TAX SHIELD)是指企业如果要向股东和债权人支付相同的回报,实际需要生产更多的利润。

以房地产企业发行股票融资的目的除了在于筹措开发资金，还在于补充资本金，以满足企业快速扩张对自有资本的需求。另外，宏观调控政策的变化也会经常影响到房地产企业 IPO，很多房地产企业只能通过收购上市公司的方式来间接实现上市融资，这对房地产股票融资规模也产生了一定的抑制作用。

但企业通过股票融资有以下优势：①长期性。股票融资资金具有永久性，无到期日，无须归还。②不可逆性。企业采用股票融资不需还本，投资人智能借助流通市场转让收回本金。③无负担性。股票融资没有固定的股利负担，股利支付与否和支付多少可以公司的经营需要和盈利状况决定。

此外，在企业选择融资工具时，要考虑由总体经济环境、证券市场条件、企业内部的经营和融资状况、融资规模等因素共同决定的企业资本成本。房地产企业或投资者需要在多种融资方式中进行选择，以期降低资本成本。

（2）案例分析。

对问题 1 的分析，主要基于金融市场和融资决策，其中，比较重要的知识点是各类融资工具的比较以及不同融资方案的比较。

学生根据开元的战略目标，收集财务数据，分组提出融资方案，共同提出评价标准，并比较分析各方案，选出最优融资方案；比较该最优方案中是否包含上市选择，并解释。

2. IPO 需要满足什么条件

（1）相关理论及背景知识。

结合权益融资工具的相关知识点，理解股票的 IPO 条件。

《中华人民共和国证券法（2019 修订）》第十二条规定："公司首次公开发行新股，应当符合下列条件：①具备健全且运行良好的组织机构；②具有持续经营能力；③最近三年财务会计报告被出具无保留意见审计报告；④发行人及其控股股东、实际控制人最近三年不存在贪污、贿赂、侵占财产、挪用财产或者破坏社会主义市场经济秩序的刑事犯罪；⑤经国务院批准的国务院证券监督管理机构规定的其他条件。上市公司发行新股，应当符合经国务院批准的国务院证券监督管理机构规定的条件，具体管理办法由国务院证券监督管理机构规定。公开发行存托凭证的，应当符合首次公开发行新股的条件以及国务院证券监督管理机构规定的其他条件。"

要想成功上市，房地产企业还必须了解和解决以下几方面的问题：第一，稳定的业绩；第二，投资者认可的发展战略；第三，干净透明的财务体系。为此，房地产企业在上市融资之前应做好：①增加土地储备；②改善产品结构，拓宽产品线，从而调整企业未来现金流，形成租售并举的局面；③规范财务运作，符合国际准则的财务运作是上市企业获得社会公信力的关键；④形成明确的企业战略目标，制订切实可行的实施计划，这是得到投资者认可的关键；⑤制订明确的上市计划，进行积极筹备。

（2）案例分析。

对本问题的理解，主要通过模拟 IPO 的方式进行。学生分组扮演上市相关的各参与方，依据上市前准备、发行和上市的条件及流程，模拟开元或其他酒店 IPO 过程。从中理解 IPO 的条件，以及会计标准的影响。

3. 酒店行业可以如何应用 REITs

(1) 相关理论及背景知识。

结合资产证券化的相关知识点，理解 REITs 的运作。

1) REITs 运作模式。房地产投资信托（REITs）是指以信托方式组成而主要投资于房地产的集合投资计划。其运作特点是，由信托机构面向公众公开发行或定向私募发行房地产投资信托受益凭证筹集资金，将其投向房地产项目（如住宅、酒店、公寓、办公楼、综合商业设施、仓库、零售商店停车场等）、房地产相关权利、房地产证券等，投资所得利润按比例分配给投资者。

信托契约型 REITs 为亚洲市场的主流形式；其简化运作模式如图 2 所示。

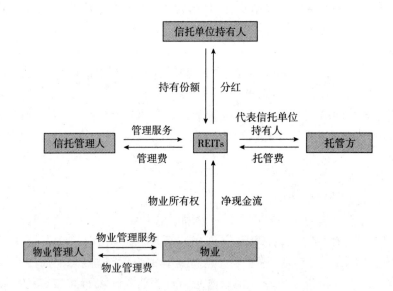

图 2　REITs 架构示意

REITs 位于运作结构的核心。一边对接 REITs 的信托管理人，另一边对接 REITs 的托管方。REITs 的设立方式是 REITs 信托管理人与托管人（也称受托人）共同签订信托契约，向信托单位持有人发行收益凭证。其中，REITs 信托管理人负责 REITs 的运营管理；托管人作为 REITs 资产的名义持有人负责保管基金资产。REITs 这个"篮子"设立好了，下一步就该往"篮子"里装资产了。这些资产包括一系列收益型的物业组合，这些物业是从房地产物业的原始持有人处（也称为 REITs 的发起人保荐人），通过收购重组取得的。

值得注意的是，REITs 虽然是物业的所有人，却不是物业的管理人。会有一个专门的物业公司来管理经营物业项目。

在这样的结构中，钱是如何流动的呢？

首先来看流向 REITs 的资金。物业资产组合的营业收入减去物业支出（包括物业管理费、物业维修费等），并扣减税收、利息支出等其他运营房地产资产相关费用后，得到净物业收入（NPI）。如果 REITs 直接持有物业，则直接获得该收入。如果 REITs

通过控股其他公司间接持有物业，NPI 将以分红的形式分配至 REITs。总之，REITs 的收入可以理解为来自物业的运营净收入。物业经营的好坏，直接关系到 REITs 的收入。

当然，REITs 在获得收入的基础上，其本身的运营也需要一部分支出。其中最主要的费用，是支付给 REIT 管理人的管理费，以及支付给托管人的托管费，还有其他运营成本。REITs 的收入减去 REITs 的支出，就得到了可分配收入（见图 3）。

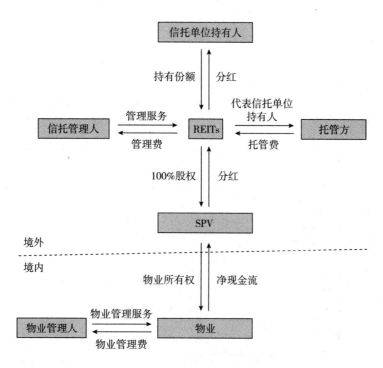

图 3 REITs 的运营收益架构

这里值得注意的是，可分配收入是一个对 REITs 来讲至关重要的基础概念，指的是 REITs 收益中可以用来分配给 REITs 份额持有人的部分。这也是"金主们"看 REITs 财报时最为关心的部分之一。REITs 的可分配收入，可以理解为公司的净利润。评价 REITs 表现的各类指标，也往往与可分配收入挂钩，如每基金单位的可分配收入。

在这种组织架构中，REITs 通过持有 SPV 股权，间接持有物业资产。我们称一系列 REITs 为持有资产进行的公司架构设置为"集团"（Group）。当查看 REITs 的财务报表时，可能会单独看到"集团"的财务报表，指的就是 REITs 旗下一系列子公司的集合。

2）REITs 上市流程。一般而言，在境外发行一只 REITs 需要 8~12 个月，包括上市准备、审批、路演三个环节，由于审批和路演的时间相对固定，因此，一般来说，大量的时间和精力集中于准备阶段。我们以 8 个月（35 周）的时间轴为例展开上市日程，如表 2 和表 3 所示。

表2 REITs上市的日程安排

环节	内容	时间
上市准备	基本相似，相对宽松	第1周
	组建核心团队	第1周
	资产筛选与财务模型	第1~2周
	尽职调查与资产重组	第2~18周
	投资故事与文件起草	第2~18周
上市审批	提交申请	第19~30周
	接受资格许可及提交招股书	第30~34周
上市路演	前期市场营销	第19~32周
	路演及定价	第30~34周
	成功上市	第35周

表3 REITs上市所需材料一览表

租赁协议	REITs和承租人签订
物业管理合同	物业管理人、管理人与受托人签订
买卖协议	管理人、受托人与SPV持有人签订
境内重组协议	发起人进行境内资产重组时与相关机构签订，如明确非REITs资产剥离时的对价、业务、雇员、负债等处置问题
融资协议	发起人或境外SPV与银团签订的贷款协议
信托契约	由律所出具，管理人、受托人与单位持有人签订
基石投资者文件	与基石投资者签订，包括保密协议和认购协议，放弃分派协议（视情况）
公司文件	如董事会决议
模拟财报、盈利预测	1. 前3年度模拟财报。若向第三方购买物业，可申请豁免披露，只需提供上市日期的模拟资产负债表即可 2. 未来2年盈利预测
审计报告	由会计师事务所出具，对模拟财报和盈利预测做出审计报告
税务报告	由会计师事务所出具，对REITs涉税问题提出报告
安慰函	由会计师事务所发给投行
法律意见书	由律所发给投行
估值报告	由资产评估机构出具
市场研究报告	由市场研究机构出具
招股书	由投行组织编写
承销协议	由承销商与发行方签订

（2）案例分析。

从确定选用的REITs类别出发，确定运作模式，分组代表不同参与方，模拟在境内/境外上市REITs的流程操作。

五、关键要点

（1）本案例教学的核心在于启发和指导学生通过开元酒店集团在资本市场上的沉浮现象，认识市场上的融资工具，理解如何进行融资决策，以及具体到 IPO 和 REITs 要怎么做。

（2）关键知识点：金融市场理论、融资决策理论、权益融资工具、资产证券化。

（3）关键能力点：学习和使用融资工具。

六、教学实施之课堂计划

本案例可供相关酒店房地产金融或酒店投融资管理理论的讲解时使用。教学与讨论时间，建议 135 分钟。

1. 课前计划

课前一周将案例正文和课前准备相关要求发送给学生，学生完成案例背景信息查阅、案例正文和参考文献阅读、数据收集等预习工作。

2. 课中计划

教师进行课堂引言；学生分组进行充分讨论并进行汇报；教师进行点评，强调案例涉及的知识要点，并做总结。

3. 课后计划

通过分析和讨论学习，加深学生对相关知识及运作要点的理解和掌握，布置学生对运用类似融资手段的酒店进行调查研究，结合课堂学习的理论知识、分析方法、逻辑思路形成正式的研究报告。

参考文献

［1］Grossman，Sanford Hart，Oliver D. The Costs and Benefits of Ownership：A Theory of Vertical and Lateral Integration［J］. Journal of Political Economy，1986（94）：691-719.

［2］陈琼，杨胜刚. REITs 发展的国际经验与中国的路径选择［J］. 金融研究，2009（9）：192-206.

［3］董静，汪江平，翟海燕，汪立. 服务还是监控：风险投资机构对创业企业的管理——行业专长与不确定性的视角［J］. 管理世界，2017（6）：82-103.

［4］杨丹. 约束条件下的新股首次公开发行决策分析［J］. 金融研究，2004（10）：100-105.

和平饭店：酒店营销管理
创新的不凡历程

一、教学目标与用途

1. 适用课程

《酒店运营管理》课程中有关"酒店管理营销"的教学内容。

2. 适用对象

本案例属于偏实践性案例，主要适用于高校本科、专科学生的酒店运营管理、酒店管理概述等相关课程教学。

3. 教学目标

本案例以上海历史主题型酒店和平饭店的营销管理创新为主线，通过深入讨论和分析营销管理创新的定义、特点、影响因素和发展过程，引导学生关注上海酒店业的发展历史及不同历史时期面临的发展困境，特别是数字经济时代背景下，历史文化型酒店如何赢得消费者的青睐。案例能够帮助学生在了解酒店营销管理创新基本概念和理论内涵的基础上，分析历史文化主题型酒店发展问题，进一步梳理历史文化主题型酒店在不同历史时期的营销管理创新策略，并挖掘和厘清历史文化主题型酒店在不同历史阶段辉煌发展的过程，帮助学生掌握理论理解分析和实践决策应用的能力。具体教学目标如表 1 所示：

表 1 案例知识点、学生能力和观念培养

	知识传授内容	
核心知识	营销管理 4P 理论	
	酒店营销创新模式	
	酒店营销创新的演变	
核心能力	在对酒店营销创新模式、营销管理 4P 理论等概念理解基础上，提炼酒店营销创新的发展与变化，结合酒店营销创新理论分析上海和平饭店各发展历史时期中的酒店营销创新模式，理解酒店营销创新模式的演变，推动学生学习运用酒店营销创新理论解决酒店未来进一步发展的问题，提高学生酒店运用管理能力	

	知识传授内容
辅助能力	提高酒店信息搜索能力，快速准确找到企业基本信息，识别案例企业酒店营销创新的能力
	结合酒店营销管理创新的实践和理论，实现将理论运用在酒店运营管理中的应用能力
	强化案例学习和分析过程中的沟通，培养学生学习过程的观察、表达、组织与协作能力
核心观念	酒店营销管理创新不是由于西方管理理念传入我国才存在，而是一直存在于成功酒店发展过程中，只是未经理论总结和提炼，它表现了不同历史时代下，酒店获得成功发展的特点和原因。在不同的宏观和微观营销环境下，酒店运用的营销管理创新模式都不同，也正是如此，让酒店形成了差异化发展策略

二、启发思考题

➢ "远东第一楼"的称号从何而来？上海和平饭店是一个什么样的酒店？

➢ 上海和平饭店发展的每个阶段都有哪些特色？为什么？

➢ 在上海和平饭店发展的不同历史时期，其酒店营销管理创新模式分别是什么？

➢ 在新的营销环境下，上海和平饭店如何继续酒店营销管理创新，再登顶峰？

三、分析思路

本案例围绕酒店营销管理创新相关理论，循序渐进地涉及启发思考题目，从案例酒店的基本信息梳理到相关理论知识内容的理解和掌握，逐步引导学生运用相关理论知识分析案例酒店，提高学生的理论分析和实践运营决策能力。具体来说，引导学生探讨三个基础问题（思考题1~3），分析总结酒店营销管理创新的相关理论知识点。最后，运用一个开放式问题（思考题4），尝试分析上海和平饭店持续进行酒店营销管理创新的新模式，训练创新能力和实际问题解决能力。案例分析思路与步骤，如图1所示。

第一，结合案例正文，了解案例背景资料，提炼案例故事主线，引导学生分析上海和平饭店从建立、破产、合并、重建的各个阶段，上海和平饭店的酒店营销策略。自此，引出酒店营销管理、酒店营销管理创新的概念。

第二，在理解了酒店营销管理和创新概念基础上，进一步引导学生明确上海和平饭店各阶段营销管理创新的模式，进而对酒店营销管理创新有了更为深刻的理解和认识。

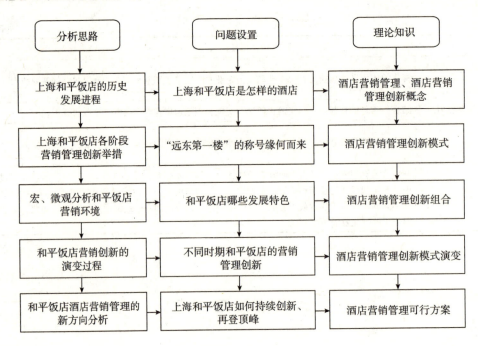

图1 案例分析思路与步骤

第三，结合案例背景，通过酒店营销管理创新模式的切入，在对上海和平饭店的宏观和微观营销环境进行分析的基础上，引导学生分析上海和平饭店酒店营销管理模式创新的新模式或新组合。

第四，在理解酒店营销管理创新的基础上，引导学生思考上海和平饭店营销管理创新的变化。通过引入酒店营销管理创新模式演变的理论知识，引导学生深入案例情景分析上海和平饭店的不同发展阶段酒店营销创新的演变过程。

第五，结合酒店营销管理创新理论，启发学生思考上海和平饭店持续进行酒店营销管理创新的新模式，引导学生"活学活用"，运用已经学习和理解的理论知识点及对宏、微观营销环境的分析，给出上海和平饭店可能的酒店营销管理创新方向。

四、理论依据与案例分析

案例讨论与分析前，教师应注意两项必不可少的环节。

第一，案例正文与启发思考题应在正式授课前一周发给学生，要求学生提前阅读案例材料，对四个思考题进行初步的理解与分析。在正式对思考题展开讨论之前，授课教师应带领学生回顾案例，对重点情节予以阐述。需要注意的是，授课教师可不先对案例情节进行历史各阶段划分，以防止学生对思考问题的理解与回答。

第二，正式授课前，授课教师应事先了解学生的专业背景和相关学科学习情况，并提前设计分组（也可由学生自由选择组建），但需要注意的是要尽量确保每组学生不全是同一班级、宿舍为宜。每一个小组选出一名组长，组长的职责是组织该小组思考题目的讨论、选派发言代表。建议授课教师提前将组织的职责告知组长和组员。

1. "远东第一楼"的称号从何而来？上海和平饭店是一个什么样的酒店

出题目的：本思考题为一道热身题目，目的在于吸引学生对上海和平饭店的历史产生兴趣，对和平饭店的历史和现状引发关注，对酒店营销管理创新的概念有一个基本的理解。具体是：第一，引导学生快速掌握案例基本情节，迅速进入案例情境，营造积极、热烈的教学氛围；第二，引导学生正确理解酒店市场营销、酒店营销管理创新模式的内涵，为思考题2~4的讨论与分析奠定基础。

知识点：酒店营销管理、酒店营销管理创新的定义。

授课要点：为方便案例教学，建议授课教师带领学生从3个方面展开思考题1的讨论与分析，建议本题用时控制在20分钟之内。

（1）理论依据。

市场营销的定义：20世纪60年代，美国密歇根州立大学的麦卡锡教授提出了著名的4Ps组合理论，即产品（Product）、价格（Price）、地点（Place）以及促销（Promotion）。4Ps理论广泛应用于经济、管理等各领域，在酒店营销实践领域也得到了广泛应用。

酒店市场营销的含义：酒店营销管理者将酒店现有的资源进行整合，不断提高服务质量和产品形象，同时利用传播、沟通等手段，深入了解客人需求，通过客人主动购买行为实现酒店经营目标的过程。具体包含四个方面：

1）酒店是酒店市场营销的主体。

2）酒店市场营销的目的是使酒店获得合理的利润，但这个目标的实现要以酒店顾客满意，并且符合社会利益为基础。

3）酒店市场营销是一个持续不断的系统过程。

4）酒店市场营销活动要使酒店、顾客和社会之间，酒店内部资源、外部资源环境和企业目标之间实现动态平衡。

酒店营销创新模式大致可以分为四大类，分别是酒店社会责任营销、酒店网络营销、酒店绿色营销、酒店文化与品牌营销。

1）社会责任营销是企业承担一定的社会责任（如为慈善机构捐款、保护环境、建立希望小学、扶贫等）的同时，借助新闻舆论影响和广告宣传，来改善企业的名声，提高企业形象的层次，提升品牌知名度，增加客户忠诚度，最终增加销售额的营销形式。酒店社会责任不仅包含了必须履行的基础责任及支持实践展开的支持性责任，还包含了改善社会关系的战略责任。

2）酒店网络营销是酒店利用国际互联网的沟通渠道推销酒店产品的一种市场营销活动。酒店网络营销主要针对新兴的线上市场，能够及时了解和把握线上消费者特征和消费者行为模式的变化，为酒店营销活动提供可靠的数据分析和营销依据。

3）酒店绿色营销是酒店以环境保护观念作为其经营指导思想，以绿色消费为出发点，以绿色文化作为酒店文化核心，在满足顾客绿色消费需求的前提下，为实现酒店目标而进行的营销活动。

4）酒店文化与品牌营销，酒店应通过努力创新，不断加深和巩固顾客对酒店的认知和理解，培养和提高顾客对酒店品牌的忠诚度，实现市场竞争中的良性循环，进而不断提高收益。

（2）案例分析。

基于酒店营销管理、酒店营销管理创新模式内涵的介绍，本思考题从两个方面引出酒店营销管理和营销管理创新的基本概念。

1）"远东第一楼"名称的由来？为何会被世人称谓如此响亮的名号？

授课教师可以让学生根据正文资料对远东第一楼名称来源给予回答，重点关注为什么被称为"远东第一楼"？"远东第一楼"是如何诞生的？可能的回答有：是当时外滩第一高楼；卓别林等世界名流跻身于此；是奢华与艺术结合的典范。

授课教师引导学生回到案例正文，根据正文素材回顾"远东第一楼"的诞生过程。授课教师引导学生对案例进行概括分析，从"远东第一楼"的诞生折射出怎样的时代背景。

①奢华、多国风情、艺术与权贵云集等特点让华懋大厦成为"远东第一楼"。

②"远东第一楼"代表的是酒店提供的"高质量产品"。

③"远东第一楼"诞生于风雨飘摇的近代中国。

2）上海和平饭店是一个什么样的酒店？

授课教师可以先让学生回答其对和平饭店的印象、理解与认识，从而描述出和平饭店的特征，可能的回答有：具有悠久历史的高端奢华酒店；是上海外滩著名历史建筑文物；上海老电影里出现频率很高的酒店。

结合案例课堂使用情况，学生对和平饭店的特点很容易产生歧义的是对酒店营销管理认识的不深入，需要授课教师加以引导。一是酒店营销管理的范畴。酒店营销管理不仅包含促销与分销，还包括产品和价格。二是酒店营销管理创新模式的理解。创新总是相对于每一个历史时期而言的，今天的创新模式包括网络营销、绿色营销，而和平饭店初创期也在进行着营销模式的创新，如关系营销、产品营销。

授课教师引导学生回到案例正文，根据正文素材总结和平饭店的特点。授课教师引导学生对案例进行概括分析，应让学生重点了解和平饭店的发展历史。提炼出和平饭店的突出特征。

①拥有百年发展历史，见证了上海，乃至全国很多重要历史事件。

②和平饭店是全国重点文物保护建筑，是近代上海建筑全面走向装饰艺术的典范。

③拥有九国套房和沙逊总统套房、老年爵士吧等特色产品。

2. 上海和平饭店发展的每个阶段都有哪些特色？为什么

出题目的：本思考题在思考题1的基础上继续深入分析，出题目的在于两个方面。第一，结合案例素材，进一步对应概念内涵，深化学生对酒店营销管理内涵的理解。第二，引导学生分析不同时期，和平饭店酒店营销管理策略，强化学生对酒店营销管理的认识（见图2）。

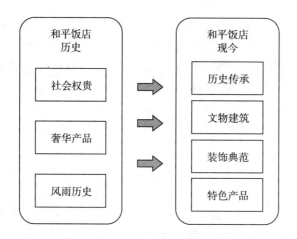

图 2　和平饭店的发展特点变化

知识点：酒店营销管理策略。

授课要点：建议授课教师从各个方面展开思考题 2 的讨论与分析，建议本题用时控制在 25 分钟内。

授课教师根据案例正文，引导学生确定上海和平饭店发展阶段可以划分为创始阶段、事业单位发展阶段、国有企业经营阶段和国际酒店集团入股阶段四个阶段（见图 3）。

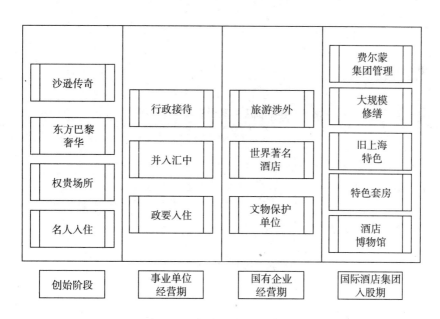

图 3　和平饭店的发展历史阶段

一是创始阶段（1929~1949 年），创始阶段也是其诞生阶段，和平饭店的前身"华懋大厦"在上海公共租界的外滩拔地而起，在 20 世纪 30 年代的上海，华懋饭店是当时最负盛名的奢华酒店。其特点是沙逊家族的传奇色彩和符合东方巴黎的调性。

二是事业单位发展阶段（1956～1998年），1956年，和平饭店恢复了饭店功能，成为行政接待型饭店。1965年，原汇中饭店并入和平饭店，成为和平饭店南楼。

三是国有企业经营阶段（1999～2006年），1999年11月，和平饭店实现了从事业单位、行政接待型饭店向旅游涉外饭店的转型。

四是国际酒店集团入股阶段（2007年至今），2007年4月，锦江集团与北美老牌奢侈品酒店集团费尔蒙（Fairmont）酒店集团成立合资公司，锦江集团作为业主方，费尔蒙酒店集团成为管理方。

授课教师在进行本案例题目分析时，应让学生重点了解和平饭店在各发展阶段转折点。

授课教师可以让学生先结合案例正文内容，进行和平饭店发展阶段的划分，然后请各小组代表发言，阐述该小组阶段划分情况、各阶段企业特征。在各小组学生完成讲解的过程中，授课教师根据学生阐述的内容及案例正文内容，带领学生在黑板上或PPT中完成表2的填写，并最终形成如表3所示的内容。

表2　和平饭店各发展阶段及表现特征（白纸）

发展阶段	企业的特点	事例
第一阶段		
第二阶段		
第三阶段		
第四阶段		

表3　和平饭店各发展阶段及表现特征

发展阶段	企业的特点	事例
第一阶段（1929～1949年）	带有浓厚的维克多·沙逊家族个人印记；上流社会社交场所；繁荣如昙花一现，1941年后陷入停滞状态	大厦装修中，多处体现个人喜好的标志；有人评论说，身在沙逊大厦就是身在世界窗口。抗日战争爆发，沙逊抛售产业
第二阶段（1956～1998年）	管理方是上海市机关事务管理局，承担行政接待任务；获评为"世界最著名饭店"	和平饭店承担着培训罗马尼亚烹调实习生等政治任务
第三阶段（1999～2006年）	国有五星级旅游涉外饭店；现代化企业发展	承担接待国宾和旅游涉外酒店任务
第四阶段（2007年至今）	大规模整修，重建昔日辉煌；国际奢侈品酒店集团运营管理	2014年起，一年一度的"和平饭店文化艺术节"，不仅提升知名度、美誉度，营收也明显提升

3. 在上海和平饭店发展的不同历史时期，分析其酒店营销管理创新模式

出题目的：该思考题的核心目标是引导学生思考上海和平饭店在不同历史时期的酒店营销管理创新模式类型，具体表现在两个方面：第一，引领学生从案例正文素材中深入挖掘关键信息，提升学生信息概括和提炼能力；第二，进一步引导学生从各个不同历史时期，提炼上海和平饭店进行酒店管理创新模式的类型。

知识点：酒店营销环境、酒店营销创新模式。

授课要点：为方便案例教学，建议授课教师从两个方面展开思考题 3 的讨论与分析，建议本题用时控制在 25 分钟。

（1）理论依据。

1）酒店营销环境分析。包括酒店营销外部环境分析和内部环境分析两个部分。

①酒店营销外部环境。包括外部宏观营销环境和外部微观营销环境。外部宏观营销环境由政治、经济、社会、文化、人口、技术、教育、法律、国际关键等因素组成。

外部宏观营销环境虽然不直接影响酒店的营销活动和营销对策，但对酒店的营销决策有一定的间接影响。

②酒店外部微观营销环境主要包括市场、客人、供应商、销售代理商和竞争形势五个方面。

2）酒店营销市场定位。酒店市场定位是指根据目标市场上同类产品的竞争状况，针对客人对该产品某些特征或属性的重视程度，为酒店产品塑造强有力的、与众不同的鲜明个性，并将其形象生动地传递给客人，求得认同。

3）酒店营销组合策略。酒店营销组合是指为了满足目标市场的需求，酒店对自己可以控制的市场因素进行优化组合，使各个因素协调配合，发挥整体功效，最终实现酒店经营目标。

（2）案例分析。

本题分析的关键点在于让学生理解和深入挖掘，在和平饭店四个不同发展阶段，它的酒店营销策略是怎样的，以及每个策略产生背后的环境是怎样的。

结合思考题 1 和 2，引导学生意识到和平饭店在不同发展阶段，采用的不同酒店管理营销策略均体现了当时的环境要求。授课教师结合和平饭店各历史发展阶段，要求学生从政治、经济、技术和领导者四个角度进行思考，并填写表 4，理解和平饭店各历史阶段面临的环境状况。

表 4 不同发展时期和平饭店所处的环境分析（白纸）

	政治	经济	技术	领导者
第一阶段				
第二阶段				
第三阶段				
第四阶段				

在各小组学生完成表格填写的过程中，授课教师根据学生填写的内容及案例正文内容，带领学生在黑板上或 PPT 中完成表 4 的填写，并最终形成如表 5 所示的内容，进一步明确不同时期和平饭店的酒店营销管理策略。

授课教师可以让学生先结合案例的正文内容，进行和平饭店发展阶段的划分，然后请各小组代表发言，阐述该小组阶段划分情况、各阶段企业特征。

表5　不同发展时期和平饭店所处的环境分析

	政治	经济	酒店形态	领导者
第一阶段	上海被西方各国瓜分战略	经济混乱，外国商人大肆敛财	奢华高端酒店，服务特定高端人群	英国商人维克多·沙逊
第二阶段	中华人民共和国成立	计划经济市场经济	国事接待（事业单位）	上海市机关事务管理局
第三阶段	政治稳定，支持现代性企业发展	市场经济	旅游涉外酒店（现代企业）	锦江集团
第四阶段	政治稳定，刺激经济发展	市场经济	打造历史与艺术结合的世界著名饭店品牌	运营方为费尔蒙酒店管理集团

在各小组学生完成讲解的过程中，授课教师根据学生阐述的内容及案例正文内容，带领学生在黑板上或 PPT 中完成表 6 的填写，并最终形成如表 7 所示的内容。

表6　和平饭店各发展阶段营销策略及创新点（白纸）

阶段	营销策略及创新点
第一阶段（1929~1949 年）	
第二阶段（1956~1998 年）	
第三阶段（1999~2006 年）	
第四阶段（2007 年至今）	

表7　和平饭店各发展阶段及表现特征

阶段	营销策略及创新点
第一阶段（1929~1949 年）	产品营销、关系营销
第二阶段（1956~1998 年）	政府接待（产品营销）
第三阶段（1999~2006 年）	文化与品牌营销
第四阶段（2007 年至今）	主题营销

4. 在新的营销环境下，上海和平饭店如何继续酒店营销管理创新，再登顶峰

出题目的：本思考题为开放性问题，无标准答案，学生可根据自身理解从不同角度分析上海和平饭店如何应对新环境，提出可行的解决方案。建议本题用时控制在 20 分钟。

案例分析。第一，识别现有环境的特征。上海和平饭店可通过理解现有环境的趋势，分析现有环境对企业而言是机遇还是挑战，进而更好地把握环境对企业的影响。第二，加深对主题营销的理解与实践。和平饭店作为著名历史建筑和世界著名酒店，应该在主题营销的理解和实践上更深入、更细致。

首先，精准的市场定位，和平饭店要做老上海文化的主题型营销，就要找准市场，准确定位。结合怀旧元素设计怀旧包装，包装上足够吸引眼球，才能让消费者有购买的欲望。现代元素和传统元素完美的结合，在和平饭店的餐厅中可以深入挖掘开发研究 20 世纪的一些著名菜肴，但是也要和现在的菜肴制作结合进行创新。

其次，修缮完善建筑，体现摩登气息，饭店在进行整体的装修修缮时，应当要注意尽量做到修旧如旧，让旅游者或者住店客人感受到老上海的气息。增强消费者的怀旧体验，增加具有年代感的互动项目。

和平饭店还可以适当地提高自己基础房型的价格。同时，和平饭店也要降低自己具有上海特色的九国套房和沙逊总统套房的价格，不要因为价格过高而让渴望了解和平饭店和和平饭店文化的客人望而却步。通过适当地降低价格，让更多人有能力支付房价，并通过此举让更多人对和平饭店的老上海怀旧文化产生兴趣，从而达到更好的营销效果。

和平饭店在上海这样的繁华大都市，国内外品牌五星级酒店云集的地方，具有的最大的优势就是其自身的发展历程，见证上海的发展和成长，地理位置占据着绝对的优势，相比起在上海周边的新兴起的五星级大酒店，和平饭店在定价上有着绝对的领先优势。同时作为具有独特文化底蕴的五星级大饭店，价格不仅体现在地理优势和历史底蕴中，同样体现在相应的软硬服务和独特的怀旧元素当中。

上海和平饭店的营销渠道也应当随着时代的变化而变化，把一部分重心转移到网络上来。人们在选择酒店的时候经常会参照携程或者去哪儿网，但是第三方销售平台出于成本和收益的角度考虑会抽取高额的佣金。因此酒店应加大自己品牌官网的推广，可以通过一些相应的促销手段来协助完成。

五、关键要点

1. 关键点

（1）在梳理案例情节基础上，分析上海和平饭店不同阶段所采用的酒店营销策略，重在引出酒店营销策略的概念。

（2）分析上海和平饭店不同阶段采用营销策略的背景，重在引出上海和平饭店酒店营销策略背后的环境特征。

（3）对上海和平饭店的发展历程进行阶段划分与解读，重在引出酒店营销管理创新模式的演变。

2. 关键知识点

（1）酒店营销管理策略。

（2）酒店营销管理创新模式。

（3）酒店营销管理环境分析。

3. 关键能力点

（1）对酒店营销管理基础理论的理解与掌握能力。

（2）对酒店营销管理演变过程的归纳能力与分析提炼能力。

（3）对酒店营销环境的分析能力。

（4）对开放性问题提出切实可行方案的创造性解决实际问题的能力。

六、建议课堂计划

本案例专门用于《酒店管理概论》课程中有关"酒店营销管理"知识点的案例讨论课设计，可以事先对学生进行分组，每组控制在 3~4 人，以小组的形式探讨与分析本案例，案例课堂时间建议控制在 3 个课时（120 分钟）。表 8 是按照时间进度提供的案例教学计划建议。

表 8　教学计划时间安排

案例教学计划		主要内容	时间
课前计划		教学案例正文和启发思考题发放 制订教学计划 制作授课 PPT 设计分组	提前 1 周
课中计划	案例引入	教师就本案例的企业背景、相关理论和课堂形式进行简要介绍	5 分钟
	情节回顾	指定一名学生简要介绍案例概要，授课教师注意引导学生，将案例的关键信息呈现出来	10 分钟
	分组讨论	对思考题（1~4）进行讨论（详见思考题 1~4 的授课要点）	90 分钟
	归纳总结	授课教师首先对各小组的陈述情况和分析问题思路进行总结点评，提出存在的优缺点；其次提出自己对案例问题的看法，总结上海和平饭店酒店营销管理策略和创新模式，并写出对案例思考题的思路分析，进一步引导学生的思考	7~8 分钟
	疑问解答	授课教师解答学生疑问，并与学生互动	7~8 分钟
课后计划		根据课堂讨论主题安排学员撰写案例分析报告	两周内提交

具体来说，建议课堂计划从课前计划、课中计划和课后计划三个方面展开。

（1）课前计划。

1）案例正文发放：发放案例正文和启发思考题（提前 1 周），请学生在课前完成阅读和初步思考，请学生提前查阅与上海和平饭店相关的背景资料，初步理解酒店营销管理的理论。

2）制订教学计划：授课教师制订详细的教学计划，包括案例讨论的形式、步骤以及每个讨论点的时间划分。

3）制作PPT：授课教师根据整理的讨论点及教学大纲要求制作PPT。

4）设计分组：授课教师可以设计如表9所示的分组建议，便于记录每组对4个思考题分析的关键词，了解学生对思考题分析的深度，以把握课堂进度。

表9 分组建议

组名	组长	组员		对思考题1分析的关键词	对思考题2分析的关键词	对思考题3分析的关键词	对思考题4分析的关键词
A组		3~4人					
B组		3~4人					
……		3~4人					

（2）课中计划。案例引入、思考题讨论、结束总结、答疑释惑。

（3）课外作业建议。

1）课前作业：请学生提前了解我国酒店行业信息以及上海和平饭店企业的相关信息；请学生提前通读案例正文，并对思考题进行初步分析。

2）课后作业：请学生结合案例正文理解与分析，结合上海和平饭店具体情况，从酒店营销管理角度提出思考题4的案例分析报告（2000字左右）。

北京丽思卡尔顿酒店：
午后专属

一、教学目标与用途

1. 适用课程

本案例适用于《食品创意研发》课程中产品创意及合作等相关教学内容。

2. 适用对象

主要适用于食品科学与工程、酒店管理等专业的本科学生。亦可作为酒店品牌、酒店营销等专业课程中有关 IP 合作内容的研究生拓展教材。

3. 教学目标

本案例从北京丽思卡尔顿酒店的下午茶营销的角度，回顾了酒店在 2021 年以来下午茶的营销策略和西饼房的新产品的创意应对。通过对案例的学习与讨论，使学生能够了解当下高端星级酒店的营销状态，深度了解酒店下午茶产品的研发、设计、营销和 IP 合作情况。帮助学生掌握酒店营销发展的新业态，理解酒店采用的新媒体营销方式。使学生能够厘清基于酒店品牌特性的个性化定制下午茶产品的生产运营流程。通过案例讨论让学生构思出高端酒店所需下午茶产品的营销方式以及设计逻辑和综合判断依据。

二、启发思考题

➤ 新冠肺炎疫情防控期间，你认为酒店在下午茶方面存在的主要问题有什么？

➤ 根据案例，总结 2021 年以来北京丽思卡尔顿酒店对下午茶的营销做了哪些策略，存在什么优点和不足？应当如何改进？

➤ 如果你是西饼房总厨，请尝试和一个品牌合作，为其规划和制作出甜点作品。

➤ 如果你是西饼房主厨，请尝试开发适合外送服务的甜点新产品。

➤ 如果你是西饼房主厨，请尝试开发适合品牌理念的甜点新产品。

三、分析思路

本案例涉及诸多理论点，因此依据案例讨论的重点、次重点以及其他相关内容，设计了主要的理论依据和相关理论依据，逐步拓展、逐步推进。本案例聚焦于北京丽思卡尔顿酒店的下午茶营销管理创新。首先，分析酒店下午茶受新冠肺炎疫情影响产生的三类问题。其次，讨论并总结丽思卡尔顿下午茶营销策略，并分析优劣势及酒店的改进措施。最后，以酒店与品牌合作展开探讨下午茶规划和制作的策略机理。以此展开三项开放式提问与思考，让学员摸索和设计外送下午茶产品，并从中理解下午茶文化在产品设计中包含的品牌理念，以及酒店赋予下午茶的意义与形式。案例分析思路与步骤，如图1所示。

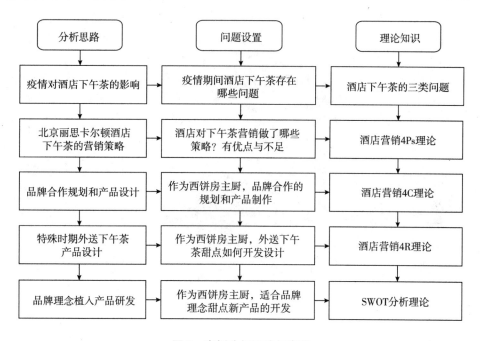

图1 案例分析思路与步骤

四、理论依据与案例分析

1. 新冠肺炎疫情防控期间，你认为酒店在下午茶方面的现状和存在的主要问题有什么

酒店下午茶的产品与服务氛围传承了西式文化的血脉。酒店所供应的茶点以西式

为主，服务环境也主要以欧式、简约现代等西式氛围为主。当然中式服务氛围也较具特色，如以中国传统书画文化、中国茶文化为氛围体现，但总体而言，通常只有那些以中式风格为主题文化的酒店将下午茶消费氛围主基调确定为中式风格。

酒店下午茶提供主要以西式糕点为主，如乳酪蛋糕、提拉米苏、慕斯、芝士、曲奇饼干等。中西式兼容类型的也以西式为主中式为辅，中式点心通常有炸春卷、豆沙酥等，但在下午茶套餐中属配角。在饮品方面，一般多为咖啡或茶。水果是必不可少的元素，常常在色、形、味上与西式糕点搭配呈现，再配以颇具设计感的器皿，使整个茶点组合具有很强的艺术感染力。就餐食来源而言，一般酒店的下午茶餐食主要由酒店自制提供，个别品种来自外购，这也是酒店最为合理、经济、安全的产品提供方式。目前大部分酒店的下午茶人均套餐价格从35~350元不等，与酒店的档次星级在一定程度上成正比。成本25~100元，可见酒店下午茶的价格更多地体现在酒店所提供的环境、服务等方面而不是下午茶点心或者茶饮本身。

2020年，受新冠肺炎疫情影响，酒店下午茶也呈现出诸多困境与问题（见图2）。

图2 酒店下午茶存在的问题

从主流消费人群来看，根据酒店性质和所处位置不同，酒店下午茶的主流客群差异较大。但总体来说酒店下午茶的主力消费人群是非住店客人，住店客人的下午茶消费反而不多。其中以商务客人为主，旅游者和家庭客人为辅。从年龄特点来看，中青年是主流客群，较少有老年人去进行下午茶消费。大部分的五星酒店下午茶主流消费人群以住店、年轻人为主。消费人群范围过窄，消费频率较低。在新冠肺炎疫情的特殊时期，商务旅行和商务洽谈等面对面的线下形式越来越少，线上谈生意成为主流，这直接导致了酒店下午茶的最大客源流失。

从消费环境来看，酒店的入住率在持续下降导致酒店更多采用主题房（如亲子、考生房等）、餐饮带动消费等营销模式，但是忽略了下午茶这个重要环节。在疫情防控期间，酒店下午茶这类人流密集的场所，很多情况下都会被直接关闭，使消费场景进一步减少。

从营销手段来看，酒店下午茶特别是高端酒店这类较为高消费的场景，受到新冠肺炎疫情影响更为严重。酒店需要提供更多的营销和促销手段，才有可能实现下午茶销售的起色。但是在未来不确定性仍然未改变的情况下，营销手段的作用和持续时间都将面临无所作为的可能性。

2. 根据案例，总结 2021 年以来北京丽思卡尔顿酒店对下午茶的营销做了哪些策略，存在什么优点和不足？应当如何改进

酒店市场营销是指酒店在变化的市场环境中，为满足顾客需要和实现酒店目标，综合运用各种营销手段，把酒店产品和服务整体地销售给顾客的一系列市场经营活动与过程。包括酒店营销战略决策、生产、销售等阶段在内的总循环过程，是向客人传达产品和服务价值的过程，目前常见的营销理论有以下几种：

4Ps 营销理论，在制定营销策略的过程中，主要关注的四个要素，即产品（Product）、价格（Price）、渠道（Place）和促销（Promotion），即一个完整的市场营销活动或过程，应该是通过研发产品，并且以合理的价格，通过特定的渠道和促销手段，将产品和服务提供给某个特定的市场。

4C 营销理论，是由美国营销专家劳特朋教授针对 4Ps 营销理论存在的问题提出的。以消费者需求为导向，重新设定了市场营销组合的四个基本要素，瞄准消费者的需求和期望（Customer）：首先要了解、研究、分析消费者的需要与欲求，而不是先考虑企业能生产什么产品；消费者所愿意支付的成本（Cost）：首先了解消费者满足需要与欲求愿意付出多少钱（成本），而不是先给产品定价；消费者购买的方便性（Convenience）：首先考虑消费者购物等交易过程如何给消费者方便，而不是先考虑销售渠道的选择和策略；与消费者沟通（Communication）：以消费者为中心实施营销沟通是十分重要的，通过互动、沟通等方式，将企业内外营销不断进行整合，把消费者和企业双方的利益无形地整合在一起。

4R 营销理论，由美国学者唐·舒尔茨在 4C 营销理论的基础上提出的新营销理论，分别指代 Reliance（关联）、Reaction（反应）、Relationship（关系）和 Reward（回报）。该营销理论认为，随着市场的发展，企业需要从更高层次上以更有效的方式在企业与顾客之间建立起有别于传统的新型的主动性关系。

SWOT 分析理论，S 指的是优势 Strengths、W 指的是缺点 Weaknesses、O 指的是机会 Opportunities、T 指的是威胁 Threats。优点是企业优势，能力和状态的内部因素，并将其称为到达目标的最佳武器；缺点是企业不好的一方面或缺少能力，导致企业无法完成目标；机会指外部影响助于企业到达目的因素，或对有帮助的外在因素；威胁指阻止企业达到目的外在因素。一般来说，企业很难分辨机会和威胁，这两项变数较多，所以企业的策略需要不断更新、优化。

消费者行为分析理论。对消费者行为的分析，能深入研究消费者购买和使用的原因，对企业在制定市场战略方面非常有帮助。在分析、理解消费者行为时，应该使用假设性的刺激框架概念手段来进行寻找其决定消费的因素。主要包含两个因素，一是内部因素或心理因素，指消费者的个人特征，如感知、学习、需求、动机、个性、态

度、价值观和生活方式等。二是外部因素，指除消费者外的其他外部影响因素，如家庭、朋友圈、文化、社会地位等。此外市场营销策略、消费的状态也可决定消费行为。

PEST 分析理论，是外部环境分析概述，此方法流程简单，但操作起来较难。分析的标题为政治（Political）、经济（Economic）、社会（Social）、技术（Technological）。营销专家常使用此分析模式来分析企业未来的走向和市场定位。P-Political 分析政治法律带来的影响；E-Economic 分析经济与其他经济因素带来的影响；S-Social 分析社会、文化、生活、习惯带来的影响；T-Technological 分析科技与时代创新带来的影响。

酒店市场营销是以整体营销组合作为运行手段和方法的有机系统，包含产品策略、定价策略、分销渠道策略、促销策略、公共关系策略、财务控制策略、服务营销策略、信息化营销策略等。同时，在每种策略中包含了一系列具体手段，如产品策略中包含产品组合、产品生命周期、新产品开发等手段；定价策略中包含成本核算、价格构成、定价技巧等手段；分销渠道策略中包含销售地点、销售渠道、网络销售等手段；促销策略中包含广告、人员推销、营业推广等手段；公共关系策略中包含政府关系、新闻界关系、社区关系、顾客关系、经销商关系；等等，这些具体手段又构成该策略的下一层次的组合。整体营销组合与各个策略组合相互联系，共同作用，构成市场营销手段和方法的完整系统。

北京丽思卡尔顿酒店为了应对目前的下午茶的市场状况，在产品、渠道、客户关系等方面都做了相应的对策，形成了新的营销策略。

（1）联名策略。目前，根据品牌联名合作最终是否有准确的产物可以分成两类代表性的定义。一方面，一种认为品牌联名合作是将两个甚至多个独立的品牌进行配套来达成一种协议，并进行相应的市场销售行为，为了互相利用拥有的品牌资产来扩大消费者对品牌的认知，改善消费者对双方品牌的态度。另一种认为品牌联名合作是两个或两个以上品牌进行市场范围内的深度合作，在全新的市场上推出一种崭新的商品或服务。本案例的成果均符合以上两种观点。

另一方面，联名双品牌的匹配度也尤为重要，匹配度越高联名成果的可能性越大，效果可能越好。更有机会增加合作双方的品牌知名度，拓展受众范围，反之则会起到稀释的作用。

（2）沉浸体验策略。随着消费者消费形态的改变，"体验式营销"逐渐受到更多品牌的青睐。所谓"体验"就是人们响应某些刺激，如由企业营销活动为消费者在其购买前后所提供的、新鲜有趣的个别事件，从而达到让消费者购买的目的，并对品牌留下印象。体验营销相对其他营销模式更为复杂，好的体验营销能让消费者在愉悦的氛围中完成交易，并保持品牌忠诚度。近些年，一些品牌对体验式营销进行升级，加入沉浸因素，使体验式营销更抓人和吸睛。酒店推广儿童厨艺体验旨在通过让儿童动手制作美食，在制作过程中，不仅了解到基础的食物知识以及饮食文化，还锻炼动手能力以及解决问题的能力。目前，日本、法国、丹麦、美国、德国等国家在厨房育儿等相关方面都有体现在儿童日常教育中。我国在"十三五"期间提出了劳动教育的建议，特别是近两年在上海的幼儿园和小学生的教育规划中也增加了相应的内容。在此背景下，酒店策划儿童星厨课堂是一个很好的契机。

另外，儿童星厨课堂也体现了另一个营销理念，即品牌记忆。2002~2003年，IP-SOS定性研究人员对11~12岁的孩童和品牌进行了一次全球性的定性调查研究，调查目的是了解这一年龄段的孩童与品牌之间的关系并确认营销中的杠杆作用。调查结果显示，这个年龄段的孩子与品牌的关系很强，与其他年龄段的孩子相比，他们有自己的独特性，这些11~12岁的孩子们处于从儿童向青少年过渡期，他们很容易接受品牌，但又不像17~18岁的孩子那么有针对性。而且，他们对许多品牌有着很深刻的记忆，包括与他们毫不相关的牌子，对于他们而言，品牌意味着一种"典范"或者"行为"。

（3）服务升级策略。服务业是衡量一个地区扩大内需的重要标志，也是助推产品融入双循环、提高竞争力的关键一环。近年来，市委、市政府把加快服务业转型升级作为培育经济增长新动能、推动经济高质量发展的重要抓手，有力支撑了全市经济发展迈上新台阶。酒店作为服务行业的成员之一，提升服务质量，满足广大消费者的需求，是达到营销目的的方法之一。北京丽思卡尔顿酒店下午茶外卖服务就是为了解决一部分客户因为时间、地点等各种原因无法到酒店堂食的问题而开通的。在实施过程中，充分考虑下午茶主题、环境分为、参与人的妆容、合适的茶点等，让个性化、专属化下午茶完美呈现。

服务是围绕产品而展开的，产品才是服务的本身，产品升级可带动品牌升级，是企业发展的必然举措。由于产品的加工用时长，可常温或者低温贮藏等特点，大部分的下午茶西点都是西饼房制作好后，放置在吧台待售。但有些产品，不适宜此种销售方式。北京丽思卡尔顿酒店下午茶在此方面进行升级，将司康和部分甜咸小吃现制而成，提升了产品的商品属性和价值。

• 如果你是西饼房总厨，请尝试和一个品牌合作，为其规划和制作出什么甜点作品

• 如果你是西饼房总厨，请尝试开发适合外送服务的甜点新产品

• 如果你是西饼房总厨，请尝试开发适合品牌理念的甜点新产品

以上三个问题都是有关于产品创意、研发。新产品的研发首先要围绕拟定的营销目的，代表着不同研发构思。

首先，酒店应采取多种手段进行下午茶的营销。如微信软文是酒店下午茶促销所使用的最普遍的方式，或是发放赠券、微信朋友圈和借助美团或大众点评等平台媒介。也可以采用现场推荐、会员卡折扣等方式进行促销。

其次，因为传承了西方下午茶的习俗，酒店下午茶以西式糕点为主，或者中西式糕点饮品相结合。西点多以乳酪、奶油、糖等为原料或配料，从健康角度考虑，高脂肪、高糖的食品并不符合当下的健康诉求，而不少参与本次访谈调查的被试宾客也反映一些酒店下午茶的西点太甜腻，易导致消化不良。因此，下午茶在食品设计时要多多征求宾客的意见，注意中西食品的适宜搭配或更多引入中餐养生食材，创新开发出色香形味俱佳的健康平衡食品。除此之外，酒店在下午茶服务过程中还可以考虑提供食品营养结构说明，让消费者吃得明白、吃得安心，并引导宾客健康的饮食观。

再次，下午茶的消费群体多为商务客人，且以年轻宾客为主。下午茶的套餐较高

的价格，是挡住不少潜在宾客进酒店消费的重要原因，如学生群体，本应是西式茶点的钟爱者或西式文化的追随者，但他们对价格较敏感，因而只能望而却步。另外，套餐消费的下午茶存在较多剩余或浪费现象，这也表明套餐无法满足个性化需求。因此，酒店可采取套餐、零点双服务的形式，打破套餐消费的强制性，让宾客有自由选择、按需所取的灵活消费空间。同时，适当的降价也是吸引更多消费者尤其是学生、老年人等价格敏感群体的重要途径。

最后，在行业的激烈竞争中，不少酒店力争创新产品与服务，突出文化主题和品牌口碑。下午茶的促销虽然已采取多元化手段，但是在下午茶的产品设计、服务提供等营销方面却似乎有待提升。一方面，酒店应该强调下午茶的主题化、特色化。例如，下午茶设计的主题与酒店的主题相匹配，与酒店氛围相匹配；出品凸显特色，把酒店厨师最拿手的中西点作为下午茶品类。另一方面，从下午茶经营目的来看，酒店经营者普遍认为其品牌效果远大于其经济收益，因此强化下午茶品牌建设不失为很好的思维方式。

因此，基于上述分析，启发思考题 3 所涉内容的关键在研发中主要以产品的搭配为主，但是重点放在合作的品牌理念的凸显和契合度的展现，同时考虑现场营造的气氛、参与对象特点等，要从整体造型、颜色搭配、选用原料的种类、分产品的品种、甜咸口味搭配等多方面进行构思。

启发思考题 4，适合外送服务的甜点新产品研发，产品定位重点在于适合主题、运输条件等因素的思考。启发思考题 5，是从品牌主打产品的更新、客户对营养、功能、外形、颜色、味道、口感等多方面的需求去考虑。

五、关键要点

（1）本案例在分析过程中需要对酒店下午茶制作、营销特点比较了解。

（2）学生需要先学习甜点的制作以及部分营销的相关理论知识。

（3）为达到较好的讨论效果，具有对酒店下午茶或者市场营销等相关理论知识的学生均匀分配到各个小组。

六、建议课堂计划

本案例以专门的案例讨论课程来进行，表 1 是包含几个环节组织教学的时间进度计划。

表1 本案例教学组织进度计划表

事项	具体内容
课前资料发放	将北京丽思卡尔顿的下午茶的内容通过微信群、课程中心等途径发给学生
课前引导	将2020年新冠肺炎疫情以来五星酒店和其下午茶营销现状加以介绍，并提出思考，下午茶的重要性和目前存在的问题
课堂提问	1. 学生了解的下午茶文化 2. 北京丽思卡尔顿酒店的沿革及现状 3. 营销理论的概述 4. 引导学生对案例中所呈现的2021年酒店下午茶的营销情况进行梳理与整合 5. 询问学生下午茶的营销情况的优点和不足 6. 对于2021年酒店下午茶的营销情况进行剖析、总结 7. 引导对联名下午茶、外送下午茶以及酒店升级新产品的研发思路进行剖析 8. 询问学生如果某品牌联名如何设计整体产品 9. 询问学生如何设计一套适合外送的下午茶产品（主题自拟） 10. 询问如何根据酒店的品牌文化、产品现状，研发新产品 （分组讨论，三主题选一）
课堂总结	1. 教师结合同学们自由发言过程中的亮点，对案例相应知识点进行总结 2. 对案例中的重点部分进行强调，提醒学生在其他的案例分析中可以积极运用以上分析方法与要点
后续进展、其他教学支持材料	更新2022年北京丽思卡尔顿的下午茶活动情况

参考文献

[1] Jungyong A，Ahyeon K，Yongjun S. The Effects of Sensory Fit on Consumer Evaluations of Co-branding [J]. International Journal of Advertising，2020，39（4）：486-503.

[2] 王晓珍，郑颖，施佳蓉，等. 要素品牌联合紧密度对联合后主品牌评价的影响研究 [J]. 中央财经大学学报，2019（4）：118-128.

[3] 顾季青. 基于顾客网络评价的高星级酒店服务质量研究——以南京市五星级酒店为例 [J]. 东北农业大学学报（社会科学版），2015（15）：173-175.

[4] 杨安成. 谈下午茶餐厅启动规划设计前的准备工作——以安薇塔英国茶餐厅成都鹭岛店为例 [J]. 辽宁师范大学学报（社会科学版），2016（2）：161-163.

[5] 毕晓哲. 基于内容分析法的我国经济型酒店服务质量评价研究——兼与高星级酒店相对比 [J]. 四川理工学院学报（社会科学版），2015（11）：255-257.

[6] 下午茶的起源由来及文化 [EB/OL]. [2018-03-02]，http：//www. chawenyi. com/chawenhua/12375.

[7] 陆娟，张振兴，杨青青. 基于品牌联合的食品品牌信任提升研究 [J]. 商业经济与管理，2011（1）：76-85.

"经管之道，唯在得人"
——洲际酒店集团的成功法宝

一、教学目标与用途

1. 适用课程和对象

本案例适用于酒店管理专业的核心课程《酒店人力资源管理》教学环节中。在本课程的教学过程中案例主要与课程核心内容相匹配，主要与该课程中的酒店人力资源规划、酒店人力资源招聘与配置、内部招募与外部招募、招募渠道及方法、用人选人留人等知识点相匹配。

2. 教学目标

本案例主要介绍了洲际集团招聘选人有方、用人有道的模式，通过访谈获得洲际集团招聘模式，使学生进一步了解酒店人才招聘模式及方法，能够为酒店管理人员带来哪些新的思考。这正是本案例希望老师和学生们能够去深入讨论和思考的。通过对案例的学习与讨论，并希望实现以下教学目标：

（1）作为导入素材，引导学生进行新项目的学习。

（2）作为理解理论知识的实践性素材，引导学生了解理论知识在实践中的体现和运用。

（3）作为任务材料，学生以工作团队为单位，对行业案例开展资料检索和问题分析，围绕专题案例进行讨论，并密切联系实际，以加深授课学生对酒店人力资源管理相关基础理论的思考和认知。

（4）学会分析案例，解决实际问题，锻炼分析解决问题的能力、团队协作能力和口头表达能力。

（5）针对洲际集团招聘存在的主要问题做出相应的解决方案。

二、启发思考题

➢ 招聘对洲际酒店集团的重要性有哪些？

➢ 洲际酒店职能领导现行招聘方法应用中存在的问题与挑战有哪些？

➢ 在面试过程中，洲际常用哪几种面试方法？哪些面试技巧比较重要？管理学、心理学的一些理论如何运用到面试中？

➢ 洲际集团的人才规划、招聘计划有哪些特点？

➢ 洲际酒店的竞争优势？洲际酒店集团英才培训学院的意义何在？

三、分析思路

授课老师可依据教学目标，灵活运用案例。案例分析路径如下：

从招聘的理论框架出发，本案例的分析路径围绕洲际酒店集团如何运用人力资源优化，筑牢人才这一防线在竞争激烈的行业市场中，多元化打造自己的酒店品牌，并形成市场竞争力这一过程展开。

1. 洲际酒店集团企业文化特点

企业文化在企业管理中发挥着重要作用，直接影响着职员归属感。

上海洲际酒店隶属于全球化的国际连锁酒店——洲际酒店集团，该集团在全世界一百多个国家与地区拥有近五千多家连锁酒店，旗下共有十个品牌，洲际酒店提出的文化经营理念是"打造客人挚爱的杰出酒店"。该集团立志于打造全球酒店业标杆，致力于创建全球一流酒店品牌。

洲际酒店集团企业文化，是洲际的制胜之道。洲际酒店集团一直是做对的事，始终做洲际酒店集团认为正确的事，即使会面临困难，洲际还是有勇气将之付诸行动。洲际酒店集团正直，坦诚并能坚持到底。

一是展示关爱。洲际酒店集团力争比本行业其他公司更能够领会客户需要。

二是追求卓越。洲际酒店集团立志于成为本行业引领者，所以洲际酒店集团创建了信念坚定和信心十足的一流团队。

三是求同存异。洲际酒店集团深信是大家的知识，为洲际的品牌注入生命。

四是合作共赢。团结就是力量，团结才能胜利，合作才会成功；事实上，只有企业中的每一个员工或者成员或大家同心同德、齐心协力，才能使洲际酒店集团变成一个强大的必胜团队。

2. 洲际酒店集团市场规模

全球的酒店客房的市场容量估计是 1800 万左右，在过去五年的时间一直保持着每年2%的增长规模。市场的竞争者来自不同的酒店，其中也包括自营酒店；该市场处于各种模式的分割状态，其中大约有800万的客房是采用特许经营权的模式来运营的，占据了整个市场容量的45%左右，而洲际酒店占据了特许经营权市场份额的8%（整个市场份额的3%）。尽管特许经营市场的比例在整个客房数的份额只有45%，但是在过去的几年，特许经营权模式的年均增长速度在3.8%左右，这个速度是整个客房数增长速度的2倍，这意味着顾客逐渐开始偏好特许经营权的营业模式，即品牌导向。洲际酒店无疑在这个过程中是最大的受益者之一。此外让人不能忽视的一个连锁效应就是，在市场格局演进中，自营型酒店经营管理者已认识到其劣势的竞争地位，所以他们开始将自营酒店交给类似于洲际酒店这样的专门提供管理服务的公司来管理，无疑提高了洲际酒店集团竞争力。

从酒店的地域分布来看，符合所谓的"二八原则"，即80%的酒店集中分布在20%的经济发展较好的国家，美国在这个布局下是最大的市场（占全球客房数的25%），接下来依次是中国、西班牙和意大利。洲际酒店在排名前四位的市场上，相对于其他竞争者而言具有领导性地位。

四、理论依据与分析

1. 人力资源管理目标及内容

人力资源管理目标，主要涉及以下五个方面：一是快速有效招聘到能满足企业经营发展所需且符合企业岗位需求的职员；二是可以依据企业经营发展之需，快速识别企业现存人力资源过剩或不足；三是培育出一支能够推动企业迅速发展，并且能促进企业健康成长的团队；四是努力减弱企业关键岗位对外来应聘者依赖感，尽量减少人力资源风险；五是最大限度地用最小的投入成本，最大限度地实现人力资源价值最大化。

人力资源管理内容，主要涉及以下四个方面：一是薪酬体系。包括影响薪酬的诸多因素，也包括非货币形态和货币形态等。二是职员培训工作。职员培训主要涉及岗位技能培训和企业文化培训，培训的最终目的是提高酒店收益。这需要企业家逐步提升员工素养，逐步减少人力资源管理成本，同时务必提高人力资源价值。三是激励机制。依据员工基本需要特征，激励机制对员工心理与行为产生一定的规范与激励，以推动员工满足自身合理需求。四是员工绩效评价考核。绩效管理认为：绩效或业绩是指企业员工在工作中取得的成效和影响。它是衡量企业部门整体或员工个人对企业贡献数量和质量，如产品产量、服务质量、客户满意度等。

2. 什么是招聘

招聘被视为一种寻找和发现工作候选人的过程，包括可以选择的合适人选。招聘是假设有足够能力的人，并为他们提供申请在公司工作的动机的过程。为了评价潜在候选人的工作的等价物、个性、人际交往能力、技能和解决问题的能力，应该先对招聘过程进行一系列评估，以确定他们的服务"适应性"。在大学酒店人力资源管理课程的教材中写道，酒店员工招聘是指依法从社会上吸收劳动力、增加新员工或获取急需的管理人员、专业技术人员或其他人员的活动。

（1）招聘的概念。

1）招聘是人力资源管理的一个重要环节，是指酒店作为企业，依据 HRP 即人力资源计划与工作分析 JA 情况，且结合酒店经营管理实情，快速充分地选拔具有工作胜任资格的员工及时补充酒店空缺职位的过程。

2）招聘由招募、选拔、聘用三个部分组成。

（2）招聘渠道。

1）通过新闻媒介（报纸、电视与电台）发布招聘信息。

2）通过定期或不定期举办的人才市场设摊招聘。

3）从各类人才库系统中检索。

4）大中专、职业学校毕业生推荐。

5）在职员工或周围亲属朋友介绍。

6）管理顾问企业介绍推荐。

7）通过猎头公司寻找（针对中高层管理人员的招聘）。

8）网络发布招聘信息（智联、前程无忧等）。

9）校园招聘（举办校园宣讲会）。

10）离职员工复职。

（3）招聘的工作原则。包括公开原则、竞争原则、平等原则、级能原则、全面原则、择优原则等。

3. 常见的招聘方法

洲际酒店职能领导招聘方法及理论基础介绍如表1所示。

表1　洲际酒店职能领导招聘方法及理论基础

洲际酒店职能领导招聘方法	理论基础	
职位分析法	人职匹配理论、胜任特征模型理论	心理契约理论
行为面试法	人职匹配理论、胜任特征模型理论	

（1）职位分析法。"科学管理之父"泰勒首次开创了现代职位分析法。职位分析相当重要，是企业招聘环节不可或缺的一环。职位分析的结果主要是形成职位说明书或职位分析报告。职位说明书的撰写流程，如图1所示。

图1　撰写职位说明书流程

在收集资料的过程中发现，洲际集团旗下的各个品牌以及每个职位都有独立的职位说明书，其中包括职位概述、工作职责、责任范围、任职要求。表2介绍了来自洲际酒店集团旗下的不同品牌的人力资源总监的职位概述。从表中我们可以看出，根据酒店品牌定位的不同会对同一职位有不同的岗位要求及侧重点。职位说明书将由专家审核通过后，由人力资源部在酒店筹开阶段下发到酒店，以保证酒店在职能领导招聘方面进展顺利。

表2　洲际酒店集团旗下不同品牌酒店人力资源总监职位描述

人力资源总监	
洲际品牌酒店	华邑品牌酒店
在洲际酒店和度假村，期望客户能感知到风格独特、时尚现代和深入洞悉，这意味我们需要员工： ●通过亲善、自信与展示尊重体现富有魅力的你 ●通过思考和估计客户需求、耐心细心地一件接着一件干，以关注当下 ●通过应晓应知、故事分享与展示自身风格来创造令人难忘的氛围	在华邑酒店，让我们的客人感到事业通达，尊重认同。为了达到这个目标，我们需要你提供知礼尊客的中华待客之道，同时还要： ●尽显中华礼仪——向客人展示我们标志性的欢迎，并用谦恭得体的中华待客之道来款待我们的客人 ●表达尊重认同——通过为客人提供量身定制的服务来认知客人，顺应客人偏好，从而彰显客人独一无二的尊贵身份 ●协力成就事业——理解我们客人的事业及社交需求，主动行动，提供高效准确的服务，力求超越客人期望
皇冠假日品牌酒店	假日品牌酒店
在皇冠假日酒店，期望感知自身、做到最好，能满足客户目标并受到客户们的认同赞誉。为了帮助客户，酒店麻烦您先行一步，用心用情服务： ●创建信任：成为本行业本领域专家；言行和谐，灵活应对且应客户需要为其提供量身定做式服务 ●鼓舞成就：调研和满足顾客需要与企业所追求的目标，以确保顾客得到尊重和重视，使其轻松无忧 ●实现梦想：了解客户潜在需求和现实要求，主动负责地满足宾客需求。合理匹配资源，加强团队协作，以尽心协助扶持顾客获得成功或胜利	在假日酒店，我们希望宾客能尽情放松、做回自己，这意味着我们的团队成员要做到： ●展现真我：在与他人接触时真实自然、形象专业、积极乐观 ●时刻准备：注意观察周围的事物，运用自己的知识，做好应对任何事情的准备 ●体现关爱：对宾客关怀周到、热诚欢迎并与他们心意相通 ●积极行动：积极主动、尽职尽责并且要多做一步

（2）行为面试法。作为一类结构化面试方法，行为面试法强调深挖应聘者在特定情景中所表现出的行为反应，以测评应聘者自身岗位匹配度与胜任力问题。近年来，越来越多的用人单位面试时大多采用了这种方法，洲际酒店集团也不例外。

南区资深人力资源总监Michael表示整个集团都会采用这一方法，来保证大家看待事件的角度和看法的一致性以及对应聘者的评价标准一致，在其他几次访谈中也得到相同的答案。集团领导常用的是STAR模型，STAR分别表示Situation、Target、Action、Result，如表3所示。面试者会令应聘者讲述故事时将所有信息具体化，时间、地点、人物等，以保证信息的真实性，增加自己辨别行为信息的准确性。

表 3　STAR 模型

S（Situation）	事件发生的时间、地点、情况和涉及的人员
T（Target）	应聘者应完成的目标是什么
A（Action）	应聘者为了达到目标采取了哪些行动
R（Result）	最终的结果以及收获

面试官会花费很长时间做笔记，而且因为这个问题是漏斗式的，面试官根据任职要求、文化等进行提问并深度挖掘，按照这个逻辑去寻找需要的一些关键词，根据被面试者的行为方式，在后面总结时就需要归类分析。

4. 招聘的主要理论基础

（1）招聘的关键环节。

员工招聘工作主要是由招募、甄选、录用和评估等一系列关键环节构成的。

（2）酒店员工招聘的途径。

1）酒店内部招聘。酒店内部招聘的形式有内部晋升和调换岗位。职位公告是酒店内部招聘信息发布的主要形式，它是以文字的形式公开向酒店全体员工详细通报现有职位空缺，以及任职资格条件、工作时间和相关待遇的文件。而工作竞聘是指允许那些自己认为具备空缺职位任职资格的员工，提出新的工作申请的招聘程序。

内部招聘利弊并存，优点是有助于激励员工努力工作、成本低、员工更具有适应性。缺点是有可能近亲繁殖、不利于企业创新等。

2）酒店外部招聘。企业发布广告招聘、企业进入校园招聘、通过就业服务机构招聘、委托猎头公司招聘、企业员工直接引荐等。

外部招聘同样利弊并存，其优点是可促进企业创新、识别优秀人才等。其缺点是风险很大，可能导致内部员工士气低落；招聘成本高；新员工进入角色适应工作岗位比较慢。

（3）酒店员工招聘的相关理论。

1）心理契约理论。阿吉瑞斯提出心理契约的概念，利文迅在其基础上给予了重新界定，指出：心理契约是波动的，主要分为四个阶段，如图 2 所示。心理契约理论几乎贯穿了招聘的整个过程，它的一个重要特征就是行为具有双向交互性。

2）人职匹配理论。由弗兰克·帕森斯首先提出，霍兰德进一步量化和发展了人职匹配理论，并把性格分为六大类型：现实型 R、艺术型 A、社会型 S、企业型 E、探索型 I 和常规型 C，通过"职业自我探索量表""职业偏好问卷"测验根据职业兴趣类型代号，找出相对应的职业索引，即为该应聘者最喜欢的职业。

3）信息不对称理论。最早是由美国经济学家约瑟夫斯蒂格利茨、乔治阿克尔洛夫，以及迈克尔斯彭斯提出的经济领域上的概念。理论通过阐述信息不对称所带来的严重后果，以此提醒人们信息的重要性。本文将会以该理论为基础衍生的背景调查法在洲际集团招聘职能领导的过程中，如何具体应用做详细介绍。

4）胜任特征模型理论。胜任特征模型也被称为资质模型和素质模型，具体就是为完成某一项工作，并实现某一绩效目标，应具备的一系列不同质量因素的组合，包括

雇佣前阶段	员工在还是社会个体时会对企业的具体生活有自己的想法和信念，而这些想法和信念都是在更早以前的具体经历中逐渐形成的，因此员工一时间也不能改变。对组织来说，通过清晰明确的信息逐渐改变员工原有工作理念中不适合现阶段企业生活的那部分是必要的
招聘阶段	招聘期间，应聘者会对企业产生基本的印象，是决定心理契约框架和内容的关键时期。双方的权利义务确认都会在这一阶段内进行探讨，或十分激烈，或有惊无险，最终能够明确是否进入下一步的意愿
早期社会化阶段	心理契约在这一时期比较敏感，可以认为是最重要的一个时期。员工进入企业之后会有意识地观察所处环境，并对曾经的、已有的条件进行审视和对比，找出与已知不同的地方。如果发现有欺瞒就会影响心理契约的完整性，破坏员工对组织的信任
后期经历阶段	员工在企业的工作稳定之后，心理契约也会产生一定的波动。心理契约的内容会随着企业的时间长短而发生动态变化。如果心理契约失衡，就会导致员工对继续留在本企业工作的前景不抱希望。这种情况一般会出现在企业生活的晚期经验阶段

图 2　心理契约四阶段

动机、个性品质等。本文将对以胜任力特征理论为基础应用的行为面试法在集团招聘职能领导时，其具体的应用情况做详细的介绍。

五、案例分析

1. 招聘对洲际酒店集团的重要性有哪些

招聘的主要任务就是找到企业所需要的人才。因为人才是酒店第一资源，也是构建集团文化的重要核心，除了带来技能、才智、设想，还能够构建起集团的文化，所以说招到对的人即合适的人、招到好的人即优秀的人，是洲际酒店集团成功的关键因素。招聘除了前期的筛选简历，到现场的面试，再到背景调查，都是一个完整的过程，在做酒店的招聘时，要求填写两个表格，一个是面试需要的信息，另一个是背景调查的表格，背景调查是非常重要的。

作为集团的招聘肯定是围绕着集团战略来做的，集团要实现自己的战略，应该知道需要什么样的人才，就知道招聘有哪些要求，一切是为了集团战略服务，主要是招聘的人才不能满足这个条件就没办法实现集团的战略，所以这个非常重要。招聘不是为了满足个人在某个岗位的工作，而是为了集团的可持续发展，集团的发展战略不是短期的，一定要看个人除了在现在这个岗位上做，将来有没有发展的潜力。招聘一定要看被选的人与集团的文化的吻合程度，因为一个人的思维方式如果和集团的文化行为、核心价值观重叠较少，是没办法在这个环境中生存下去的。招聘一个人不能付出巨额的成本，每个集团都有 GOP 的要求，既要为集团的长远发展，也要实现集团每一年的要求，所以在招聘时要考虑内部外部人选。这两个方面都可以看出一点，怎么样用比较合理的成本招到适合岗位的人选，真正是为集团的绩效做出贡献的。这些重要的因素都会影响到洲际集团招聘成功与否，若这些方面都没有考虑则会出现问题，如招聘的人不适合这个岗位、招聘的人留不住、招聘的人达不到酒店的绩效。所以这些因素对集团招聘能否成功是很关键的。

2. 洲际酒店职能领导现行招聘方法应用中存在的哪些问题与挑战

（1）背景调查的信息片面性。

背景调查法固然是招聘过程中十分有效的招聘方法，但其实际应用中仍然会遇到很多问题。首先，背景调查的人选问题，被调查者是否可以客观地对应聘者做出客观评价，这需要面试官在语言上的技巧引导。其次，背景调查的信息真实性问题，这对面试者的验证能力有着很高的要求，错误的判断会导致错误的决定，在一定程度上是很难挽回的。很多酒店业主方会选择自己信任的人去做背景调查，一般只会做一次，不愿意多做几次，这就容易导致得到的信息不够全面，具有片面性，无法真正看到被面试者最真实的一面。最后，背景调查不能接触被面试者现在工作的工作单位，这是职业道德问题，也就阻碍了面试官对其现有状态的了解，只能去了解他的上一份工作，接触他的前任领导和同事，很容易对其现在的状态评估造成偏差。

（2）面试方法单一固定且耗时。

行为面试法也是有一定缺陷的，集团领导大多可以对人力资源总监和财务总监两个职位的面试管控得很好，而酒店其他职能领导则主要由酒店人力资源总监及总经理进行面试。行为面试法对面试人员的面试技能要求很高，要求面试官能通过应聘者的描述，抓住其对招聘职位有价值的信息，所以面试的时候就围绕这些方面去做，就会发现过程很烦琐，要做很多笔记，记录面试过程中对应聘者的行为表现、故事经历，整理整个面试过程的信息并做出自己的判断，写好报告递交上一级，这是一个相对漫长的过程。著名的企业研究专家王继承先生根据我国国情研究所所得的结论说明，通过行为面试法整理的字数必须达到 10000 字以上，也就是花费约一个半小时以上的时间，所得的数据才能够稳定真实地反映应聘者的水平。

在行为面试过程中，被面试者只要讲述个人的经历，而面试官需要挖空心思去准备，所以不是很多人愿意使用这个方法，会花费面试官很多精力，对于一个从来没有接触过行为面试法的面试官来说，这是比较棘手的问题，他会更偏向使用过去自己习惯的面试方式，这样的面试结果就会出现招聘进来的人和现有的团队不契合的问题，就会导致员工工作绩效下降，员工流动率上升。此外，行为面试的结果是对过去行为事件的描述，那么，面试者更多地看到的是被面试者过去的行为、经历，对未来行为却不甚了解，这会影响对应聘者的整体评估，尤其是在潜力方面。并且，洲际酒店集团固定使用行为面试法，就成了行业内众所周知的一件事，不再存在神秘感，那么被面试者就会在面试前有所准备，根据固定的面试问题的套路，准备会被问及的问题，思考如何规避自己的短处，准备更希望面试官看到自己的某一方面，这增加了面试者挖掘信息的难度。

（3）集团管控能力有限。

虽然书面内容做得完美，但实际运用才是关键，那么酒店的总经理以及招聘人员是否严格按照集团的规定来进行招聘，酒店集团总部的管控是很关键的，隶属总部职能领导的人员有限、精力有限，而单体酒店数量逐年甚至逐月增加，在管理中的挑战也在升级。如果总经理一直自作主张，对于集团给他的标准视而不见，不去使用职位描述。就相当于看谁顺眼就招聘进来，结果就会是：第一，被面试者不能胜任这份工作；第二，被面试者不清楚自己的工作，不知道自己的职责。这两种情况会使招聘的人很快就会离开酒店，导致团队不稳定。将职位描述束之高阁，导致招聘进来的人不合适，在团队当中不能合作，或者自己感觉很有挫败感，这就等于加剧了团队员工的流动率，不利于团队的稳定。

总部领导对自己管理的酒店只能做到每年一次的现场管控，其余是抽查的方式，所以在招聘方法应用到人才的选择是否合适方面，主要依靠环环相扣的交叉矩阵式管理，从小范围的人力资源总监监察起立，那么集团的引导及监督还存在一定的难度。

3. 集团面试官在面试中，通常采用哪些面试方法？哪些面试技巧较重要？管理学、心理学的一些理论如何运用到面试中

在招聘面试中，洲际集团面试官用的更多的是行为面试法，基本上不会提问很空洞的问题，面试官会要求面试者举例子，如你是怎么和之前的团队合作的，他如果说在这方面的经验丰富，需举个实例出来，而不是空口说。心理学上部门领导会通过面试者的表情，预测这个人是不是说谎，是不是很有信心地说出过去的经历，以及这个人本身是否能够很快适应这个新的环境，是不是愿意接受新的事物，有时候过去的太多履历在身上烙印太深也不一定好，因为过去的经历不一定能适应现在的公司和职位，如果没有一个改变自己和不断学习新东西的心态，那可能在新的岗位上不会很好地去发展。

面试官通常使用的面试方法：第一阶段就是热身阶段，聊一些轻松的话题，使面试者不要过于紧张，让他有一个更好的发挥。第二阶段是让面试者谈一些工作上的重点，然后针对他的履历选择重点提问。第三个阶段就是举例论证，从他比较成功的一些案例里找能够挖掘他的地方进行提问。

学习心理学是很重要的，因为心理学在沟通和日常管理工作中非常重要，谈话时眼睛一定要看着对方。面试前设定好面试人的标准，与企业文化是否吻合、品牌要求是否吻合、岗位是需要什么样的人，比如说对数字敏感的人，还是对打造团队比较有优势的人。

4. 洲际集团的人才规划、招聘计划有哪些特点

洲际近年来快速的发展，离不开成功的人才招聘。洲际的人才规划、招聘计划都对应着集团的发展需求，这种发展招聘，都会有一些准备，如做三年的招聘计划，预计到 2025 年，每年要开业多少酒店，对应着需要多少总经理，计划多少营业额，对人员数量的需求，然后对应人数的需求，去分析其中有多少人是可以内部发展的，有多

少必须在市场上去找。内部发展的策略是什么，要怎么样去合作，怎么样去吸引人才。

5. 洲际酒店的竞争优势？洲际酒店集团英才培训学院的意义何在

洲际酒店的核心业务之一是提供各种管理服务，洲际酒店非常重视人才的培养。洲际酒店拥有自己的核心信息管理系统，并且不断地投资更新信息系统，从而保证了旗下酒店高效运行；洲际酒店集团旗下的各个品牌面向不同的消费群体，各有特色，差异化的经营模式保证了其在客户心目中的地位，能够在一定程度上抵御其他酒店的竞争。

人才是企业的第一资源，也是酒店的真正灵魂。洲际酒店集团非常重视人才的培养，并有独特的人才培训方式进行选人用人。假日集团作为洲际酒店集团的前身，早在 1968 年就成立了假日旅馆大学，专门培训酒店行政人员。近几年，洲际酒店集团进驻中国后，对于洲际酒店集团在华企业员工的培训也有着自己独特的设想和规划。

六、关键要点

1. 关键点

通过本案例使学员清楚在对中国本土耕植较深的洲际酒店集团发展研究过程中，通过访谈获得洲际集团招聘模式，了解酒店人才招聘模式及方法，致力于洲际酒店集团多元化发展。

2. 关键知识点

职位分析、招聘模式、招聘方法。

3. 关键能力点

局部分析与综合概况力、口语表达力、批判性思维、解决实际问题的能力或能效等。

七、建议课堂计划

1. 时间计划

本案例拟在《酒店人力资源管理》或涉及此部分相关知识点的本科高年级专业课程中使用。案例课堂时间控制在 90 分钟。课堂计划表如表 4 所示：

表 4   案例课堂计划表

时间安排	主要内容
课前计划	1. 下发案例：请学生在课前完成阅读和初步思考 2. 准备工作：分发案例（含案例引导、思考题等），将学生进行分组，每组 5~8 人 课前要求：请学生认真完成案例阅读，并就思考题进行组内讨论

时间安排	主要内容
课堂计划	1. 开课热场，引入案例主题（5 分钟） 2. 随机抽选 2~3 名学生讲述案例概要（5 分钟） 3. 组织开展案例教学，抛出问题，各小组圆桌讨论，共同探讨，要求各小组在白板上写下答案（60 分钟） 4. 带领学生一起归纳出本次课程的知识点，并形成课程知识点体系（20 分钟）
课后计划	建议学生各组针对案例内容和整合学过的知识，给出一份有关该案例的思考心得或建议方案或活动策划等，形式不限，字数不限，鼓励有精力、有兴趣的学生深度思考

2. 课堂前言及热身

在教师介绍部分，教师针对学生课前对洲际酒店集团的了解，并结合洲际集团招聘模式，使学生进一步了解酒店人才招聘模式及方法，思考能为酒店管理人员带来哪些新的认识。

3. 课堂提问逻辑

按照洲际集团人力资源管理、招聘的模式及方法，从洲际集团发展特点战略环境分析入手，通过提出问题，增强学生的分析能力。

（1）在人力资源方面，国内外研究现状。

（2）洲际酒店集团自身人力资源现状（如洲际酒店集团人力资源规划、洲际酒店职能领导招聘雇佣流程等）。引导学生对洲际集团案例中所呈现的状况环境描述进行梳理，并请学生回答出认为洲际集团具有怎样的突出特点。这一部分的目的在于既带领学生再次熟悉案例内容，又强化了学生的环境分析能力。

（3）询问学生洲际酒店职能领导现行招聘方法应用分析，引导学生对洲际酒店职能领导现行招聘方法应用中存在的问题与挑战进行反思与总结。

（4）结合招聘方法等相关知识，对洲际酒店集团招聘方法应用优化建议进行具体的分析。

（5）如果你是人力资源部门领导或职员，有什么可行性的招聘高招妙法。

4. 课堂总结

引导学生对每一个问题进行讨论，说出自己的想法，教师结合学生在自由发言过程中的亮点，对本堂案例课知识点进行总结，并对其中的重点部分进行强调，提醒学生在其他的案例分析中可以积极运用以上分析方法与要点。

参考文献

[1] Al-Refaie Abbas, Effects of Human Resource Management on Hotel Performance Using Structural Equation Modeling [J]. Computers in Human Behavior, 2015 (43): 293-303.

[2] Karatepe O M, Uludag O. Affectivity, Conflicts in the Work-Family Interface, and Hotel Employee Outcomes [J]. International Journal of Hospitality Management, 2008, 27 (1): 30-41.

[3] Lam T, Zhang H, Baum T. An Investigation of Employees' Job Satisfaction: The Case of Hotels in Hong Kong [J]. Tourism Management, 2001, 22 (2): 157-165.

［4］刘洋．我国酒店的人力资源管理现状分析［J］．中国市场，2013（24）：86-87.

［5］田雅琳，仇勇．北京市酒店业人力资源管理问题探讨［J］．商业经济研究，2015（10）：102-103.

［6］王江华．酒店业人力资源管理问题与对策探究［J］．智库时代，2018（26）：32-33.